专家技艺传承系列

电力物联网电力无线专网运维实践

国网江苏省电力有限公司信息通信分公司　组编

中国电力出版社
CHINA ELECTRIC POWER PRESS

内容提要

本书依托国网江苏省电力有限公司电力无线专网运营保障体系建设，系统阐述电力无线专网各个组成部分的运维工作机制。在介绍电力无线专网功能架构和系统部署的基础上，重点讲解了电力无线专网运行维护的人员组织、关键工作、典型方法；并提供大量实际案例的详细分析，全面覆盖电力无线专网运维中的各类问题，为读者提供具有独创性和先进性的解决方案。本书论述深入浅出，针对性强，在技术研究和工程实践上均有较高的参考价值。

本书既适合从事电力无线专网运行维护的专业人员学习参考，也可供大中专院校通信专业的师生阅读使用。

图书在版编目（CIP）数据

电力物联网电力无线专网运维实践 / 国网江苏省电力有限公司信息通信分公司组编 . — 北京：中国电力出版社，2023.1（2023.4 重印）

ISBN 978-7-5198-7212-0

Ⅰ . ①电… Ⅱ . ①国… Ⅲ . ①电力工业－物联网－无线网 Ⅳ . ① F407.61 ② TP393.4 ③ TP18

中国版本图书馆 CIP 数据核字 (2022) 第 207726 号

出版发行：中国电力出版社
地　　址：北京市东城区北京站西街 19 号（邮政编码 100005）
网　　址：http://www.cepp.sgcc.com.cn
责任编辑：王蔓莉
责任校对：黄　蓓　李　楠
装帧设计：张俊霞
责任印制：石　雷

印　　刷：三河市万龙印装有限公司
版　　次：2023 年 1 月第一版
印　　次：2023 年 4 月北京第二次印刷
开　　本：710 毫米 ×1000 毫米　16 开本
印　　张：16
字　　数：253 千字
印　　数：2001—2500 册
定　　价：88.00 元

前言

中国大力实施“双碳”发展战略，提出构建新型电力系统的目标。新型电力系统是以坚强智能电网为枢纽平台，深度融合低碳能源技术、先进信息通信技术与控制技术，具有清洁低碳、安全可控、灵活高效、智能友好、开放互动等特征。

随着分布式光伏、电动汽车、智能用能、负荷聚合等新业务的爆发式增长，高比例电力电子装置渗透到电力系统的各个环节；随着物联网、大数据、人工智能技术的快速发展，数据精准采集、全域共享的需求越来越强烈。业务与技术的飞速发展，对终端通信网络的覆盖范围、业务承载力、灵活便捷性、技术安全性等方面提出了全新要求。

终端通信网络具有业务场景复杂、覆盖终端面广量大等特征。光纤专网在电网配用电侧覆盖率低，改造实施难度大，难以满足海量终端接入需求。无线公网安全防护能力弱，无法承载电网控制业务。电力无线专网以其优于光纤专网的灵活接入能力和优于无线公网的安全防护能力，成为新型电力系统终端远程通信的首选解决方案。

2014 年，国家电网公司启动电力无线专网试点建设。自 2018 年起，国家电网公司在江苏开展电力无线专网规模化推广建设。经过 4 年多的建设，国网江苏电力已建成国内规模最大、覆盖面积最广、覆盖业务最全的电力无线专网。截至 2022 年 6 月，国网江苏电力共运营管理 26 套核心网、约 1300 台回传网数据通信设备、近 4000 座基站、超过 30 万台终端设备。

为保障电力无线专网安全稳定运行，国网江苏电力建立了省市一体、多专业协同的电力无线专网运营保障体系，形成了覆盖电力无线专网运维管理全过程的制度规范和体制机制，培养了扎根电力无线专网运维一线的专业人才队伍，积累了丰富的电力无线专网运维管理经验。

本书系统总结了国网江苏电力无线专网运行维护的主要做法和经验体会，全书共分 8 章：第 1 章是电力无线专网的发展与架构概述；第 2~4 章分别针对核心网、回传网和基站，从功能架构、部署方案、运维人员组织、巡视巡检、典型缺陷等方面介绍电力无线专网设备与网络运维的关键工作内容；第 5 章介绍电力无线专网网络优化的原则及流程、优化方法、KPI 指标、工作组织和典型处理手段；第 6 章介绍电力无线专网终端运维的终端接入管理和终端状态监测工作，重点说明业务接入通道的组织、终端天线的选择和信号延伸方案的选择等问题；第 7 章针对设备网管系统，从功能架构、部署方案、运维人员组织、巡视巡检、典型缺陷等方面介绍电力无线专网网管系统运维的关键工作内容；第 8 章介绍电力无线专网运维支撑平台的主要功能模块。此外，在第 2~7 章每章的最后一节，针对该章的主要内容给出了具有典型意义的运维经验，供读者借鉴参考。

本书提炼总结来自电力无线专网运维一线的实际经验，提供大量实际案例的详细分析，全面覆盖电力无线专网运维中的各类问题，为读者提供具有独创性和先进性的解决方案，论述深入浅出，针对性强，在技术研究和工程实践上均有较高的参考价值。本书既适合从事电力无线专网运行维护的专业人员参考，也可供大、中专院校通信专业的师生阅读使用。

限于笔者水平，加之技术发展日新月异，书中难免有疏漏和不足之处，恳请广大读者批评指正。

编写组

2022 年 12 月

目录

1

概述

电网各类设备尤其是配电网设备，具有分布范围广、通信点多、通信设备工作环境差、业务种类繁多、数据上传量大、可靠性和安全性要求高等特点，这对电力通信网的覆盖提出了很高要求。随着新型电力系统建设的不断推进，电力业务深度感知、智能控制的需求不断提高，建设安全、可靠、经济的终端通信接入网势在必行。光纤通信方式具备业务传输能力强的优势，但部署施工难度大、成本高、维护困难，难以满足海量终端的全覆盖；运营商的无线公网无法满足电力生产控制网络专网专用的安全要求。由于电力无线专网具有无线网的优势，且专网专用，所以是电力物联网终端通信接入的最佳选择。本章主要介绍电力无线专网发展历程、特点和架构。

1.1 电力无线专网发展历程

无线通信技术从20世纪80年代兴起的模拟蜂窝通信系统开始，经过了五代的发展。长期演进（Long Term Evolution，LTE）网络作为第四代移动通信系统（4G），自2010年启动商用以来，已发展成为全球应用最为广泛的移动通信系统，开启了移动互联网时代。虽然5G网络正在如火如荼地建设，但LTE网络作为覆盖网络，仍然发挥着重要作用。除了为公众提供网络服务以外，LTE技术在政务、能源、交通等行业的专用宽带网络中也得到广泛应用。

自2014年起，国家电网公司先后在江苏南京、洪泽、浙江临安，南方电网公司先后在广东广州、贵州遵义等地区以1.8GHz时分LTE（Time Division LTE，TD-LTE）技术开展电力无线专网建设。2015年，工信部发布《关于重新发布1785~1805MHz频段无线接入系统频率使用事宜的通知》（工部无〔2015〕65号），支持电力、石油、城市轨道交通等行业使用1785~1805MHz频段开展时分复用的无线专网建设，大大加快了基于TD-LTE技术的电力无线专网建设进程。

2017年国家电网公司开展了电力无线专网规模化试点建设，基于挂网试运行结果，2018年明确电力无线专网可以承载控制类业务。自2018年起，国家电网公司在江苏启动了基于TD-LTE电力无线专网规模化建设，截至2022年6月底，已建成投运基站近4000座，覆盖面积近5万km^2，接入电网控制终端5万余个，采集终端25万余个。TD-LTE技术已成为电力无线专网的主流技术体制，因此在不做特殊声明时，本书论述默认针对该技术体制。

除了基于TD-LTE技术的电力无线专网以外，5G技术在电力行业的应用也不断深化。2022年，国家电网公司启动5G电力虚拟专网承载电力控制类业务的试点工作，在山东、四川等9省落地建设5G电力虚拟专网。5G电力虚拟专网具有无线公网和电力专网深度融合的特点，电信运营商为电力企业提供了5G能力开放平台，电力企业可以开发平台与其对接，实现对5G电力虚拟专网物理资源和数据资源的运维管理。

1.2 电力无线专网特点

相比于电信运营商的 LTE 无线公网，电力无线专网具有以下特点：

（1）电力无线专网的工作频率不同，1.8GHz 电力无线专网使用 1785~1805MHz 频率，并非 3GPP 标准中明确定义的频段。根据国家电网公司 Q/GDW 11804—2018《LTE-G 1800MHz 电力无线通信系统技术规范》，1.8GHz 电力无线专网使用频段号定义为 BAND59，绝对无线频点号定义为 52400 起始，可支持 3MHz、5MHz 和 10MHz 带宽配置。

（2）电力无线专网的终端位置固定，业务 IP 地址固定，业务流向和流量固定，业务类型以机器间通信数据为主，业务长期在线。

（3）电力无线专网的网络建设采取“自建优先，租赁为辅”的方式，自建基站利用变电站和电力杆塔、自有物业等设施开展建设，租赁基站租用公网铁塔资源开展建设，服务于电力业务。

（4）电力无线专网的网络建设应兼顾安全性、可靠性和网络性能三方面要求，控制类业务应优先满足安全性要求，与其他业务物理隔离。

1.3 电力无线专网总体架构

电力无线专网由核心网、回传网、基站、终端等网元组成，基站与核心网之间通过回传网互联，配套设置设备网管系统对设备和终端进行状态监控和远程管理。此外，为方便无线专网运维工作的开展，提升专网运维数字化、智能化水平，可以开发综合网管平台与设备网管系统对接，集成各类运维工具，从而实现自动化、智能化的运维功能，并提高运维效率。电力无线专网体系架构如图 1-1 所示。

1.3.1 电力无线专网网元

电力无线专网的主要网元包括终端、基站和核心网三大类。

终端由通信终端和业务终端两部分组成，其中通信终端包括用户设备

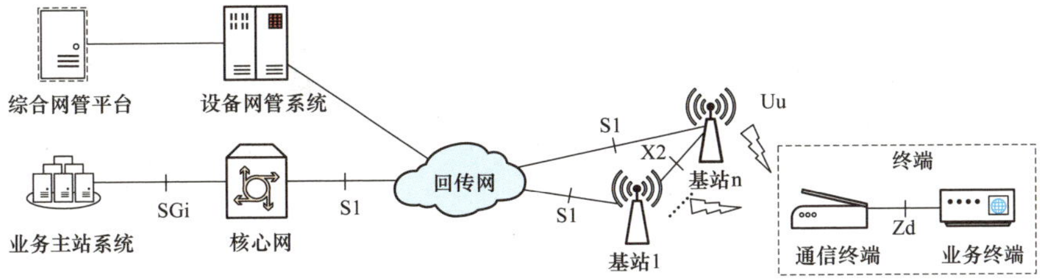

图 1-1　电力无线专网体系架构

（Customer Premise Equipent，CPE）、表计终端内置通信模组、通信仓等多种形态。

基站（evolved-Node B，eNB）包括基带处理单元（Base band Unite，BBU）和射频拉远单元（Remote Radio Unit，RRU）两个部分，可以分布部署。它为用户提供空中接口（Air Interface，AI），终端可以通过无线连接到基站，基站通过有线的回传网连接到核心网。一台基站要接受很多台终端的接入，负责管理终端，包括资源分配、调度、管理接入策略等。

核心网（Evolved Packet Core，EPC）包括移动性管理单元（Mobility Management Entity，MME）、服务网关（Service Gateway，S-GW）、分组数据网关（ PDN Gateway，P-GW）、用户数据库（Home Subscriber Server，HSS）和服务质量策略服务（Policy and Charging Rules Function，PCRF）等网元。核心网位于网络数据交换的中心，主要负责终端用户的移动性管理、终端鉴权认证、数据加密、IP 地址管理、会话管理和数据传输，是一个基于 IP 的扁平网络体系结构。

1.3.2　电力无线专网主要接口

电力无线专网的主要接口包括 SGi 接口、S1 接口、X2 接口、Uu 接口和 Zd 接口。

SGi 接口是位于核心网与业务主站系统之间的接口，核心网 PGW 网元通过该接口与业务主站系统建立连接，传输业务主站与业务终端之间的业务数据。

S1 接口是基站与核心网之间的接口，可进一步细分为用于传输控制信令 S1-MME 接口和用于传输业务数据的 S1-U 接口。S1-MME 接口位于基站与核心网网元 MME 之间，核心网与基站之间的控制信令必须通过 S1-MME 进行传输；S1-U 接口位于基站与核心网网元 SGW 之间，转发终端的业务数据。

X2 是两个基站之间的接口，为基站之间的控制信令交互提供了传输接口，比如当用户终端在两座基站之间进行切换时，基站之间为用户终端分配通信资源的信令数据就需要通过 X2 接口进行交互。

Uu 接口是位于终端与基站之间的空中接口。终端跟基站建立信令连接与数据连接，信令连接称为无线资源控制连接（Radio Resource Control，RRC），相应的信令在信令无线承载（Signaling Radio Bearer，SRB）上进行传输；数据连接是逻辑信道，相关的数据在数据无线承载（Data Radio Bearer，DRB）上传输。这两个连接是终端与网络进行通信必不可少的。

Zd 接口是电力无线专网比公网增加定义的数据接口，位于通信终端与业务终端之间，Zd 接口目前有串口和 RJ45 接口两种实现形式，承载的协议包括点对点（Point-to-Point Protocol，PPP）拨号协议和以太网协议，该接口也应满足安全性要求。

2

核心网运维

无线专网的核心网 EPC 位于网络数据交换的中心，主要负责终端用户的移动性管理、终端鉴权认证、数据加密、IP 地址管理、会话管理和数据传输，是一个基于 IP 的扁平网络体系结构。无线专网核心网 EPC 系统通过业务承载网与业务主站通信，第四代移动通信核心网主要由 MME、S-GW、P-GW、HSS 和 PCRF 等功能单元组成，其中 S-GW 和 P-GW 合称为系统架构演进网关（System Architecture Evolution，SAE-GW）。

为确保电力无线专网核心网安全可靠运行，需要对其开展运维工作，运维工作包括日常巡检、专业巡检、倒换测试以及缺陷处置等。

2.1 核心网功能架构

电力无线专网核心网按照业务类型分为生产控制大区和管理信息大区两套核心网，分别承载一、二区业务和三、四区业务。核心网的典型架构如图2-1所示。

图 2-1　核心网典型架构

电力无线专网以第四代移动通信技术体制为主，核心网主要包含MME、S-GW、P-GW、HSS、PCRF等网元，下面简要介绍这些网元的作用。

（1）移动性管理实体MME是4G核心网中的核心网元，主要负责信令处理及移动性管理，具有以下功能：非接入层（Non-Access Stratum，NAS）（支持核心网和UE之间业务和信令消息的传输）信令及其安全；跟踪区域（Tracking Area，TA）列表的管理；P-GW和S-GW的选择；鉴权、漫游控制以及承载管理；3GPP不同接入网络的核心网络节点之间的移动性管理；信令面的合法监听等。

（2）服务网关S-GW作为面向基站终结于S1-U接口网关，负责数据处理，相当于数据中转站。

（3）分组数据网络网关P-GW与业务承载网连接，终结于SGi接口网关，进行分组数据路由和转发、基于用户的分组过滤、用户IP地址分配和执行所有面向用户的策略功能。

（4）归属用户服务器 HSS 是一个中央数据库，用于存储用户信息的数据库，具有以下功能：①存储用户相关的信息；②签约数据管理和鉴权，如用户接入网络类型限制、用户接入点名称（Access Point Name，APN）信息、计费信息管理；③支持多种卡类和多种方式的鉴权。

（5）PCRF 主要负责策略控制和计费控制，主要功能包括：①用户的签约数据管理功能，用户、计费策略控制功能；②服务质量（Quality of Service，QoS）功能；③网络安全性功能；④ IP 连接访问网络（IP-Connectivity Access Network，IP-CAN）承载与 IP-CAN 会话相关联策略信息的管理功能等。

核心网网元间采用 IP 承载方式，通过业务承载网互连，与基站设备通过回传网互通。

2.2 核心网部署

核心网应根据覆盖区域规划的基站数量、业务需求预测、容灾要求、安全要求等合理部署；核心网应根据电力无线专网承载业务确定部署方式，可部署在地市公司，也可部署在省公司。核心网部署两套分别承载生产控制大区业务和管理信息大区业务。部署方案应根据电力终端业务的分类和流向等情况确定部署方式。控制类业务主要流向为地市公司，管理信息类业务流向为地市公司和省公司。

2.2.1 方案一：整体省公司集中部署

电力无线专网核心网设备集中部署在省公司，核心网集中部署，在省公司按异地容灾方式集中部署，全省基站的信令流和数据流集中接入核心网。目前运营商多采用该方案。核心网省公司集中部署典型架构图如图 2-2 所示。

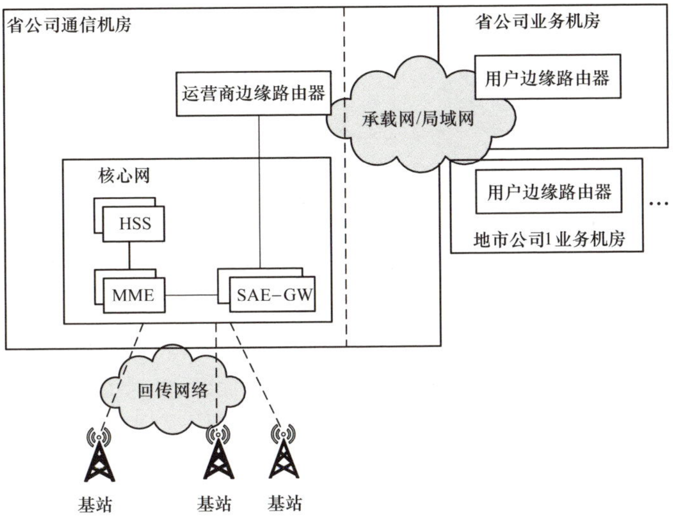

图 2-2　核心网省公司集中部署典型架构图

该方案具有如下特点：

（1）可以提高网络扁平化，满足集中集成管理要求。

（2）随着业务集中集成，大量业务向省公司集中（目前生产控制大区业务的毫秒级精准负荷控制、配电自动化主站设在地区），该方案的组网与未来的业务流向也较为吻合。主站在地区的，需由省公司转接至各地市公司，增加了传输时延。

（3）全省一个核心网，降低 MME 间位置更新和切换频率，提升网络性能（移动业务角度），所以在跨地区交界处较容易处理。

（4）网络与现有网络连接入口集中在省公司，所以易于安全平台的配置和安全接入的管理。

（5）需采用运营商级核心网设备。

（6）本方案可根据后期业务和流量情况，将 SAE-GW 下沉到有需要的地市，以进一步提升整体网络性能。

2.2.2　方案二：省公司集中部署、服务网关下沉地市公司部署

因核心网省集中造成业务回传流量较大、骨干传输网带宽不足且不具备

条件改造和扩容的，可将服务网关（SAE-GW）下沉至地市部署，MME、HSS 等仍采用省公司集中部署方式，各功能模块设备之间采用 IP 网络互通，如图 2-3 所示。

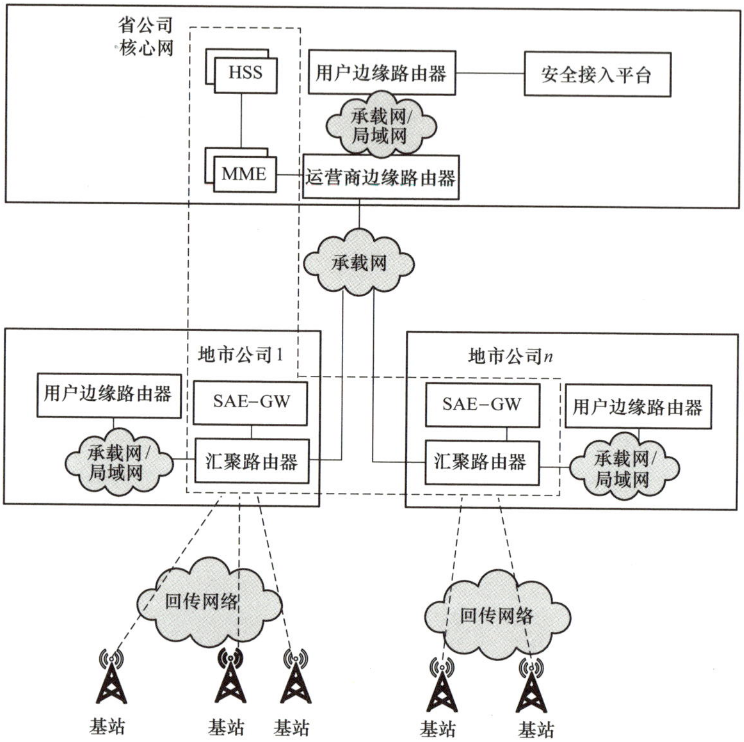

图 2-3　省公司集中部署、服务网关下沉至地市的典型架构图

该方案具有如下特点：

（1）该方案具有方案一的所有优点。

（2）服务网关下沉可提升承载网效率和减少路由迂回的可能，降低业务的传输时延。

（3）服务网关分布部署比省公司全部集中部署方案运维开销高。

2.2.3　方案三：整体下沉地市公司部署

因用户接入规模较大造成省公司核心网设备数量较多时，可将核心网设备以地市为单位进行部署。各地市公司基站均接入各自核心网，网络管理在地市公司完成，网管系统通过北向接口接入上级运维系统，省公司通过上级运维系统监视各地区专网系统，如图 2-4 所示。

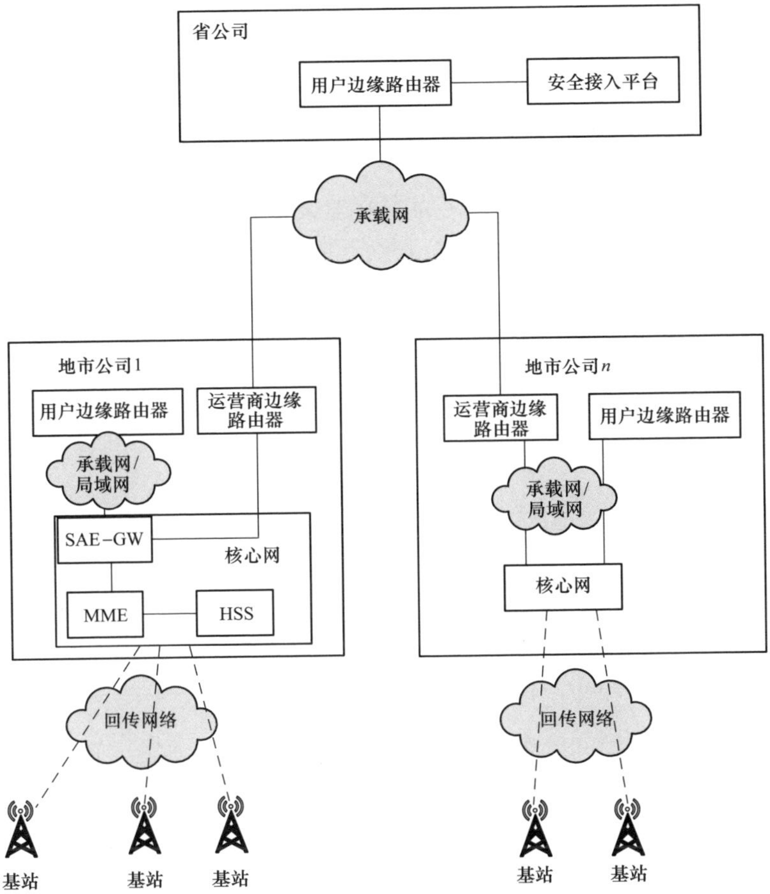

图 2-4　核心网地市公司集中部署典型架构图

该方案具有如下特点：

（1）生产控制大区业务精准负荷控制、配电自动化直接传输至各地市业务平台，极大降低生产控制大区业务时延，与方案一相比节约省—市传输带宽。

（2）核心网分别部署在各地市，省公司集中集成管理难度增加。

（3）该方案业务均由各地市公司接入，省集中业务仍需在各地市转至省到市骨干网接入省公司。

（4）全省多核心网，MME 间位置更新和切换频繁，在跨地区交界处存在跨局漫游。

（5）该方案核心网可以灵活部署，满足现有和远景扩展要求。

2.2.4 部署方案比较

方案一、方案二以省级公司为中心建设核心网，符合 LTE 系统的扁平化架构，有利于终端大范围移动，有利于网络的集中管控和优化。但需要综合考虑全省业务现状和预期总量，建设周期较长，建成之后全省业务的运维和优化工作量集中在省公司侧，人力资源紧张。方案三以市公司为中心建设核心网，市公司核心网间需对接配置，维护和优化工作量相对较大，但初期投资小，建设周期短。

目前电力业务主要特点是使用固定终端，移动业务量少、地域性强，漫游移动业务极少。目前生产控制大区业务平台集中在市公司侧，尤其是配电自动化“三遥”和精准负荷控制等对时延敏感的业务。方案三满足目前业务需求，其投资门槛低、建设风险小的优势明显。综合以上各方案的优劣势，在无线专网初期，建议以地市公司为主体建设生产控制大区和管理信息大区两套核心网，市公司间管理信息大区核心网对接互联，在无线专网扩大覆盖时，两套核心网网架结构向省级集中演进。

2.3 核心网漫游方式

随着电力无线专网的发展与完善，采用地市集中部署的核心网组网不能满足地市之间的漫游需求，各地市的无线专网核心网与基站在地市范围内进行通信，信令交互终结于本地市。因此需要考虑核心网之间信令路由互通，从而实现用户在漫游地的注册鉴权，并提供数据业务。

下面是两种典型 EPC 漫游场景下网络架构：

（1）漫游方案一：用户面由归属网络路由：漫游用户在拜访地完成附着注册，由拜访地的 S-GW 通过 S8 接口将漫游用户的数据业务路由到归属地 P-GW 上进入业务承载网，如图 2-5 所示。

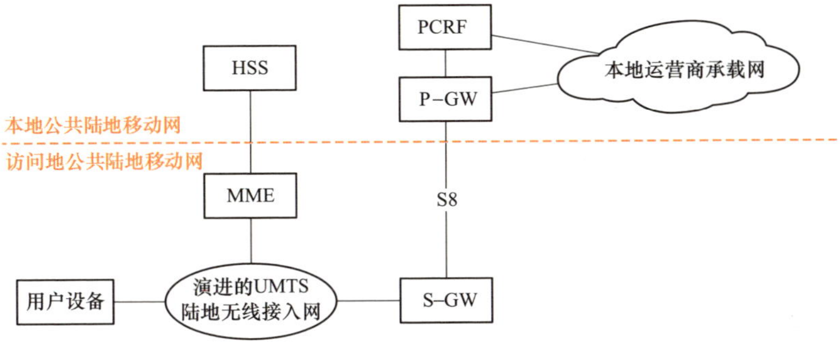

图 2-5　漫游方案一

（2）漫游方案二：用户面由拜访地网络本地路由：漫游用户在拜访地中完成附着注册，由拜访地的 S-GW 通过 S5 接口将漫游用户的数据业务路由到拜访地的 P-GW 上进入业务承载网，如图 2-6 所示。

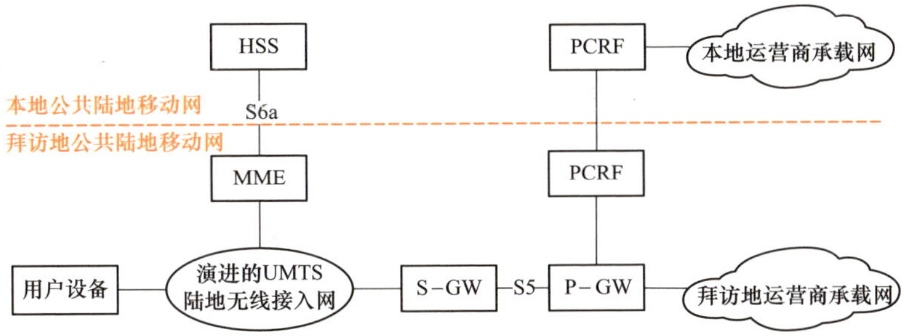

图 2-6　漫游方案二

漫游方案一需要拜访地到归属地的 S6a 接口信令链路以及拜访地 S-GW 到归属地 P-GW 的数据转发隧道互通，漫游方案二只需要拜访地到归属地的 S6a 接口信令链路互通即可。目前电力无线专网业务承载网地市之间是互联互通的，因此采用漫游方案二实现用户漫游。

漫游方案二的实现主要依靠 S6a 接口互通来完成，S6a 基于 Diameter 协议是 MME 与 HSS 之间的接口，完成用户位置信息的交换和用户签约信息的管理。由于不同地市的 MME 及 HSS 之间信令直接交互路由配置复杂，因此宜采用路由代理（Diameter Routing Agent，DRA）节点设备进行集中路由。DRA 节点负责 LTE Diameter 信令目的地址翻译和转接，实现 LTE 用户的鉴权、位置更新、计费管理。利用 Diameter 集中路由功能，实现跨地市 S6a 接口的集中路由。DRA 连接所有地市的 MME 及 HSS，DRA 收到来自 MME 的位置请求，根据 IMSI 解析对应的 HSS 地址，得到该用户的 HSS 的主机地址，DRA 将消息前转到 HSS。

根据电力无线专网的特点，宜采用省公司集中建设 DRA 及域名系统（Domain Name System，DNS）的方式，实现跨地市终端漫游接入时，MME 能够通过 DRA 将查询请求路由到终端归属地 HSS，获取用户接入鉴权数据，完成用户接入鉴权，从而实现漫游业务，如图 2-7 所示。

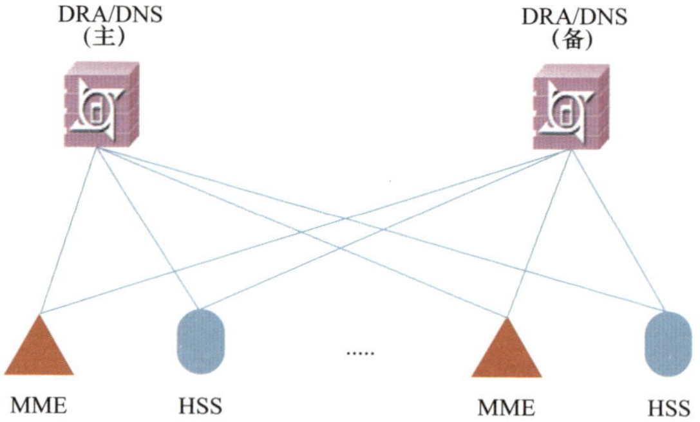

图 2-7　DRA/DNS 组网架构图

各地市 MME 及 HSS 均将 S6a 接口打开，统一连接到 DRA 上，同时 MME 还需要连接 DNS 服务器，进行 DNS 查询。DNS 主要是用来选择 S-GW 和 P-GW 及 MME，用于附着流程 / 新建公用数据网（Public Data Network，PDN）连接流程、MME 间附着流程、MME 间跟踪区更新流程和切换流程等。

2.4 运维人员组织

2.4.1 运维人员组织结构

核心网维护工作主要包括核心网网管及核心网设备的日常巡检、专业巡检、核心网业务倒换、故障处理等。

针对不同的维护工作，相应的人员配置也会不同。核心网维护要求运维人员做到全年 7×24 小时值守，可配置 3~5 人的运维团队，包括 1 名运维项目经理、1 名运维技术总监以及 1~3 名一般运维技术员。

2.4.2 人员职责与要求

运维项目经理主要职责为全面负责运维各项工作，审核各项运行维护制度规范和工作流程，负责与其他专业协调工作，负责运维队伍的管理、培训工作，负责落实上级部门提出的运行维护任务，管理运行维护部门员工的工作，改善运维服务质量，负责核心网重大故障及紧急事件的处理跟进。

运维技术总监主要负责专业巡检、主备业务倒换操作、负责系统重大故障及紧急事件的处理，要求精通各厂家核心网设备及网管，精通核心网告警处理方法、网管操作维护方法，精通网络技术，具备较强的无线专网业务分析能力，能够根据专业巡检内容完成专业巡检报告。

一般运维技术员主要负责日常巡检，要求熟悉各个厂家核心网网管并对路由交换、基站、服务器有一定的了解，掌握一般核心网故障的判定和处理方法、一般仪器仪表的使用方法，根据日常巡检的内容完成日常巡检和监控工作。

2.5 巡视巡检

核心网设备日常巡视每日一次，专业巡视每月一次。日常巡视内容包括核心网设备运行状态、电源、机房环境等工作，专业巡视内容包含日常巡视全部内容，并进行设备例行维护、设备除尘、线缆紧固等工作。每年需进行核心网单板主备业务倒换测试。

2.5.1 日常巡检

无线专网核心网日常巡视主要内容包括：

（1）检查核心网设备安装是否牢固，机架有无损坏、变形，设备空余槽位面板是否齐全，覆盖是否完好。

（2）检查核心网设备内外表面、设备机柜内外卫生情况，是否有灰尘。

（3）检查设备运行状态是否正常，是否有告警，各指示灯闪烁状态有无异常。

（4）检查设备及各类线缆标识、标牌、标签有无脱落，字迹是否清晰。

（5）通过核心网网管系统查看设备告警、性能监控信息，是否有影响业务的告警，若出现告警或性能越限，应确认告警信息并及时进行处理。

日常巡检应填写日常巡检记录表并妥善保存，可参考表 2-1。

表 2-1　日常巡检记录表

设备类别	设备厂家	设备型号	面板状态检查	电源状态检查	板卡状态检查	风扇状态检查	网管告警检查	备注
生产控制大区核心网	厂家 1	核心网 1	正常□ 异常□	正常□ 异常□	正常□ 异常□	正常□ 异常□	正常□ 异常□	
		核心网 2	正常□ 异常□	正常□ 异常□	正常□ 异常□	正常□ 异常□	正常□ 异常□	
		……	……	……	……	……	……	
	厂家 2	核心网 1	正常□ 异常□	正常□ 异常□	正常□ 异常□	正常□ 异常□	正常□ 异常□	
		核心网 2	正常□ 异常□	正常□ 异常□	正常□ 异常□	正常□ 异常□	正常□ 异常□	
		……	……	……	……	……	……	
管理信息大区核心网	厂家 1	核心网 1	正常□ 异常□	正常□ 异常□	正常□ 异常□	正常□ 异常□	正常□ 异常□	
		核心网 2	正常□ 异常□	正常□ 异常□	正常□ 异常□	正常□ 异常□	正常□ 异常□	
		……	……	……	……	……	……	

续表

设备类别	设备厂家	设备型号	面板状态检查	电源状态检查	板卡状态检查	风扇状态检查	网管告警检查	备注
管理信息大区核心网	厂家 2	核心网 1	正常□ 异常□	正常□ 异常□	正常□ 异常□	正常□ 异常□	正常□ 异常□	
		核心网 2	正常□ 异常□	正常□ 异常□	正常□ 异常□	正常□ 异常□	正常□ 异常□	
		……	……	……	……	……	……	

2.5.2 专业巡检

专业巡检是指在日常巡检基础上，定期对设备系统通过专业巡检工具、仪表和网管进行深度检查，并例行维护操作的工作。

无线专网核心网专业巡检除日常巡检的内容以外，还应包括以下内容：

（1）检查设备连接光纤、传输口网线连接、电源线、接地线连接是否正常，有无松动，线缆应绑扎牢固。

（2）检查设备风扇是否运转正常，是否有异响。设备滤网是否清洁，清洗时应将滤网拆下，使用专用清洁剂清洗、晾干后装回原位。

（3）监测核心网网管，是否有缺陷异常等告警事件。

（4）检查本地维护界面登录、访问的安全连接策略配置是否符合安全要求。

（5）检查核心网各服务器 CPU、内存、磁盘利用率以及网络流量是否正常，确保系统正常使用。

（6）核查核心网系统局数据、路由数据、用户数据是否按照规范配置。

（7）通过网管检查核心网时间同步状态，是否与对时系统保持一致。

（8）检查核心网配署数据定期备份情况。

（9）通过核心网网管检查系统容灾功能、设备承载能力是否正常；检查核心网倒换机制设置是否正确，每年开展一次核心网单板主、备业务倒换测试。

（10）检查核心网信令状态机负荷情况，检查核心网系统日志、操作日志、安全日志等。

专业巡检应将深度检查的内容总结归纳并形成专业巡检报告，可参考表 2-2。

表 2-2 专业巡检记录表

站点名称				
巡视时间		巡视人员		
巡视项目			检查结果	检查方式
无线专网核心网设备巡视				
①检查设备及各类线缆标签标识和标牌是否清晰准确，是否有脱落现象			□正常 □异常	目测
②检查线缆的物理连接是否可靠、松动、锈蚀，弯曲度是否符合要求			□正常 □异常	目测
③检查设备板卡和端口指示灯状态是否正常			□正常 □异常	目测
④检查设备风扇是否有异响、锈蚀、积尘和异味，是否有异常状态灯指示			□正常 □异常	目测
⑤检查设备所在机柜顶部、底部封堵是否完好			□正常 □异常	目测
⑥检查设备与机柜防雷接地、防静电措施是否满足要求			□正常 □异常	仪器仪表
⑦检查设备和机柜内外、防尘滤网的灰尘情况			□正常 □异常	目测
无线专网核心网网管系统巡视				
①检查核心网网管客户端是否能正常登录，安全连接策略配置是否符合要求			□正常 □异常	网管
②核查核心网系统局数据、路由数据、用户数据是否按照规范配置			□正常 □异常	网管
③检查核心网时间同步状态，是否与对时系统保持一致			□正常 □异常	网管
④检查核心网配署数据定期备份情况			□正常 □异常	网管
⑤检查核心网信令状态机负荷情况			□正常 □异常	网管
⑥检查核心网系统日志、操作日志、安全日志是否有异常			□正常 □异常	网管
⑦检查核心网系统容灾、设备承载能力等是否正常；检查核心网网管主备系统倒换机制设置是否正确			□正常 □异常	网管
存在问题及处理结果				
问题描述	处理方法	处理结果		

2.5.3 倒换测试

核心网倒换测试包含主备倒换和单板倒换两种。

主备倒换是指对单板内部以主、备用方式工作的逻辑 CPU 之间进行人工切换的操作，将业务从主用逻辑 CPU 上全部转移到备用逻辑 CPU 上。通过比较倒换后系统的运行情况，确定主用逻辑 CPU 是否异常或主备用关系是否协调。

单板倒换是指不同单板之间进行人工切换的操作，将业务从一块单板全部转移到另一块单板上。单板倒换是以逻辑 CPU 为单位进行的。在单板的主用逻辑 CPU 异常或者需要例行倒换时，需要对单板的主用逻辑 CPU 进行倒换，以免对业务造成影响。对于有多个主用逻辑 CPU 的单板，需要倒换所有逻辑 CPU 才能实现整板的倒换。

倒换逻辑 CPU 有两种方式：

（1）正常倒换。如果备用逻辑 CPU 没有问题，经过正常倒换后业务从主用逻辑 CPU 转移到备用逻辑 CPU 上，对业务没有影响；如果备用逻辑 CPU 有问题，正常倒换操作不会成功，业务还在主用逻辑 CPU 上，对业务没有影响。

正常倒换是相对安全的一种操作，一般情况下不会对业务造成影响。

（2）强制倒换。如果备用逻辑 CPU 没有问题，经过强制倒换后业务从主用逻辑 CPU 转移到备用逻辑 CPU 上，对业务没有影响。如果备用逻辑 CPU 有问题，一旦进行强制倒换操作，就有可能造成业务中断，因此需要谨慎操作。

2.6 典型缺陷处置

2.6.1 接口状态异常

1. 缺陷概况

当在接口物理链路中断或链路协议未启用时，网管会上报“接口状态 down”告警，说明接口状态异常。

2. 业务影响情况

接口不能正常转发报文，会造成用户业务或者流量中断等故障。

3. 缺陷处置办法

（1）接口物理链路中断：此时接口物理链路状态为“down”，应查看本端和对端接口是否被关闭。如果是子接口，还需要查看本端和对端接口是否配置了虚拟局域网编号（Virtual Local Area Network Identity，VLAN ID），如果接口被关闭，可用命令打开接口或者子接口，如果接口未被关闭则需要检查物理链接是否正常（包括网线、光模块等硬件是否松动或脱落），如物理线路正常，则进行下一步排查。

（2）链路协议未启用：此时链路协议状态为“down”，应查看接口是否配置了 VLAN ID，如未配置需要配置相应 VLAN ID，否则进行下一步排查。

（3）双向转发检测（Bidirectional Forwarding Detection，BFD）会话中断：此时 BFD 会话状态为“down”，应执行命令，检查是否存在 BFD 会话绑定此接口，并且 BFD 会话中断（状态为“down”），如果存在 BFD 会话绑定则需要和对端网元核查 BFD 会话属性配置。

2.6.2 时间同步失败

1. 缺陷概况

网络时间协议（Network Time Protocol，NTP）时钟未同步的情况下会上报告警，时钟同步后会清除告警。

2. 业务影响情况

时钟状态将变化为不同步状态。

3. 缺陷处置办法

（1）执行命令重新配置可用的时钟源，确认时钟是否变为同步，如未同步则进行下一步排查。

（2）查看对端 IP 地址，执行 ping 命令查看对端是否不可达，如不可达，检查网络连接是否正常；否则进行下一步排查。

（3）确认两端的 NTP 认证配置是否一致、是否可信，如果一致且可信，需要进行下一步排查。

（4）查看对端时钟是否不同步，偏移值、延迟值和精度值是否在不可接受范围内。时钟同步距离大于阈值。

2.6.3 授权文件（License）达到扩容门限

1. 缺陷概况

License 文件是控制产品容量和功能业务的授权文件，当统计时长内的 License 控制项资源数（用户数、PDP 数、承载上下文等）平均值超过容量扩容告警门限，网管会产生"License 达到扩容门限"告警。

2. 业务影响情况

提示需要扩容，如果不及时购买更大容量的 License，可能会因为 License 的限制而导致部分授权资源得不到服务，影响新用户的接入使用。

3. 缺陷处置方法

（1）检查是否 License 容量告警设置过低导致，通常默认值为 80%，如设置合理则进行下一步排查。

（2）联系厂家销售服务人员，购买新 License。

2.6.4 单板下电

1. 缺陷概况

网管上报单板下电，单板处于离线状态。

2. 业务影响情况

该槽位单板或 CPU 运行异常，不能够提供正常的服务。

3. 缺陷处置方法

（1）确认单板是否在位，不在位应插上单板，否则进行下一步排查。

（2）检查单板上扳手是否打开，如打开则将扳手合上，检查是否恢复，未恢复则进行下一步排查。

（3）确认是否人为使用命令下电，如是则排查原因并上电单板，否则进行下一步排查。

（4）需要厂家后台查看单板日志确认板卡是否损坏。

2.6.5 网元与网管服务端链路中断

1. 缺陷概况

网元与网管服务端链路中断，网管服务器显示网元脱管。

2. 业务影响情况

网元数据无法上报，网管配置命令无法下发。

3. 缺陷处置方法

（1）检查网元的传输是否正常，如不正常则修复网元的传输系统。网管系统会周期性不断尝试重连已断开的连接，如果传输恢复成功，系统将自动恢复此连接上的业务，未恢复则进行下一步排查。

（2）检查网元的电源系统是否正常，如不正常则修复网元的电源系统，等待系统重连网元自动恢复业务，未恢复则进行下一步排查。

（3）检查网元简单网络管理协议（Simple Network Management Protocol，SNMP）相关参数，登录网管系统查看 SNMP 相关参数是否与网元侧配置相同，如不一致则修改 SNMP 相关参数，与网元侧保持一致。

2.6.6 告警箱与网管服务端链路中断

1. 缺陷概况

告警箱断链，无法上报告警。

2. 业务影响情况

无法将网元的告警及时通过告警箱上报，存在很大隐患，但对业务没有影响。

3. 缺陷处置方法

（1）检查断链节点和网管服务器之间网络物理连接是否正常，如连接正常则进行下一步排查。

（2）通过命令查看网管服务器上配置的服务端监测端口是否被占用，告警箱地址和网管服务器上设置的告警箱地址是否一致，且地址未被占用。配置正常则进行下一步排查。

（3）通过命令修改告警箱端口设置，在网管服务器告警设置中将告警箱功能打开。

2.6.7 S1ap 链路故障

1. 缺陷概况

MME 和基站（evloved Node B，eNB）的 S1AP 链路故障。

2. 业务影响情况

eNB 和 MME 之间的 S1–MME 链路中断，用户设备（User Equipment，UE）无法通过这个 eNB 在此 MME 上作业务。

3. 缺陷处置方法

（1）执行命令 ping，输入对端 eNB 地址和相应的本地 IP 地址，检查 IP 层链路是否连通，如果 IP 层链路不通则需要排查传输及回传网，如 IP 层链路通则进行下一步排查。

（2）MME 侧和 eNB 侧核对 S1AP 参数配置，需要确认参数一致性。

2.7 运维实践典型经验

2.7.1 核心网单板故障排查

2.7.1.1 问题描述

6 月 13 日，某地运维人员例行对无线专网核心网、基站、终端等设备进行网管日常巡检工作，在对Ⅲ / Ⅳ区核心网进行巡检时发现存在电源输入模块电压异常告警，进一步排查业务并未中断。

2.7.1.2 问题分析

1. 缺陷发现

2019 年 6 月 13 日，某地公司Ⅲ / Ⅳ区核心网报电源输入模块电压异常告警，告警信息如图 2-8 所示。

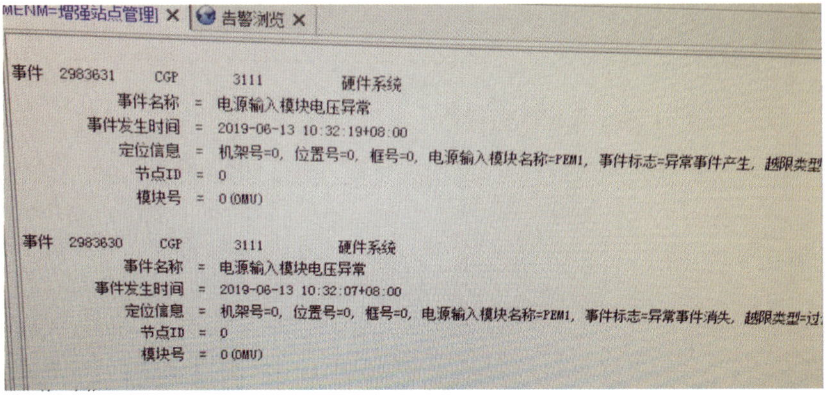

图 2-8 告警信息

2. 业务排查

对各类业务是否存在异常情况进行排查，发现各类业务并未出现中断或离线的现象。

3. 设备排查

对Ⅲ / Ⅳ区核心网设备现场排查发现 4 槽位 GPUB 业务板指示灯 HLY 灯亮红灯并一直闪烁，根据 CGP 上报的告警，首先用钳形电流表对现场电源进行了排查，发现电源正常，实测现场其他专网设备与Ⅲ / Ⅳ区核心网设备的电压进行了比对，如图 2-9 所示，发现电源均无异常情况，排除电源存在异常的可能。

（a） （b）

图 2-9 电压测试对比图

（a）核心网电压测量图；（b）邻设备电压测量图

4. 网管排查

通过网管详细检查核心网数据配置，如设置的门限值等，均未发现异常问题，如图 2-10 所示。

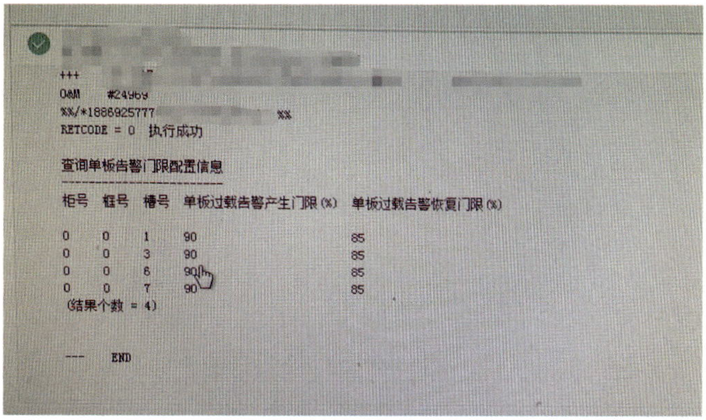

图 2-10 核心网数据配置检查图

5. 单板排查

现场提取本地设备运行日志分析，如图 2-11 所示，发现 0 框 4 槽 GPUB 单板有反复复位现象，经与设备厂家进一步研判，确认为单板 CPU 内部缓存失效导致，更换完单板后告警消失，指示灯恢复正常，至此故障告警处理完成。

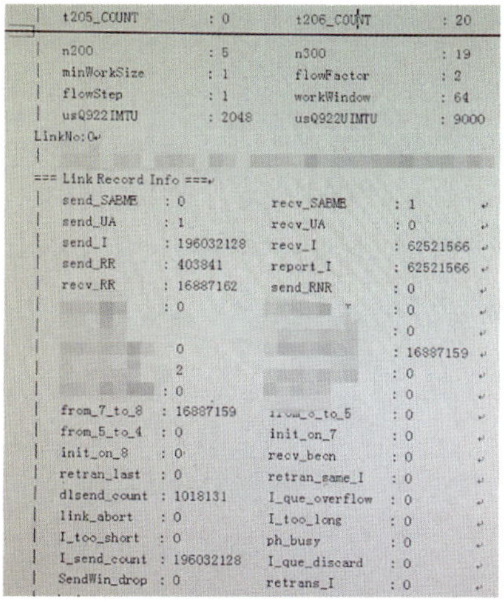

图 2-11 核心网数据配置检查图

2.7.1.3 解决方案

因 GPUB 单板 CPU 内部缓存失效引起单板反复复位，需更换故障 GPUB 业务单板。

2.7.1.4 经验总结

告警处置过程中，可采取排除法逐步缩小故障范围，最终定位故障点。首先确认业务影响范围并通过告警初步判断告警根源，排除电源问题；再通过网管检查相关配置，排除数据配置问题；最后定位故障为 GPUB 板问题，更换板卡排除故障。

2.7.2 核心网内存使用率过高处理

2.7.2.1 问题描述

某地电力无线专网运维中心监控人员在巡检时发现核心网 UGW 出现过内存使用率过载告警，如图 2-12 所示。两台虚拟机内存使用率超过阈值 95%，导致此类告警产生。为避免再次出现此类故障，运维人员前往现场进行处理。

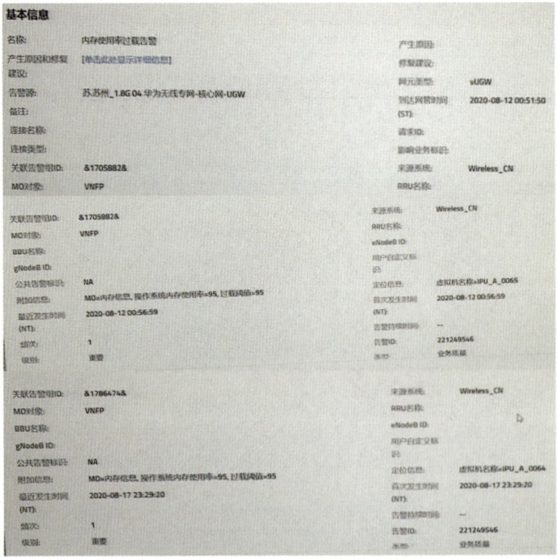

图 2-12　告警相关信息图

2.7.2.2 问题分析

内存使用率过载告警：在一个统计周期内（默认为 60s），当内存使用率持续超过用户设置的过载阈值（默认为 95%）时，系统产生此告警；在一个统计周期内（默认为 60s），当内存使用率持续降低到用户设置的过载恢复阈值（默认为 95%）以下时，告警自动恢复。如果不及时消除内存使用率过载问题，新业务无法申请到内存，导致系统自动重启。

1. 系统内存排查

在 VNFP 上执行相关命令，查询到告警的两个 VM 的内存使用率，如图 2-13 所示。

```
+++    VNFP        2020-09-03 13:43:09+08:00
O&M    #1880021164
%%/*1880021164*/DSP VMMEM:;%%
RETCODE = 0  操作成功。

结果如下
--------
VM名称         系统总内存（Kbytes）   系统已用内存（Kbytes）   系统剩余内存（Kbytes）   系统内存使用率（%）

OMU1           24247376              19881420                4365956                  81
OMU2           24247376              6469468                 17777908                 26
IPU_A_0064     24370256              24039408                330848                   98
IPU_A_0065     24370256              24187628                182628                   99
SPU_C_0066     36756552              29822204                6934348                  81
SPU_C_0067     36756552              29470696                7285856                  80
SDU_A_0068     28499552              25713772                2785780                  90
SDU_A_0069     28499552              25679772                2819780                  90
(结果个数 = 8)
---    END
```

图 2-13 VM 内存使用率图

2. 进程排查

查询进程，确认业务 RU 上 FES 进程使用率较高，如图 2-14 所示。

10005	FES	VNRS_IP_RU_0065	10005	1014	NORMAL	PRIMARY	9524945	8494938
10003	FES	VNRS_IP_RU_0064	10003	1011	NORMAL	PRIMARY	9524945	8495327
10008	FES	VNRS_IP_RU_0065	10008	1023	NORMAL	PRIMARY	4160335	3306409
10007	FES	VNRS_IP_RU_0064	10007	1022	NORMAL	PRIMARY	4158286	3306462

图 2-14 FES 进程使用率图

3. 内存资源排查

通过在 VNRS 上查看部署情况，能查到告警和 VM 一致，如图 2-15 所示。

RU编号	RU名称	RU类型	HA角色	虚拟机名称	运行状态	注册状态	内存资源（MB）	存储资源（GB）
1	VNRS_OM_RU_0001	VNRS_OM_RU	主	OMU1	正常	注册态	24576	5
2	VNRS_OM_RU_0002	VNRS_OM_RU	备	OMU2	正常	注册态	24576	5
64	VNRS_IP_RU_0064	VNRS_IP_RU	无	IPU_A_0064	正常	注册态	12288	5
65	VNRS_IP_RU_0065	VNRS_IP_RU	无	IPU_A_0065	正常	注册态	12288	5
66	VNRS_IPCTRL_EX_RU_0066	VNRS_IPCTRL_EX_RU	备	IPU_A_0064	正常	注册态	2048	5
67	VNRS_IPCTRL_EX_RU_0067	VNRS_IPCTRL_EX_RU	主	IPU_A_0065	正常	注册态	2048	5
800	VNRS_IPCTRL_RU_0800	VNRS_IPCTRL_RU	冷备	OMU1	正常	注册态	24576	5
801	VNRS_IPCTRL_RU_0801	VNRS_IPCTRL_RU	冷备	OMU2	正常	注册态	24576	5

图 2-15 VNRS 部署情况图

4. CLI 命令结果比对

通过浮动 IP 登录内存泄漏的 IPU 虚拟机查询 CLI 命令，和正常环境进行对比，确认泄漏分区为编号为 0 的 handle，如图 2-16 所示。

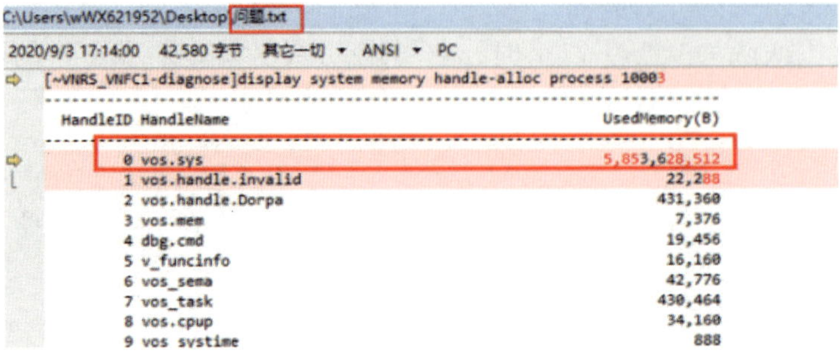

（a）

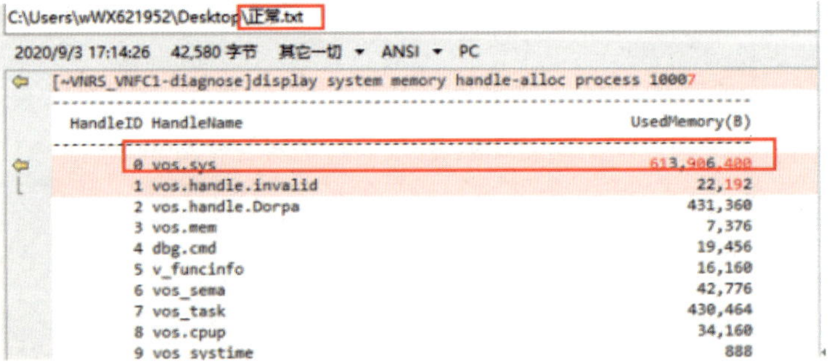

（b）

图 2-16　CLI 命令结果对比图

（a）问题虚拟机的 CLI 命令结果；（b）正常环境的 CLI 命令结果

5. 路由表排查

经排查发现，下一跳不为 0 的 wlr 路由在删除时，申请的内存没有及时释放，导致内存泄露问题，图 2-17 是查询路由示例，下一跳不为 0 的路由在删除时会导致内存泄露。

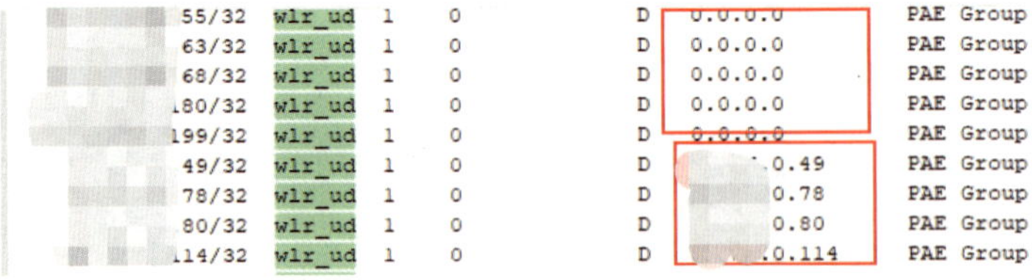

图 2-17　查询路由示例

6. 用户路由排查

当用户下线的时候会删除相应的 wlr_ud 路由，在设备进行用户跟踪，发现存在终端用户频繁上下线行为时，每次下线就会删除相应的 wlr_ud，造成内存泄露。用户跟踪记录图如图 2-18 所示。

位置信息	消息方向	消息属性	消息类型
UGW_SP_RU_0065	MME(SGSN)->SGW(UGW)	Protocol Message	Delete Session Request
UGW_SP_RU_0065	SGW(UGW)->MME(SGSN)	Protocol Message	Delete Session Response
UGW_SP_RU_0064	MME(SGSN)->SGW(UGW)	Protocol Message	Create Session Request
UGW_SP_RU_0064	SGW(UGW)->MME(SGSN)	Protocol Message	Create Session Response
UGW_SP_RU_0064	MME(SGSN)->SGW(UGW)	Protocol Message	Create Session Request
UGW_SP_RU_0064	SGW(UGW)->MME(SGSN)	Protocol Message	Create Session Response
UGW_SP_RU_0064	MME(SGSN)->SGW(UGW)	Protocol Message	Delete Session Request
UGW_SP_RU_0064	SGW(UGW)->MME(SGSN)	Protocol Message	Delete Session Response
UGW_SP_RU_0064	MME(SGSN)->SGW(UGW)	Protocol Message	Create Session Request
UGW_SP_RU_0064	SGW(UGW)->MME(SGSN)	Protocol Message	Create Session Response

图 2-18　用户跟踪记录图

2.7.2.3　解决方案

（1）立刻将软件升级到 V100R019C60SPC100 版本。

（2）在网元升级前定期监控 IPU 内存使用率，在内存占用较多时手动重启其中 1 台虚拟机，以避免 2 台 IPU 虚拟机同时重启。

（3）虚拟机重启步骤为：在 UGW 的 VNRS_VNFC 视图下手动执行 “RST RU:RUNAME="VNRS_IP_RU_00xx"” 命令重启 RUxx 的 IPU 虚拟机。

2.7.2.4　经验总结

核心网软件存在 bug 导致终端上线的动态路由信息占用内存后不会自动释放（一个终端反复上下线，就会反复积累相同的路由信息而不释放内存），最终内存被逐渐占满并导致重启。目前运行核心网的两台虚拟机采用负载均衡模式，当其中一台虚拟机自动重启并不会影响业务，但当两台虚拟机同时出现内存占满的情况时，就会同时重启，此时该地市相关业务将全部中断。

考虑到软件升级时整个业务会中断 3~4h，因此发现此类情况时，在软件升级条件不允许的情况下，可以考虑加强监控，在内存占用量达到 80% 时根据网管告警手动重启虚拟机，避免出现两台同时重启的情况；同时积极构建软件升级环境，满足软件升级条件后尽早对软件系统进行升级解决 bug。

2.7.3 核心网 S1ap 断链故障排查

2.7.3.1 问题描述

某地信通专网运维人员发现核心网网管出现 S1ap 链路故障告警，同时有 8 个基站出现 S1 断链故障。

2.7.3.2 问题分析

1. 查看网管

查看网管发现某地无线专网回传网 8 个基站Ⅲ / Ⅳ区业务中断，但仍可通过网管进行正常的设备维护。中断基站配置数据如表 2-3 所示。

表 2-3 中断基站配置数据

站名	Ⅲ / Ⅳ业务 IP	Ⅲ / Ⅳ业务 IP 掩码	Ⅲ / Ⅳ业务网关	Ⅲ / Ⅳ业务 VLAN
基站 A	90.*.*.2	255.255.*.*	90.*.*.1	**
基站 B	90.*.*.3	255.255.*.*	90.*.*.1	**
基站 C	90.*.*.4	255.255.*.*	90.*.*.1	**
基站 D	90.*.*.5	255.255.*.*	90.*.*.1	**
基站 D	90.*.*.6	255.255.*.*	90.*.*.1	**
基站 E	90.*.*.7	255.255.*.*	90.*.*.1	**
基站 F	90.*.*.8	255.255.*.*	90.*.*.1	**
基站 G	90.*.*.9	255.255.*.*	90.*.*.1	**

从表 2-3 可以看出中断的基站 IP 都属于 90.*.*.0 网段，但是从核心交换机 ping 基站Ⅲ / Ⅳ区维护地址是连通的，可以排除传输链路问题。

2. 定位网关

查经过查询，网关 90.*.*.1 以及 VLAN 均无异常，可以排除网关设备及 VLAN 问题。网关查询图如图 2-19 所示。

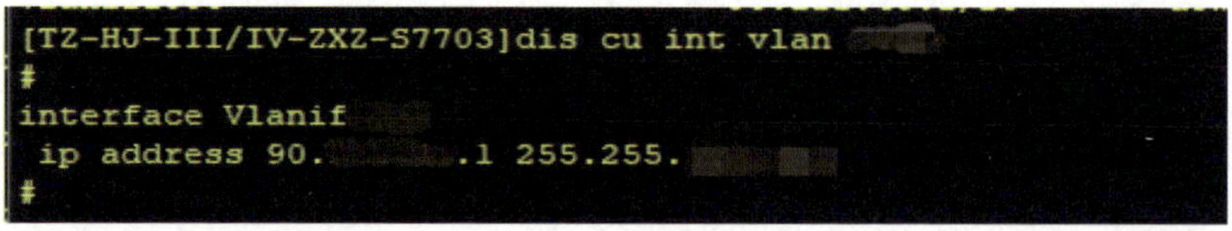

图 2-19 网关查询图

随即在此交换机上测试基站业务 IP 是否能 ping 通，发现交换机上到基站业务地址通信正常，如图 2-20 所示。

```
[[redacted]-S7703]ping 90.[redacted].2
  PING 90.[redacted]2: 56  data bytes, press CTRL_C to break
    Reply from 90.[redacted].2: bytes=56 Sequence=1 ttl=128 time=30 ms
    Reply from 90.[redacted].2: bytes=56 Sequence=2 ttl=128 time=30 ms
    Reply from 90.[redacted].2: bytes=56 Sequence=3 ttl=128 time=30 ms
    Reply from 90.[redacted].2: bytes=56 Sequence=4 ttl=128 time=30 ms
    Reply from 90.[redacted].2: bytes=56 Sequence=5 ttl=128 time=80 ms

  --- 90.[redacted].2 ping statistics ---
    5 packet(s) transmitted
    5 packet(s) received
    0.00% packet loss
    round-trip min/avg/max = 30/40/80 ms
```

图 2-20　基站业务 IP 测试图

3. 测试路由

删除该网关地址再查看是否还有 90.*.*.1 的网关路由，发现从其他设备上学习到了同样的网关路由，即可确定其他设备上有地址冲突，如图 2-21 所示。

```
[[redacted]-S7703]dis ip routing-table 90.[redacted].1
Route Flags: R - relay, D - download to fib
------------------------------------------------------------------------------
Routing Table : Public
Summary Count : 1
Destination/Mask    Proto   Pre  Cost      Flags NextHop         Interface

    90.[redacted].0/28  O_ASE   150  1           D   90.[redacted].25       GigabitEthernet
[redacted]
```

图 2-21　删除网关后路由查询图

2.7.3.3　解决方案

在网管上定位另一台 90.*.*.1 地址所在设备，锁定后登录设备，更改冲突地址并消缺。

2.7.3.4　经验总结

当出现核心网 S1ap 告警时，需要从传输和数据通信层面排查。通过核心交换机 ping 基站维护地址的连通性来确定是否为传输问题；如果核心交换机和基站业务 IP 连通正常，可以初步判定并非传输问题，而是核心交换机和汇聚交换机之间的路由选择出现问题，存在网关地址冲突；应继续锁定冲突地址并及时消缺。

3

回传网运维

回传网是电力无线专网基站到核心网之间的传输网络，承载着基站到核心网之间的控制信息、同步信息、信令信息和各类数据业务，是电力无线专网系统的重要支撑。当前电力无线专网回传网的建设，一般利用自有变电站中的通信传输设备，根据业务类型，以点对点或点对多点的传输方式，实现电力无线专网业务数据的回传。

回传网作为连接基站与核心网的通道，支撑实现了电力无线专网的广域覆盖。为确保电力无线专网的安全稳定运行，需要对电力无线专网回传网部分开展运维工作，对回传网所涉及的通信传输设备、交换机设备、光缆、电源等相关设备进行日常巡检、专业巡检以及及时优化消缺等。

3.1 回传网功能架构

电力无线专网回传网的主要功能是将电力无线专网中所有基站侧的业务数据传输至核心网侧。回传网的实现主要依托已建设的电力光传输网络，承载在现有骨干光传输网，光传输网的技术体制采用基于 OTN/SDH 的多业务传送平台，其拓扑结构以环网结构为主，利用环网的自愈功能对业务通道进行保护。基站的业务数据经光传输网中的接入层支环、核心层支环、核心层主环传输，最终传输至局内的核心交换机并送至核心网部分处理。

根据业务类型，回传网所需传送的业务数据可分为生产控制大区（Ⅰ/Ⅱ区）业务和管理信息大区（Ⅲ/Ⅳ区）业务两部分。针对生产控制大区业务，回传网开通专线通道，将业务以点对多点、星型汇聚的方式传输至市公司核心交换机。针对管理信息大区业务，回传网按照光传输网络结构分层组织，在接入层支环设置接入层共享环（$N\times$ VC12 或 $N\times$ VC3），在核心层主环（市县）、核心层支环（市区）设置核心层千兆以太网共享环；无线侧各基站的业务流经过接入交换机汇聚进入接入层共享环，再经过核心层主环、核心层支环节点汇聚后传输至市公司核心交换机。电力无线专网回传网总体架构如图 3-1 所示。

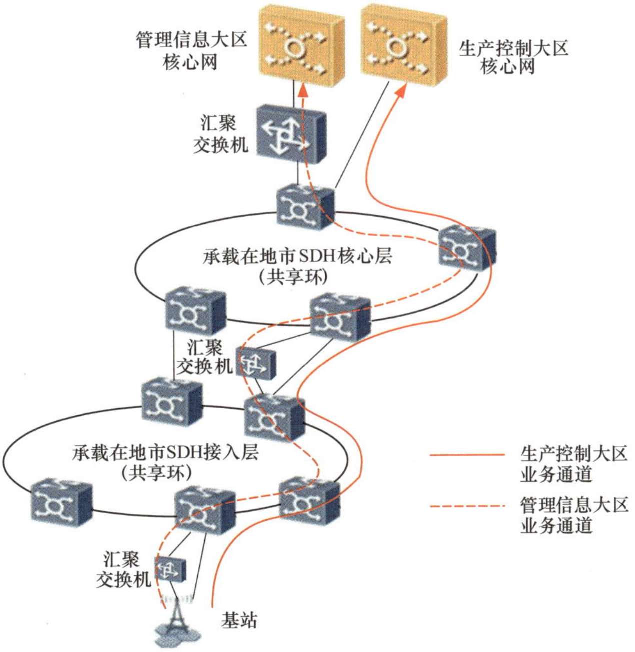

图 3-1　回传网总体架构

3.2 回传网组网方案

3.2.1 设备配置

回传网主要设备由 SDH 等通信传输设备以及交换机设备组成。交换机的主要作用是接入和汇聚，回传网根据需求应配置核心交换机、主环汇聚交换机、支环汇聚交换机及端口扩容交换机。

（1）核心交换机实现Ⅰ/Ⅱ区与Ⅲ/Ⅳ区所有业务数据的汇聚，位于市公司，用于汇聚所有核心层主环及核心层支环的无线专网业务数据，并与无线专网核心网相连接。

（2）主环汇聚交换机实现Ⅲ/Ⅳ区业务数据的主环节点汇聚，位于核心层主环节点，用于汇聚各支环节点汇聚交换机的业务数据，并与核心交换机互联。

（3）支环汇聚交换机实现Ⅲ/Ⅳ区业务数据的支环节点汇聚，位于核心层支环节点，用于汇聚下挂的接入环，其中城区公司核心层支环汇聚交换机在市公司与核心交换机互联，县区公司核心层支环汇聚交换机在核心层主环节点与主环汇聚交换机共用。

（4）端口扩容交换机实现Ⅲ/Ⅳ区业务数据的接入汇聚，可用于基站接入变电站传输设备以太网口不足情况下，作为接入交换机以满足的 BBU 接入需求，也可用于实现城区汇接点或者县公司不同传输设备间的以太网口互联。

通信传输设备的作用是提供数据回传的传输网络通道。回传网所用通信传输设备应采用独立的以太网板卡/端口来传输无线专网的不同业务，在传输通道中实现生产控制大区业务和管理信息大区业务的物理隔离。具体业务及隔离方式如下：

管理信息大区业务通过端口扩容交换机进行多基站接入汇聚，经通信传输设备的独立板卡/接口接入市县骨干传输网络，由支环汇聚交换机、主环汇聚交换机、核心交换机层层汇聚，最终转发至市公司管理信息大区核心网。数据传输网配置中应对承载业务采用不同 VPN 进行隔离，并根据业务需求预留足够带宽。

生产控制大区业务通过独立的基站侧通信传输设备板卡 / 接口、通信传输通道、核心网设备板卡 / 接口专线通道承载。

3.2.2 网络结构

依据基站回传通道优先选用自有传输资源的回传网建设原则，基站就近接入变电站的通信传输设备，回传网承载在现有地区级 SDH 光传输网络，实现生产控制大区和管理信息大区业务的回传。回传网按地市公司通信传输网络结构分为核心层主环、核心层支环、接入层支环。回传网络典型组网方案如图 3-2 所示。

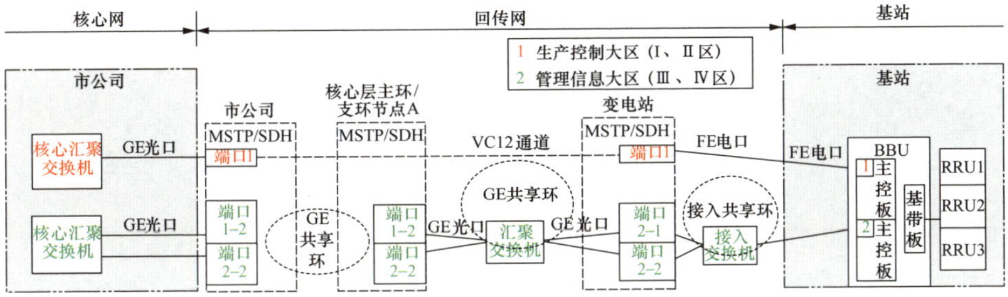

图 3-2 回传网络典型组网方案

3.2.2.1 承载生产控制大区业务回传网网络结构

回传网中承载生产控制大区业务的通道应尽量减少核心网与基站间设备转接环节，提升业务可靠性。每个基站上联带宽 2M，通过 SDH 设备 GE/FE 板卡开通专线通道，星型汇聚至市公司核心交换机；GE 板和 FE 板开通点对多点汇聚模式，单口汇聚比不超过 1∶24；市公司 SDH 以太网板应考虑业务分摊。

1. 城区模式

基站信号按点对多点经接入层支环和城区核心层支环星型汇聚至核心交换机，如图 3-3 所示。若市公司 SDH 以太网板受槽位限制，汇聚能力不足，且城区基站数量较多，可在城区汇接点进行一次汇聚后，带宽保持不变，再传送至核心层支环。市公司、城区汇接点、接入变电站 SDH 按基站数量配置 GE 板和 FE 板。

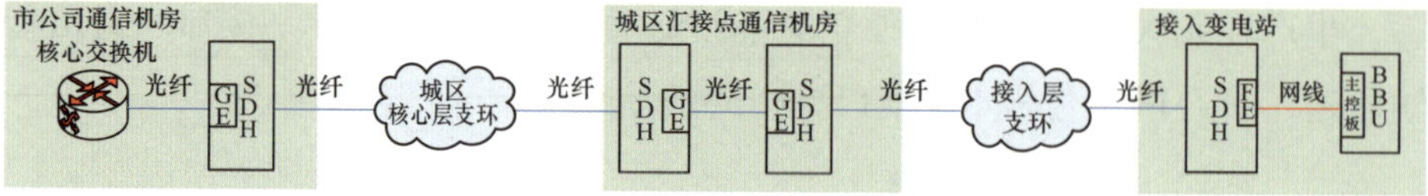

图 3-3　生产控制大区城区模式业务回传网方案示意图

2. 大县模式

基站信号按点对多点经接入层支环、县区核心层支环和核心层主环星型汇聚至核心交换机，如图 3-4 所示。若市公司 SDH 以太网板受槽位限制，汇聚能力不足，且县公司基站数量较多，可在县公司进行一次汇聚后，带宽保持不变，再传送至核心层主环。市公司、县公司、接入变电站 SDH 按基站数量配置 GE 板和 FE 板。

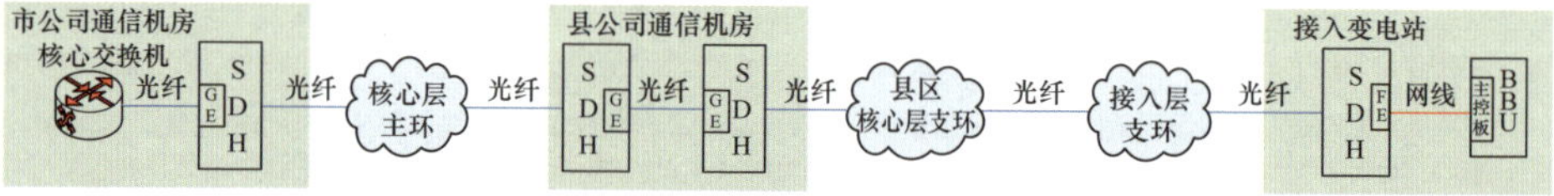

图 3-4　生产控制大区大县模式业务回传网方案示意图

3. 小县模式

基站信号按点对多点经接入层支环和核心层主环星型汇聚至核心交换机，如图 3-5 所示。若市公司 SDH 以太网板受槽位限制，汇聚能力不足，且县公司基站数量较多，可在县公司进行一次汇聚后，带宽保持不变，再传送至核心层主环。市公司、县公司、接入变电站 SDH 按基站数量配置 GE 板和 FE 板。

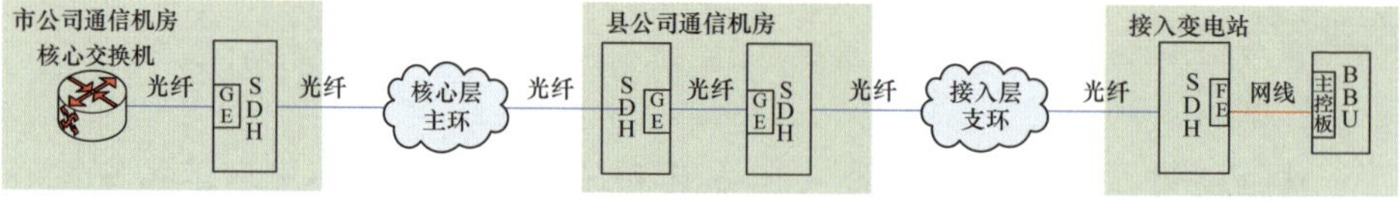

图 3-5　生产控制大区小县模式业务回传网方案示意图

3.2.2.2　承载管理信息大区业务回传网网络结构

承载管理信息大区业务回传网网络通过接入层支环 SDH 设备 FE 板卡

开通专线通道，星型汇聚至核心层支环或核心层主环；在核心层支环和核心层主环采用交换机利用 SDH 通道组成以太网共享环，接口采用 GE 或 FE。接入共享环的东西两个方向的两个以太网端口应分配在不同的以太网板上。接入层支环带宽现状不足，可暂且采用接入层以太网共享环进行过渡，尽快开展接入层支环 SDH 设备带宽扩容。

1. 城区模式

基站信号在接入层支环按点对多点星型汇聚至核心层支环，在城区核心层支环采用交换机手拉手组成以太网共享环，如图 3-6 所示。

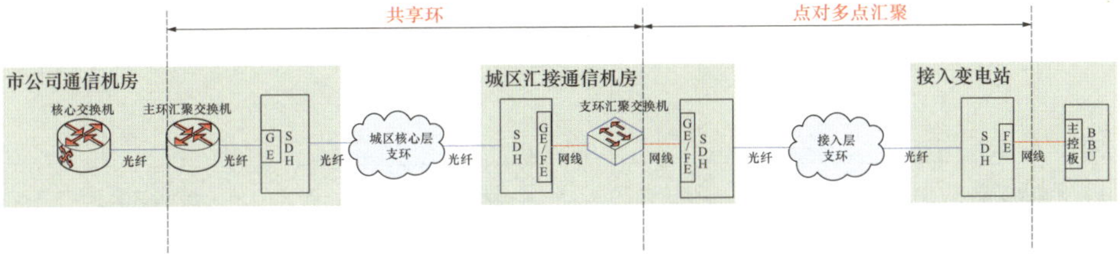

图 3-6　管理信息大区城区模式业务回传网方案示意图

2. 大县模式

基站信号在接入层支环按点对多点星型汇聚至县区核心层支环，在县区核心层支环和核心层主环采用交换机手拉手组成以太网共享环，如图 3-7 所示。

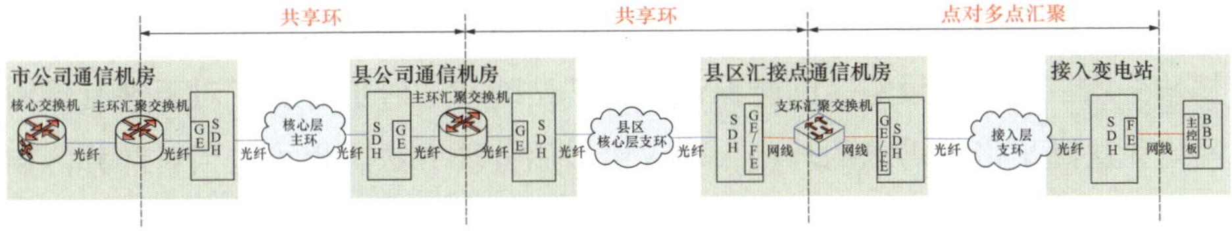

图 3-7　管理信息大区大县模式业务回传网方案示意图

3. 小县模式

基站信号在接入层支环按点对多点星型汇聚至核心层主环，核心层主环采用交换机手拉手组成以太网共享环，如图 3-8 所示。

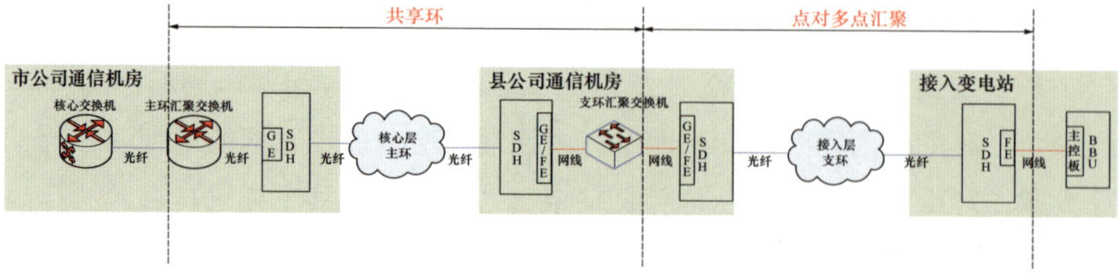

图 3-8　管理信息大区小县模式业务回传网方案示意图

4. 过渡模式

接入层支环带宽现状不足，接入层支环、核心层支环、核心层主环都采用交换机手拉手组成以太网共享环，如图 3-9 所示。

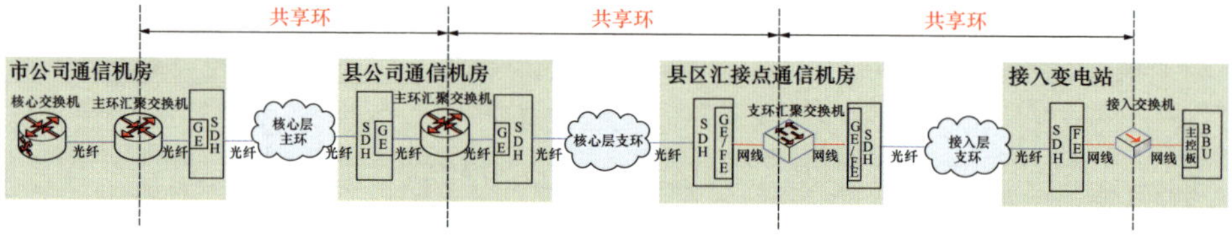

图 3-9　管理信息大区过渡模式业务回传网方案示意图

3.2.3　环网带宽

为避免回传网形成基站容量传输瓶颈，应充分预估回传网的带宽需求。基站的传输带宽应满足基站设备最大吞吐量能力；网络总体带宽配置宜根据基站平均带宽需求设定，同时保证单个基站瞬时的峰值带宽。对于现有传输网络无法满足带宽需求的环网，建议可采用分环方法，也可适当对部分传输设备板卡扩容升级。

基站到地市回传网将承载在现有地区级 SDH 光传输网络，网络分为接入层环网、核心层环网，回传网将按传输网络结构分层组织，回传网在传输网各层级占用带宽配置按以下条件计算：

（1）每个标准基站分配生产控制大区业务带宽 2M，管理信息大区业务带宽 20M。

（2）对管理信息大区业务，核心层主环、核心层支环配置成共享环；业务并发率按核心层主环 0.2，核心层支环 0.1 计算。

（3）地区网 A 平面承载生产控制大区业务，B 平面承载管理信息大区业务。

根据以上配置计算原则，有以下典型带宽配置情况：

1. 城大县少模式

城区的核心层支环较多，县区的核心层支环较少，有以下典型假设条件：

（1）地区有 2 个核心层主环（A、B 平面）和 6 个城区核心层支环（A、B 平面各 3 个），每个环网地区中心站都有 1 台独立 SDH 设备，即 8 台 SDH 都与核心网的核心交换机连接。

（2）还有 4 个县区核心层支环（A、B 平面各 2 个），与对应平面核心层主环连接。

（3）假设每个城区核心层支环下挂 7 个接入层支环，县区核心层支环下挂 4 个接入层支环，每个接入层支环同时接入 A、B 平面（即 A、B 平面共享 1 个接入层支环），每个接入层支环下挂 10 个标准基站。

对于生产控制大区，城区接入层支环承载业务带宽为 2M × 10=20M，核心层支环承载业务带宽为 20M × 7=140M；核心层支环在市公司 SDH 的以太网板需汇聚 70 个方向业务；若在城区汇接点进行一次等带宽汇聚，则市公司 SDH 的以太网板需汇聚 7 个方向业务。县区接入层支环承载业务带宽为 2M × 10=20M，县区核心层支环承载业务带宽为 20M × 4=80M；核心层主环承载业务带宽为 80M × 2=160M；核心层主环市公司 SDH 的以太网板需汇聚 80 个方向业务；若在县公司进行一次等带宽汇聚，则市公司 SDH 的以太网板需汇聚 2 个方向业务。

对于管理信息大区，城区接入层支环承载业务带宽为 20M × 10=200M，核心层支环共享环承载业务带宽为 200M × 7 × 0.1=140M。县区接入层支环承载业务带宽为 20M × 10=200M，县区核心层支环承载业务带宽为 200M × 4 × 0.1=80M，核心层主环承载业务带宽为 80M × 2 × 0.2=32M。

2. 城小县多模式

城区的核心层支环较少，县区的核心层支环较多，有以下典型假设条件：

1）该地区有 2 个核心层主环（A、B 平面）和 4 个核心层支环（A、B 平面各 2 个），每个环网地区中心站都有 1 台独立 SDH 设备，即 6 台

SDH，都与核心网的核心交换机连接。

2）还有 10 个县区核心层支环（A、B 平面各 5 个），与对应平面的核心层主环连接。

3）假设每个城区核心层支环下挂 7 个接入层支环，县区核心城支环下挂 4 个接入层支环，每个接入层支环同时接入 A、B 平面（即 A、B 平面共享 1 个接入层支环），每个接入支环下挂 10 个标准基站。

对于生产控制大区，城区接入层支环承载业务带宽为 2M × 10=20M，核心层支环承载业务带宽为 20M × 7=140M，核心层支环在市公司 SDH 的以太网板需汇聚 70 个方向业务；若在城区汇接点进行一次等带宽汇聚，则市公司 SDH 的以太网板需汇聚 7 个方向业务。县区接入层支环承载业务带宽为 2M × 10=20M，县区核心层支环承载业务带宽为 20M × 4=80M，核心层主环承载业务带宽为 80M × 5=400M；核心层主环在市公司 SDH 的以太网板需汇聚 200 个方向业务；若在城区汇接点进行一次等带宽汇聚，则市公司 SDH 的以太网板需汇聚 5 个方向业务。

对于管理信息大区，城区接入层支环承载业务带宽为 20M × 10=200M，核心层支环共享环承载业务带宽为 200M × 7 × 0.1=140M；县区接入层支环承载业务带宽为 20M × 10=200M，县区核心层支环承载业务带宽为 200M × 4 × 0.1=80M；核心层主环承载业务带宽为 80M × 5 × 0.2=80M。

3.2.4 业务通道

回传网采用 SDH 传输通道，宜优先采用端到端 1+1 或 1∶1 保护方式，所在网络需提供电信级的业务保障，在故障情况下业务端到端切换时间为 50ms；无线数据专网宜采用双归属对承载业务进行主、备保护或负荷分担，从而保障数据安全可靠。

3.2.5 网络协议

基站需进行虚拟局域网（Virtual Local Area Network，VLAN）划分，用于隔离各基站，防止广播风暴。宜 13 个基站划为一个 VLAN 组，使用 1 个业务 VLAN ID、1 个管理 VLAN ID。网络协议根据业务类型有如下相应配置：

1. 生产控制大区业务

数通网层面采用二层组网，网关设置在生产控制大区核心交换机，核心交换机通过静态路由双上联到核心网并开启双向转发检测协议（Bidirectional Forwarding Detection，BFD），传输网层面采用 EPLAN 以太网业务方式组网。

2. 管理信息大区业务

核心交换机通过静态路由协议双上联到核心网并开启 BFD 协议。核心交换机、主环汇聚交换机、支环汇聚交换机之间运行三层 OSPF 动态路由协议，并开启 BFD 协议，形成“手拉手”的共享环结构，核心层支环双上联至核心层主环。核心层主环、核心层支环相邻汇聚点之间采用以太网点到点透传业务方式组网，不开环网保护。

接入层支环组网尽量简洁，避免启用复杂的网络协议。支环汇聚交换机与接入交换机间运行二层协议，点到多点星型汇聚，汇聚到一个支环汇聚点，网关设置在该支环汇聚交换机上。将生成树协议（Spanning Tree Protocol，STP）中的根桥永久设在支环汇聚交换机上，避免根桥选举造成网络振荡。此时无二层环路，接入点不需生成树协议。

3.3 运维人员组织

为确保回传网的安全稳定运行，需要组织人员对电力无线专网的回传网开展运维工作，对回传网所涉及的传输设备和数通设备等进行实时监控、日常巡检、专业巡检及优化消缺。对于回传网所涉及传输设备的缺陷与检修工作建议纳入骨干通信系统管理。

3.3.1 运维人员组织结构

回传网专用数通设备的运维工作主要包括回传网相关设备的日常巡检、专业巡检、故障处理等。针对不同的维护工作，相应的人员配置也不同。

回传网系统维护要求运维可配置 3~5 人的运维团队，包括 1 名运维项目经理、1 名运维技术总监以及 1~3 名一般运维技术员。

3.3.2 人员职责与要求

运维项目经理的主要职责为：建立回传网维护管理制度并贯彻执行、管理维护团队，协调安排团队成员工作、安排维护团队人员的培训工作、负责与其他部门沟通。运维项目经理要求有项目管理方面经验，善于团队协作并对回传网涉及的硬件和软件有系统的认识。

运维技术总监主要负责专业巡检、业务配置操作、重大疑难故障的处理，要求具有过硬的技术实力，精通网络技术，具备较强的无线专网运行情况分析能力，能够根据专业巡检内容完成专业巡检报告。

一般运维技术员主要负责日常巡检，要求熟悉路由交换、网络安全、服务器、存储，掌握一般回传网所涉及数通设备故障的判定和处理方法，根据日常巡检的内容完成日常巡检和监控工作。

3.4 回传网巡视巡检

电力无线专网的回传网巡视巡检对象包括回传网数通设备、回传网光传输网络设备、基站回传光缆、相关网管系统以及基础辅助设施。其中，回传网数通设备巡视巡检按照现有的数据通信设备巡视要求执行，回传光缆的巡视巡检按照现有的通信光缆巡视要求执行。回传网部分巡视巡检通常可分为日常巡检和专业巡检两大类。

3.4.1 日常巡检

日常巡视指定期通过现场目测、温湿度仪及网管等对机房环境、设备状态、网络及业务运行情况进行巡视检查的工作。日常巡视的周期通常为每日或每月。

回传网设备的日常巡检主要包括：

（1）检查机柜内外、设备表面有无灰尘，是否清洁。

（2）检查设备板卡及端口的各种指示灯和运行状况是否异常。

（3）检查设备风扇是否存在异响、锈蚀、积尘、异常状态灯指示。

（4）检查设备所在机柜的配电框告警指示灯状态。

3.4.2 专业巡检

专业巡检是指在日常巡检基础上，定期对设备系统、光缆线路等通过专业巡检工具、仪表和网管进行深度检查，并例行维护操作的工作。专业巡视的周期通常为每季度、每半年或每年。

回传网设备的专业巡检除日常巡检内容以外，还应包括：

（1）检查设备标签、标识、标牌是否清晰准确，是否有脱落现象，有损坏、脱落或字迹不清的，应及时更换。

（2）检查网线、光纤和电源线等线缆的物理连接是否可靠、无松动和锈蚀，弯曲度是否符合要求；出现锈蚀、损坏应及时更换，出现松动应及时稳固。

（3）检查设备端口有无明显缺陷，若端口损坏应及时更换板卡并联系厂家返修。

（4）检查设备所在机架顶部、底部是否封堵完好；检查设备与机柜的防雷接地、防静电措施是否满足指标要求。

（5）检查设备防尘滤网是否清洁，清洗晾干后是否装回原位。

3.5 典型缺陷及处置方案

3.5.1 SDH 设备以太网接口板卡假死

1. 缺陷概况

在传输 SDH 设备以太网接口出现假死情况下，传输网管和交换机均无异常告警。

2. 业务影响情况

交换机之间链路单向通信，一旦另一方向有检修工作或光路开断，将造成断点之间基站业务中断。

3. 缺陷处置方法

（1）在传输 SDH 设备网管上将有相应缺陷的传输设备以太网接口板卡软重启即可恢复。

（2）为避免此类隐患问题，回传网数通交换机应定期开展巡检工作，检查双向链路状态，排查隐患并及时处置，保障网络可靠性。

3.5.2 光缆外力破坏故障

1. 缺陷概况

由外力破坏引起的光缆故障是光缆缺陷的主要类型。光缆外破缺陷通常由外部施工、小动物破坏、交通车辆破坏等引起，造成光路中断，相应光路监控网管触发并上报告警。

2. 业务影响情况

业务环网开环运行，业务不受影响；也可能导致业务中断，网元离线托管。

3. 缺陷处置方法

当监控发现网管系统出现光路中断相关告警时，应及时排查出具体的中断光路，安排抢修班组对光路中断位置进行定位以及故障缺陷抢修。抢修人员需通过布放一定长度的光缆并重新熔接的方式完成修复。

3.5.3 光缆老化断芯故障

1. 缺陷概况

一些运行年限较长的 ADSS 光缆、普通光缆存在老化现象，出现部分纤芯故障的现象，表现出较高的故障率。

2. 业务影响情况

业务环网开环运行，业务不受影响。也可能导致业务中断，网元离线托管。

3. 缺陷处置方法

（1）若纤芯老化断裂位置可以确定，抢修人员需通过布放一定长度的光缆并重新熔接的方式来更换老化的光缆段完成修复。

（2）更换业务运行方式，即通过光纤跳接的方式更换业务路由纤芯，从而恢复业务。

（3）对运行年限较长、故障率较高的 ADSS、普通光缆重点关注，及时将其纳入项目储备，进行光缆改造工作。

3.5.4 SDH 光层信号丢失 LOS/LOF 告警

1. 缺陷概况

LOS 告警表明所指示的传输设备检测到信号丢失，LOF 告警表明该 SDH 设备上检测到帧丢失信息，远端网元或者远端网元与本端网元之间的光路 / 电路通道上存在故障，可能存在光缆中断、尾纤中断或光接头连接不良、光单元盘故障、本端光模块收光故障、对端光模块发光故障等缺陷。

2. 业务影响情况

业务环网开环运行，业务不受影响，也可能导致业务中断。

3. 缺陷处置方法

（1）确认告警设备的线缆连接是否正确。对于光纤连接，同样也要检查远端网元告警指示设备的尾纤头和尾纤连接器（法兰头），检查尾纤头和尾纤连接器是否有灰尘和微粒，清洁后使用光功率计测量收光及发光功率是否在合适的范围之内。

（2）确认与告警设备相关联的远端网元的接口盘是否有其他告警，若有则进行清除。

（3）更换本端光模块或者对端光模块。

3.5.5 SDH 支路信号丢失

1. 缺陷概况

SDH 设备发生支路信号丢失，此时网管和设备都将产生告警，支路盘的“FCLT FAIL”（Facility Fail）告警灯亮，可能原因有数字配线架 DDF 上电缆或 U 形环的接触不好或者收发接反、支路单元盘硬件故障、支路信号的输入信号丢失。

2. 业务影响情况

支路信号丢失将导致该支路业务中断。

3. 缺陷处置方法

（1）根据网管上提示信息确定发生故障的网元及支路端口的具体位置及告警类型。

（2）利用逐段环回法来确定故障点，在 DDF 上环回后若告警无法消除，则说明支路单元与电缆的物理连接出现问题，需检查电缆连接线。

（3）若在电缆的收发连接正确且输入信号也正常的情况下，仍然有告警存在，则可以判断是支路盘发生硬件故障，需更换相应的支路单元盘。

3.5.6 动环缺陷

1. 缺陷概况

回传网传输设备所在机房动力环境出现告警，以温度越上线告警为主，通常由空调故障或工作期间未启用空调等因素引起。

2. 业务影响情况

温度过高会影响设备性能，从而影响设备正常运行。

3. 缺陷处置方法

（1）对于由空调故障引起的动环缺陷，应尽快安排维修人员对空调进行修理。

（2）对于由工作期间未启用空调引起的动环缺陷，应考虑在工作期间打开门窗、打开机柜门散热、合理加快工作进度等方法，尽可能减少对机房环境温度造成的影响，并在工作结束后开启空调。

（3）加强与操作班之间的沟通联系，及时提醒值班运维人员启用控制室内的空调设备。

3.6 运维实践典型经验

3.6.1 回传网接入环缺陷处理型经验

3.6.1.1 问题描述

A 基站由于机房改造，回传网Ⅲ / Ⅳ区接入交换机短时断电，重启后发现 A 基站网管脱管，通过排查发现接入交换机无法登录。

在环网中 A/B/C 基站的交换机接口均被阻塞，导致 A 基站下的业务和基站中断，交换机接口阻塞情况如图 3-10 所示。

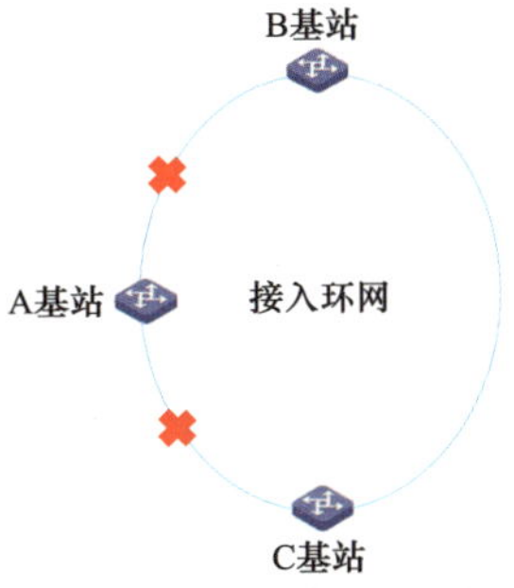

图 3-10 交换机接口阻塞情况

3.6.1.2 问题分析

运维技术人员登录环网中其余交换机上查看情况，未发现告警，A 基站接在 B 基站和 C 基站中间，对两个方向的接口都被生成树阻塞，运维人员首先排除了传输设备故障，之后在传输网上将 B 基站到 A 基站以及 C 基站到 A 基站的光路各中断一下进行破环，发现接口依旧被阻塞。结合设备掉电情况，怀疑是设备掉电造成 A 基站交换机配置发生改动。于是，运维人员先在传输网上断掉一边光路，然后在另一边的接口下关闭生成树协议，使得接口先恢复正常，之后登录到 A 基站的交换机上查看，发现接口下多出了 stp bpdu vlan 801 这条命令，即在发出 bpdu 包的时候给它打上 vlan 801 tag 的标签，初步分析是之前配置未能做好数据保存，强制断电造成数据改动。而 B 基站与 C 基站对接端口并没有这条命令，所以对方发出的 bpdu 包不带 tag，使得两方的生成树协议协商不了，从而导致指定接口被阻塞。B 基站和 C 基站交换机接口命令如图 3-11 所示。经过初步分析，A 基站交换机配置变动的原因是之前的配置未能做好数据保存，设备强制断电重启后数据发生改动。

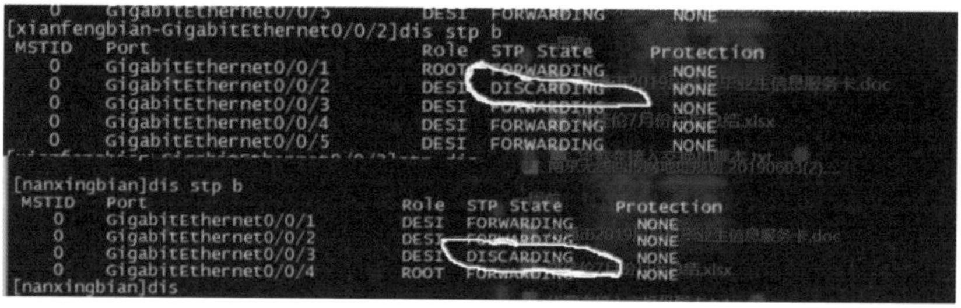

图 3-11　B 基站和 C 基站交换机接口命令

3.6.1.3　解决方案

将 A 基站两个互联接口下的 stp bpdu vlan 801 这条命令删除，使得双方的 stp 能够协商成功，A 基站端口即恢复正常，Ⅲ / Ⅳ区业务恢复正常，网管重新上线，恢复后交换机接口命令如图 3-12 所示。

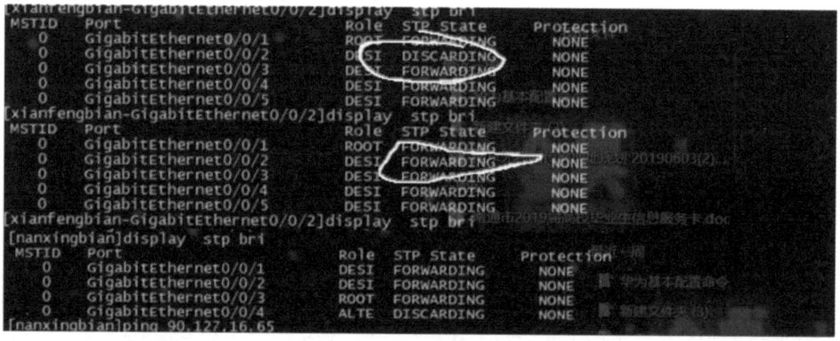

图 3-12　A 基站恢复后 B 基站和 C 基站交换机接口命令

3.6.1.4　经验总结

本次故障是接入交换机断电导致的配置数据变动，造成交换机离线，结合之前发现的汇聚交换机断电端口无法自启故障，对回传网交换机断电操作时，应按正确操作先关闭设备开关，再切断电源，防止强制断电导致交换机数据篡改或损坏设备。

3.6.2 交换机链路丢包率高处理典型经验

3.6.2.1 问题描述

网管监控人员发现 A 变电站内两个基站多次出现Ⅲ / Ⅳ区 S1 接口故障告警，同时伴随网元中断、SCTP 链路故障告警等，严重影响该区域周边Ⅲ / Ⅳ区业务，告警情况如图 3-13 所示。

名称	网元类型	告警源	首次发生时间 (NT)	最近发生时间 (NT)
S1接口故障告警	BTS3900 LTE	[redacted]无线专[redacted]远站	2020-12-31 08:51:12	2021-01-05 11:09:47
SCTP链路故障告警	BTS3900 LTE	[redacted]无线专[redacted]远站	2020-12-31 08:51:12	2021-01-05 11:09:46
远程维护通道故障告警	BTS3900 LTE	[redacted]无线专[redacted]远站	2020-12-31 09:32:57	2021-01-05 10:15:16
以太网链路故障告警	BTS3900 LTE	[redacted]无线专[redacted]远站	2020-12-31 13:09:31	2020-12-31 13:09:31
以太网链路故障告警	BTS3900 LTE	[redacted]无线专[redacted]远站	2020-12-31 09:42:56	2020-12-31 13:08:17
S1接口故障告警	BTS3900 LTE	[redacted]无线专[redacted]远站	2020-12-31 08:55:05	2020-12-31 11:50:36
SCTP链路故障告警	BTS3900 LTE	[redacted]无线专[redacted]远站	2020-12-31 08:55:05	2020-12-31 11:50:36

图 3-13　告警情况

3.6.2.2 问题分析

由于故障基站均属于 A 变电站的下挂基站，两个基站同时出现 S1 接口故障告警，可能原因是：

（1）A 变电站交换机参数修改或硬件故障。

（2）以太网线链路故障。

（3）SDH 传输配置参数修改、硬件故障。

3.6.2.3 解决方案

运维人员登录 A 变电站交换机，查询得知参数未做修改，且未产生明显告警日志。查询 SDH 传输配置参数及告警，均显示正常状态。

查询传输网络拓扑图，A 变电站交换机归属接入层支环 4，西向与 B 变电站交换机相连，中间存在闭塞点，东向与 C 变电站交换机相连，C 变电站交换机则直接与主环相连；登录两台交换机，互相 ping 包丢包率高，由于链路并未完全中断，导致闭塞点未能打开，初步判断故障为 A 变电站交换机至 B 变电站交换机链路丢包率高导致，拓扑图如图 3-14 所示。

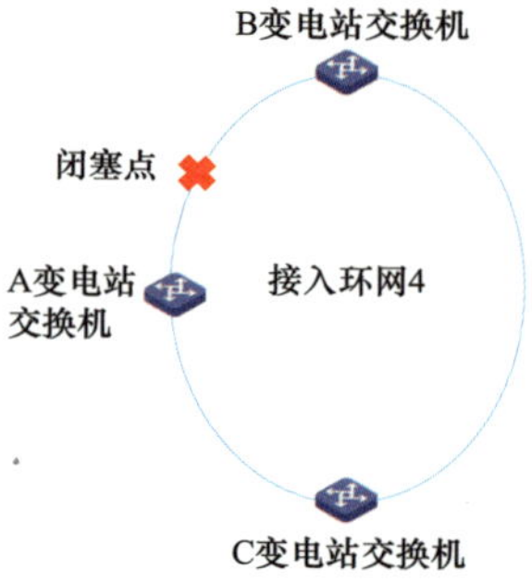

图 3-14　拓扑图

由于两个基站归属同一个簇，为严重故障告警，需及时处理。优先临时将 A 变电站交换机端口 1 关闭，从而打开闭塞点，使得数据传输正常，告警故障消除，拓扑接口图如图 3-15 所示。

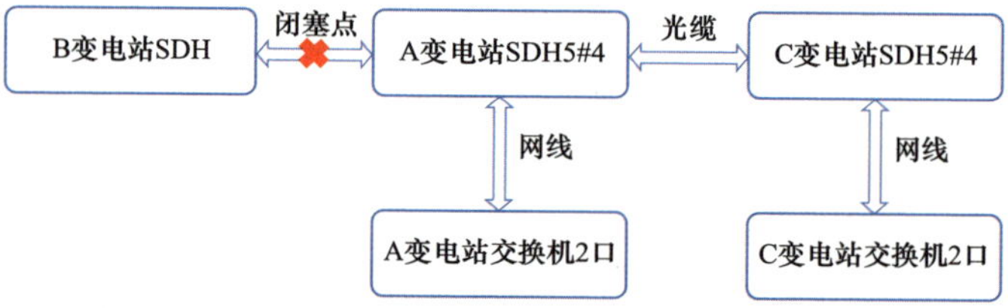

图 3-15　接口拓扑图

故障临时消缺后，安排工作人员现场进行排查处理。先将 A 变电站交换机端口 2 转换至端口 5，网线更换为新的网线，因 A 变电站 SDH 传输板卡无多余端口，未曾更换端口，打开 C 变电站交换机端口 1 后，故障仍然存在。再将 C 变电站交换机端口 1 转换至端口 6，网线更换为新的网线，SDH 传输端口 15#4 更换为 16#2，故障仍然存在。

通过上述操作，基本确认 A 变电站 SDH 传输板卡存在故障，工作人员将传输板卡更换后，仍出现 S1 接口故障告警，如图 3-16 所示。

名称	网元类型	告警源	首次发生时间 (NT)	最近发生时间 (NT)
S1接口故障告警	BTS3900 LTE	[illegible]无线专[illegible]拉远站	2021-01-04 15:10:58	2021-01-04 15:10:58
SCTP链路故障告警	BTS3900 LTE	[illegible]无线专[illegible]拉远站	2021-01-04 15:10:58	2021-01-04 15:10:58

图 3-16　S1 接口故障告警

判断 C 变电站 SDH 传输板卡也存在故障，运维人员再次更换 C 变电站传输板卡，更换完成后，故障消失，A 变电站与 C 变电站间 ping 包正常。

3.6.2.4　经验总结

传输板卡隐性故障会导致传输误码较高，从而引起基站 S1 接口故障告警，该类故障由于无明显告警日志，日常监控中无法监控到，但引起的问题较严重。此次故障处理为后期解决此类问题提供了分析方向及处理方法，从而能够快速进行故障消缺。

3.6.3　SCTP 链路故障处理典型经验

3.6.3.1　问题描述

网管监控人员发现，某基站出现 SCTP 链路故障告警，引起Ⅰ/Ⅱ区 S1 链路断链，如图 3-17 所示。该基站为二期基站，暂未接入业务。

```
ALARM 884        故障      重要告警        eNodeB    29201    信令系统
        告警同步号 = 2025
          告警名称 = S1接口故障告警
      告警发生时间 = 2020-11-30 09:44:45
          定位信息 = S1接口标识=40000, 运营商索引=1, 描述信息=MME:MCC_460 MNC_854 MMEI_32870_1, 本端描述信息=eNB:MCC_460 MNC_854, 具体问题=底层链路故障产生
              功能 = eNodeB名称=苏.盐城-1.8G中兴无线专网　变华为-共BBU-01基站, objId=0
      告警变更时间 = 2020-11-30 14:51:48
    根源告警流水号 = 885
          附加信息 = 基站制式=L, 影响制式=L, 部署标　盐城-1.8G中兴无线专网　变共BBU-01基站, 累计时长(s)=90
         附加信息1 = AF_L=苏.盐城-1.8G中兴无线专　变华为-共BBU-01基站

ALARM 885        故障      重要告警        eNodeB    25　     中继系统
        告警同步号 = 2024
          告警名称 = SCTP链路故障告警
      告警发生时间 = 2020-11-30 09:44:44
          定位信息 = 链路号=70000, 描述信息=MME:MCC_460 MNC_854 MMEI_32870_1, 对端IP地址=90.143.10.123, 业务类型=S1-AP
      告警变更时间 = 2020-11-30 14:51:48
          附加信息 = 基站制式=L, 影响制式=L, 部署标　盐城-1.8G中兴无线专网　变共BBU-01基站, 累计时长(s)=90
         附加信息1 = AF_L=苏.盐城-1.8G中兴无线专　变华为-共BBU-01基站
```

图 3-17　告警情况

3.6.3.2　问题分析

无线专网Ⅰ/Ⅱ区业务由基站 BBU 连接至 SDH 以太网板卡，经传输网络传送至Ⅰ/Ⅱ区核心交换机。

单个站点出现 SCTP 链路故障告警，可能存在的原因有：

（1）SCTP 接口配置错误。

（2）eNB 标识配置错误。

（3）本端基站 SCTP 接口闭塞。

（4）传输通道故障。

3.6.3.3 解决方案

针对此次故障，首先排查近期站点配置是否被修改，站点标识及链路是否正常；是否存在传输告警，确认传输是否正常；现场排查是否为硬件隐性故障。

检查该站点 SCTP 链路配置，如图 3-18 所示。站点最近未进行过配置更改，eNB 标识配置正确，S1 接口配置正常，该链路未闭塞。

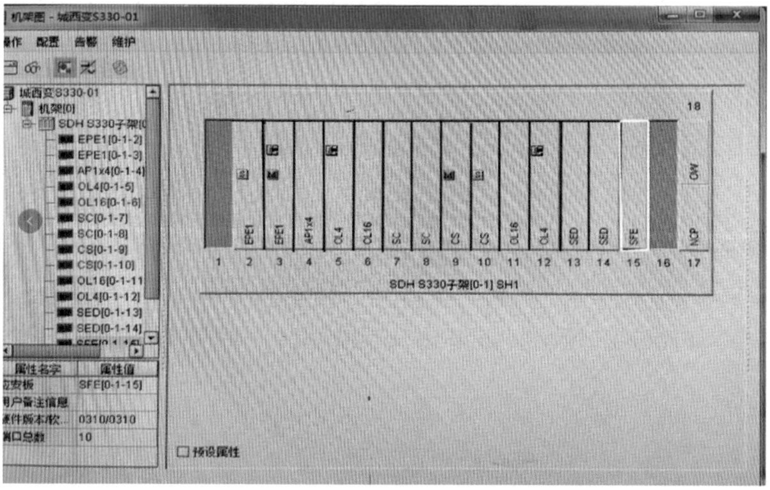

图 3-18　站点 SCTP 链路配置

核查传输通道配置，该站点配置正常，未出现告警。传输网管告警情况如图 3-19 所示。

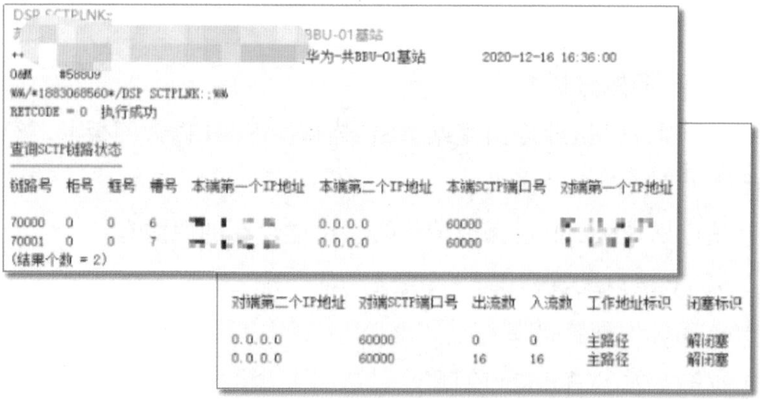

图 3-19　传输网管告警情况

基站与传输网管均无告警，开展现场排查。现场检查发现该站点Ⅰ/Ⅱ区回传通道配置在一块 SFE 板卡（15 槽）上，该板卡版本较老，怀疑为传输板卡老旧的隐性故障导致。现场将Ⅰ/Ⅱ区业务网线由 15 槽的 3 口更换至 13 槽 1 口，传输重新开通通道后，基站网管告警清除，基站恢复正常，确认为该板卡故障导致。板卡更换前后端口情况如图 3-20 所示。

（a）　　　　（b）

图 3-20　更换前后所有端口

（a）更换前所有端口；（b）更换后所有端口

3.6.3.4　经验总结

本次基站出现 SCTP 链路故障告警，但传输网管未出现告警，难以直接定位问题原因，只能通过现场逐一排查。针对这类使用老旧板卡存在隐性故障的站点，在后期回传网板卡更换时优先进行更换，防止此类隐性故障再次出现。

3.6.4　回传网光缆外破处理典型经验

3.6.4.1　问题描述

网管监控人员发现某基站发生光弱告警，告警名称为射频单元维护链路异常告警、射频单元 CPR 接口异常告警、小区服务能力下降告警、射频单元光接口性能恶化告警；将该情况通告运维单位进行现场排查。

3.6.4.2 问题分析

查询该基站下挂业务中断情况，该站点下的用电采集业务 4 个，均使用公专自动切换通信仓，业务终端正常在线未影响。施工队现场排查，发现基站铁塔所在的广场区域在进行施工，由于施工中将混凝土导入通信井，导致光缆被打折损伤，初步判断是光缆被打折损伤导致光弱而告警。

3.6.4.3 解决方案

由于通信井中的混凝土已经部分凝固，暂时无法清理，为暂时恢复基站正常运行先抢通。先将光缆损伤处进行简单恢复处理，在受伤的光缆中挑了 6 芯相对衰减小的纤芯，但网管显示光功率衰耗仍然较大，纤芯调整后收光情况如图 3-21 所示。

框号	槽号	端口号	在位状态	模块类型	厂商名称	传输模式	波长（纳米）	发送光功率（0.1微瓦）	接收管功率（0.1微瓦）
0	3	0	在位	增强型光口	HG GENUINE	单模	1310	6194	3216
0	3	1	在位	增强型光口	HG GENUINE	单模	1310	5803	3024
0	3	2	在位	增强型光口	HG GENUINE	单模	1310	5874	1
0	3	3	不在位	NULL	NULL	NULL	NULL	NULL	NULL
0	3	4	不在位	NULL	NULL	NULL	NULL	NULL	NULL
0	3	5	不在位	NULL	NULL	NULL	NULL	NULL	NULL
0	3	6	不在位	NULL	NULL	NULL	NULL	NULL	NULL
0	6	1	不在位	NULL	NULL	NULL	NULL	NULL	NULL
0	6	8	不在位	NULL	NULL	NULL	NULL	NULL	NULL
0	7	1	不在位	NULL	NULL	NULL	NULL	NULL	NULL
0	7	8	不在位	NULL	NULL	NULL	NULL	NULL	NULL
60	0	0	在位	增强型光口	HG GENUINE	单模	1310	5150	1890
60	0	1	不在位	NULL	NULL	NULL	NULL	NULL	NULL
61	0	0	在位	增强型光口	HG GENUINE	单模	1310	5640	800
61	0	1	不在位	NULL	NULL	NULL	NULL	NULL	NULL

从RRU发过来收光正常

从BBU发过来收光弱

图 3-21　纤芯调整后收光情况

现场查看是否有余缆临时做接头处理，但发现管道井被混凝土填满了，所以没有办法抽余缆加接头；在光配箱确认法兰插口插紧，在网管侧查询光功率仍然较弱，如图 3-22 所示。

查询光电模块动态信息

柜号	框号	槽号	端口号	在位状态	模块类型	厂商名称	传输模式	波长（纳米）	发送光功率（0.1微瓦）	接收管功率（0.1微瓦）
0	0	3	0	在位	增强型光口	HG GENUINE	单模	1310	6308	801
0	0	3	1	在位	增强型光口	HG GENUINE	单模	1310	5803	920
0	0	3	2	在位	增强型光口	HG GENUINE	单模	1310	5798	327
0	0	3	3	不在位	NULL	NULL	NULL	NULL	NULL	NULL
0	0	3	4	不在位	NULL	NULL	NULL	NULL	NULL	NULL
0	0	3	5	不在位	NULL	NULL	NULL	NULL	NULL	NULL
0	0	3	6	不在位	NULL	NULL	NULL	NULL	NULL	NULL
0	0	6	1	不在位	NULL	NULL	NULL	NULL	NULL	NULL
0	0	6	8	不在位	NULL	NULL	NULL	NULL	NULL	NULL
0	0	7	1	不在位	NULL	NULL	NULL	NULL	NULL	NULL
0	0	7	8	不在位	NULL	NULL	NULL	NULL	NULL	NULL
0	62	0	0	在位	增强型光口	HG GENUINE	单模	1310	5750	920
0	62	0	1	不在位	NULL	NULL	NULL	NULL	NULL	NULL

（结果个数 = 13）

图 3-22　法兰插紧后光功率

从接入变电站临时布放一根光缆至基站，熔纤后光功率恢复正常，如图3-23 所示。基站告警消除。

查询光电模块动态信息

柜号	框号	槽号	端口号	在位状态	模块类型	厂商名称	传输模式	波长（纳米）	发送光功率（0.1微瓦）	接收管功率（0.1微瓦）
0	0	3	0	在位	增强型光口	HG GENUINE	单模	1310	6308	3291
0	0	3	1	在位	增强型光口	HG GENUINE	单模	1310	5803	3347
0	0	3	2	在位	增强型光口	HG GENUINE	单模	1310	5798	3803
0	0	3	3	不在位	NULL	NULL	NULL	NULL	NULL	NULL
0	0	3	4	不在位	NULL	NULL	NULL	NULL	NULL	NULL
0	0	3	5	不在位	NULL	NULL	NULL	NULL	NULL	NULL
0	0	3	6	不在位	NULL	NULL	NULL	NULL	NULL	NULL
0	0	6	1	不在位	NULL	NULL	NULL	NULL	NULL	NULL
0	0	6	8	不在位	NULL	NULL	NULL	NULL	NULL	NULL
0	0	7	1	不在位	NULL	NULL	NULL	NULL	NULL	NULL
0	0	7	8	不在位	NULL	NULL	NULL	NULL	NULL	NULL
0	60	0	0	在位	增强型光口	HG GENUINE	单模	1310	5220	3350
0	60	0	1	不在位	NULL	NULL	NULL	NULL	NULL	NULL
0	61	0	0	在位	增强型光口	HG GENUINE	单模	1310	5740	2620
0	61	0	1	不在位	NULL	NULL	NULL	NULL	NULL	NULL
0	62	0	0	在位	增强型光口	HG GENUINE	单模	1310	5830	2740
0	62	0	1	不在位	NULL	NULL	NULL	NULL	NULL	NULL

（结果个数 = 17）

图 3-23　熔纤后光功率正常

3.6.4.4　经验总结

本次基站回传网光缆因外破导致基站光衰较大，且由于环境导致无法短时间内恢复，严重影响电力业务运行。为保障无线专网基站正常运行，对于无法短时间内恢复的故障需采取临时应急措施，及时消除基站故障，保障电力无线专网正常运行，以免长时间影响电力业务。

4

基站运维

无线专网基站是移动通信中组成蜂窝小区的基本单元，主要完成通信网和通信终端之间的通信和管理功能；基站不是孤立存在的，它仅仅属于网络架构中的一部分，是连接通信网和终端的桥梁，负责接收、处理与发送无线信号，并将无线信号转换成易于传输的光/电有线传输信号。基站一般由室内的基带处理单元、室外的射频模块、收发信号的天线、GPS和各种传输线缆等组成。

为确保基站安全稳定运行，需要对电力无线专网基站进行网管监控及巡视巡检，对基站设备进行专业巡检、优化消缺等。

4.1 基站功能架构

终端通过无线接入网传输信令及数据，无线接入网由多个基站组成；电力无线专网基站具备配置管理、设备管理、无线资源管理、终端附着及寻呼、数据传输及加密、广播消息、信令处理、移动性管理、负载管理等功能，并提供 S1 接口与核心网进行数据交互，通过无线 Uu 口与终端进行交互。基站逻辑示意图如图 4-1 所示。

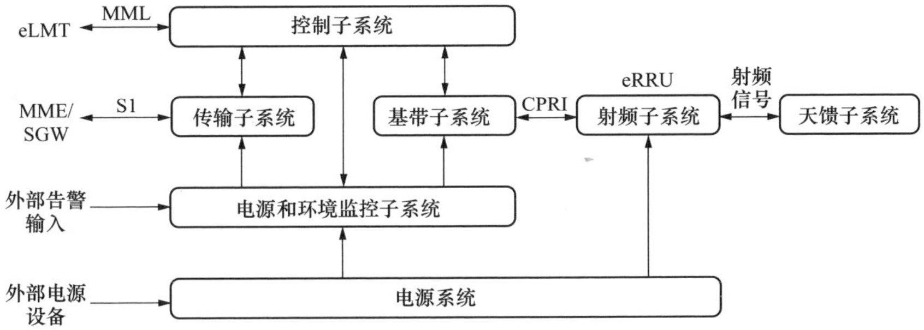

图 4-1　基站逻辑示意图

（1）控制子系统：集中管理整个基站系统，包括操作维护、信令处理和系统时钟。操作维护管理包括配置管理、故障管理、性能管理和安全管理等。

（2）传输子系统：提供基站与传输网络的物理接口，完成信息交互，同时提供与网管连接的维护通道。

（3）基带子系统：完成上下行数据基带处理功能，并提供与射频子系统通信的 CPRI 接口。

（4）电源环境监控子系统：完成基站的供电、散热、环境监控功能。完成电源并监控电源状态，提供连接环境监控设备的接口，接收和转发来自环境监控设备的信号。

（5）电源子系统：通过外部电源设备获取电源，并为其他子系统供电。

（6）射频子系统：用于完成射频信号和基带信号的调制解调、数据处理、合分路等功能。

（7）天馈子系统：包括天线、馈线、跳线等设备，用于接收和发射射频信号。

4.2 基站部署

电力无线专网基站综合考虑规模、终端覆盖需求、杆塔位置及资源、光缆布放、电源等因素，并结合地市无线环境情况进行部署。电力专网基站的部署分为两种情况：①利用电力现有杆塔或自有物业自建杆塔部署；②租用公共杆塔资源进行部署。基站基带单元（Baseband Unit，BBU）设备及 GPS 部署在变电站内，室外射频单元部署依据基站的两种情况分别部署在电力杆塔或铁塔等其他运营商杆塔。

4.2.1 基站组网方案

电力业务包括配电自动化、配变监测、用电信息采集、视频监控、精准负荷控制、分布式能源调控和巡检机器人等，业务分布广、需求量大，要求基站具备较广的覆盖面积。基站依据业务需求进行部署，满足业务终端区域信号覆盖要求，同时实现双层基站覆盖，保障业务终端稳定占用电力专网信号。组网典型方案如图 4-2 所示。

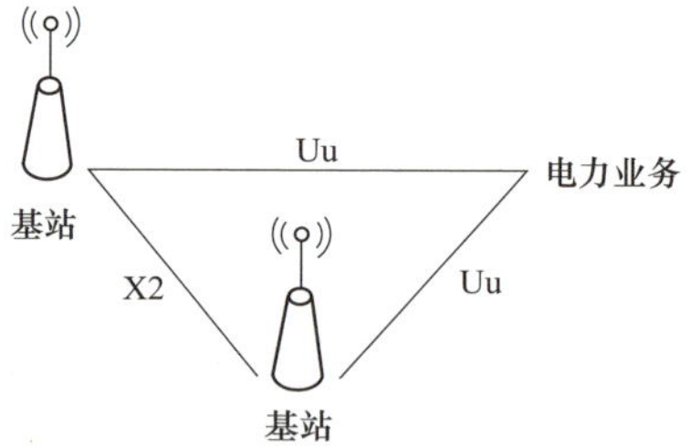

图 4-2 组网典型方案

该方案采用双基站保障电力业务终端区域覆盖需求，能够避免电力业务因基站维护导致掉线。

4.2.2 基站基代处理单元配置原则

基站基代处理单元（Baseband Unit，BBU）主要包含主控板、基带处理板、风扇模块和电源模块，各部分的配置原则如表 4-1 所示。

表 4-1 基站基代处理单元配置原则

类型	选配 / 必配	专网典型配置数	单板 / 模块名称	最大配置数	安装槽位（优先次序）	配置说明
主控传输板	必配	1	UMPTb2	2	Slot7>Slot6	每个 BBU3910 默认配置 1 块 UMPTb2 或 LMPT，含 GPS 星卡。建议配置在 Slot7 槽位。UMPTb2 支持主控板冷备时需要配置 2 块；LMPT 不支持主控板冷备
			LMPT	1	Slot7>Slot6	
基带处理板	必配	1	UBBP	6	Slot3>Slot2> Slot1>Slot0> Slot4>Slot5	支持最大配置 6 块。 支持 UBBP 板，并兼容支持 LBBP 单板。其中，TDD 模式支持 UBBPd4、UBBPd6、LBBPd4；FDD 模式仅支持 UBBPd4、LBBPd2 板。 TDD 模式在以下组网场景时，建议使用 UBBPd6 单板
			LBBP	6	Slot3>Slot2> Slot1>Slot0> Slot4>Slot5	eRRU 级联 / 多级环形冷备
风扇模块	必配	1	FANc	1	FAN(Slot16)	—
电源模块	必配	1	UPEUc	2	POWER1(Slot19)> POWER0(Slot18)	以下情况需要配置 2 块： ① BBU3910 功率小于 360W，但要求电源备份时； ② BBU3910 功率超过 360W（即当基带板配置数量超过 3 块）时

4.2.3 基站射频拉远单元配套

基站射频拉远单元（Remote Radio Unit，RRU）介于 BBU 与天线之间。室外天线接收和发送的都是射频信号，室内 BBU 接收和发送的都是光信号。BBU 和天线不能直接相连，需要将 RRU 作为中间桥梁对信号做相应处理。接收信号时，RRU 将天线接收的射频信号经滤波、低噪声放大，转化成光信号，传输给 BBU；发送信号时，RRU 将 BBU 传输的光信号，经光电转换、变频、滤波、线性功率放大，转换成射频信号，通过天线发送出去。RRU 设备线缆连接关系图如图 4-3 所示。

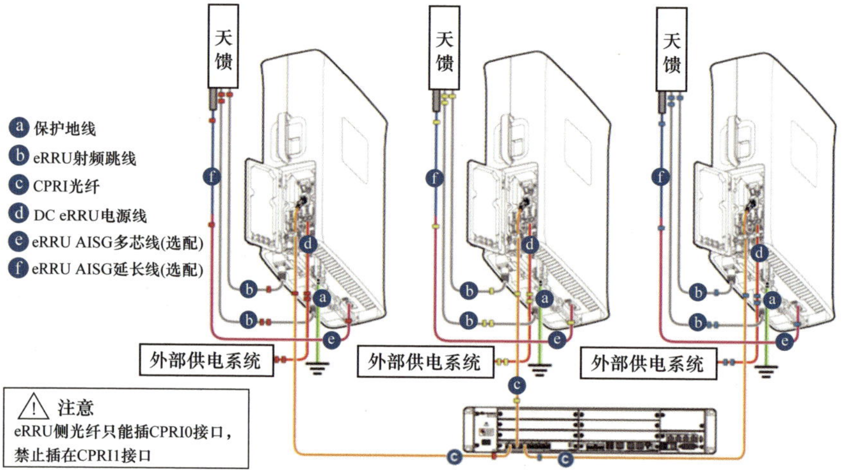

图 4-3 RRU 设备线缆连接关系图

4.2.4 基站电源配套

基站电源安装于电源柜中，负责给基站设备供电。电源柜里有接电牌、熔丝以及接电开关等。租赁站点需要加装蓄电池，停电时由室内的蓄电池供电。当蓄电池的电消耗到一定程度时，就断开非重要负载，保证传输设备的持续运行，基站电源系统结构图如图 4-4 所示。

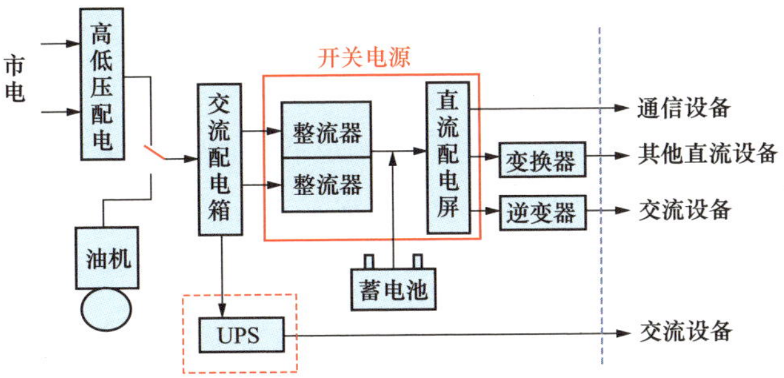

图 4-4　基站电源系统结构图

4.2.5　基站 GPS 配套

基站的 GPS 蘑菇头为基站提供定位和时钟同步信号，如图 4-5 所示。GPS 的输出信号有模拟信号和数字信号两种。若 GPS 输出的是模拟信号，那么需要在室内安装时钟盒进行信号转换，若输出的是数字信号，则不需要安装时钟盒。

图 4-5　GPS 蘑菇头

4.3　运维人员组织

4.3.1　运维人员组织结构

基站维护工作主要包括基站网管监控及基站缺陷消缺工作。

针对不同的维护工作，相应的人员配置也会不同。基站网管监控要求运维监控人员做到全年7×24小时值守，配置3~5人的监控团队，包括1名项目经理、1名运维技术总监，以及2~4名技术员。基站现场缺陷消缺人员配置到区县公司，配置1~2人，全年7×24小时值守，配合基站现场处理缺陷。

4.3.2 人员职责与要求

运维项目经理的主要职责为：建立基站网管监控维护管理制度并贯彻执行、管理维护团队，协调安排团队成员工作、安排维护团队人员的培训工作、负责与其他部门沟通。运维项目经理要求有项目管理方面经验，善于团队协作并对基站涉及的硬件和软件有系统的认识。

运维技术总监的主要职责：主要负责培训技术人员网管监控、缺陷分析、专业巡检、基站重大疑难故障的处理，要求具有过硬的技术实力，精通各厂家网管系统，精通核心网、基站告警处理方法、网管操作维护方法，精通网络技术，具备较强的无线专网运行情况分析能力，根据专业巡检内容完成专业巡检报告。

一般运维技术员主要负责日常监控工作及配合基站缺陷消缺，要求熟悉各个厂家基站设备系统并对路由交换、网络安全、硬件设备、网管系统有一定的认识，掌握一般基站系统故障的判定和处理方法，掌握一般仪器仪表的使用方法，根据日常监控的内容完成缺陷消缺、基站巡视巡检。

4.4 基站巡视巡检

4.4.1 日常巡检

基站日常巡视巡检是指通过现场目测、仪器仪表及网管监控系统对基站设备进行巡视巡检，周期为每月一次，可分为自有物业站点及租赁物业站点侧巡视巡检工作。自有物业站点巡视对象包含室内设备（BBU及电源设备等）和室外设备（RRU 设备、天馈线、铁塔及抱杆等）；租赁站点巡视对象包括室外 RRU 设备、天馈线等。

巡视巡检准备工作应充足，配置相应的仪器仪表，包括常用工具箱、数字万用表、钳形电流表、温 / 湿度计、地阻测试仪、经纬仪、混凝土回弹仪、指南针、坡度仪、望远镜、无人机等。

无线专网基站设备日常巡视主要内容包括：

（1）检查基站设备、板卡的各种指示灯和运行状态有无异常。

（2）检查设备风扇有无异响、锈蚀、积尘、异味和异常状态灯指示。

（3）检查尾纤、网线、电源线、接地线等线缆物理连接是否可靠，是否松动、锈蚀，线缆弯曲度是否符合要求。

（4）检查机柜内温度是否正常，散热是否良好；检查机柜是否有因机房漏水、空调冷凝水等造成积水、漏水情况。

（5）检查室外线缆连接头防水情况，是否有明显松动、脱落，防水胶带密封是否良好。

（6）检查铁塔周边积水状况及基础周边泥土流失状态，塔角包封情况以及周围外力破坏情况。

（7）检查重抱杆、附墙抱杆、集束塔等楼顶站基础的包封、防水是否完好。

（8）检查塔体、杆体上有无影响运行的异挂物体。

对于涉及塔上设备的日常巡视内容，可借助望远镜、无人机等手段进行现场观察。

租赁站点的日常巡视，由租赁公司负责进站协调配合；租赁站点内产权归属租赁公司的交直流电源、蓄电池、动换监控、铁塔、机房、机柜等设施，日常巡视参照上述步骤，由租赁公司结合正常巡视工作开展，并每月提供相应的巡视巡检报告。

日常巡视巡检应填写相关日常巡检记录表并妥善保存，可参考表 4-2。

表 4-2 电力无线专网基站设备巡检记录表

巡检开始时间		巡检结束时间	

（一）定期日常巡视维护检查

巡视内容	检查结果		
①检查设备电源电压是否正常	□正常	□过低	□过高
②设备板卡工作状态是否正常	□正常		□异常
③设备风扇工作状态是否正常	□正常		□异常
④设备告警状态是否正常	□正常		□异常
⑤检查设备的各种指示灯和运行状况是否正常	□正常		□异常
⑥设备运行环境（温湿度、防火防水措施等）是否正常	□正常		□异常
⑦基站铁塔、天馈线紧固、防锈等是否符合要求	□正常		□异常

（二）是否完成定期常规维护，存在问题请进行问题描述及处理记录

问题描述	定位结果	处理方法	处理结果

4.4.2 专业巡检

专业巡检是指在日常巡检基础上，定期对基站设备通过专业巡检工具、仪表和网管进行深度检查，并例行维护操作的工作。铁塔和抱杆专业巡视每年一次，其他设备专业巡检每半年一次。遇台风、雷暴雨、雪雾等恶劣天气期间，应增加特巡，在重大活动保电期间根据实际情况应加强巡视。

无线专网基站设备专业巡检除日常巡检的内容以外，还应包括：

1. 室内设备专业巡视

（1）检查设备内外、滤网清洁情况。

（2）检查设备标签、标识、标牌是否清晰准确，若有脱落现象、损坏、字迹不清或因检修、抢修等运维工作导致标签标识内容发生更改的，应及时更换。

（3）检查设备光纤、GPS 馈线、传输口网线、电源线连接是否正常、有无松动，线缆是否绑扎牢固。

（4）检查确认接至室外的光纤、电源线走线有无异常，外护套是否完整，出线处的馈线孔洞封堵是否完好。

（5）检查基站电源设备运行情况，利用仪表测试各输入输出电压、电流有无异常，电池是否有漏液、鼓肚现象。

2. 室外 RRU 设备、天馈线等辅助设施专业巡视

（1）检查室外馈线孔洞的密封状态，是否封堵完好，馈线防水弯下沿、弯曲半径是否符合要求。

（2）检查室外光纤分配箱、电源转接模块、走线架（槽、盒）等辅助设施是否运行正常。

（3）检查 RRU 设备、天线、视频监控设备与抱杆或墙体连接的紧固度，是否有脱落、松动迹象。

（4）检查 GPS 天线外观、安装固定、馈线接头防水是否异常。

（5）检查天线周围环境，天线支架是否倾斜、松动，检查校正天线俯仰角、方位角。

（6）利用专业测试仪表检查设备防雷、接地是否符合要求。

3. 铁塔和抱杆专业巡视

（1）检查杆塔承载房屋柱梁是否有裂缝，楼面是否有异常变化；检查抱杆的连接地锚，如有异常应及时紧固和调整。

（2）检查铁塔基础质量，包括基础破损、沉降、上拔等，基础水平测量，根开尺寸、对角线测量、混凝土裂缝检查。

（3）检查测量铁塔、抱杆垂直度是否符合相关指标要求；铁塔及抱杆的塔件、结构件是否有缺失、变形和锈蚀等情况，对生锈部位进行除锈补漆或更换处理。

（4）利用专业测试仪表检查铁塔防雷、接地是否符合要求。

（5）检查确认铁塔通过法兰连接的节点是否完好，是否破损、锈蚀，法兰间隙是否符合指标要求。

（6）检查铁塔平台是否有裂痕、沉降、倾斜，螺丝是否松动、锈蚀、丢失。

租赁站的专业巡视，租赁公司负责进站协调配合，租赁物业站点产权归属租赁公司的交直流电源、蓄电池、动换监控、铁塔、机房、机柜、杆塔、

RRU 设备、野战光缆和天线等支撑电力设备运行的设施，专业巡视参照上述步骤，由租赁公司结合正常巡视工作开展，并提供相应的巡视巡检报告。

专业巡检应将深度检查的内容总结归纳并形成专业巡检报告，可参考表 4-3。

表 4-3　无线专网外围站专业巡视巡检记录表

站点名称		站点性质	□自有物业 □租赁物业
巡视时间		巡视人员	

巡视巡检内容	检查结果	检查方式
（一）室内设备巡视		
①检查设备电源电压是否正常	□正常 □异常	仪表测试
②检查设备内外、滤网清洁情况	□正常 □异常	目测
③检查设备、板卡和端口的各种指示灯和运行状态是否正常	□正常 □异常	目测
④检查设备风扇是否有异响、锈蚀、积尘和异味，是否有异常状态灯指示	□正常 □异常	目测
⑤检查线缆的物理连接是否可靠、松动、锈蚀，弯曲度是否符合要求	□正常 □异常	目测
⑥检查设备及各类线缆标签、标识和标牌是否清晰准确，是否有脱落现象	□正常 □异常	目测
⑦检查基站电源设备、蓄电池运行情况	□正常 □异常	仪表测试
⑧检查设备机柜进出线处、至室外的馈线孔洞封堵是否完好	□正常 □异常	目测
（二）室外 RRU、天馈线等辅助设施巡视		
①检查室外设备间线缆连接头防水密封情况和室外馈线孔洞的密封状态	□正常 □异常	目测
②检查室外光纤分配箱、电源转接模块、走线架（槽、盒）等辅助设施是否运行正常	□正常 □异常	目测
③检查设备与抱杆、墙体连接紧固度是否正常	□正常 □异常	登塔、目测
④检查 GPS 天线外观、安装固定、馈线接头防水是否正常	□正常 □异常	登塔、目测
⑤检查天线支架是否倾斜、松动；天线俯仰角、方位角是否符合要求	□正常 □异常	登塔、仪表测试
⑥检查设备防雷、接地是否符合相关要求	□正常 □异常	登塔、目测
（三）铁塔、抱杆等巡视		
①检查铁塔接地、防雷是否符合要求	□正常 □异常	仪表测试
②检查铁塔基础质量、塔体和抱杆垂直度等是否符合要求	□正常 □异常	仪表测试
③检查全塔螺栓是否有缺损、锈蚀、松动，焊缝是否开裂，镀锌或涂覆层是否有损坏，构件是否有明显变形	□正常 □异常	登塔、目测

续表

站点名称		站点性质	□自有物业 □租赁物业
巡视时间		巡视人员	
④检查铁塔/抱杆塔件、结构件是否缺失、变形、锈蚀，是否有影响运行的异挂物体		□正常 □异常	登塔、目测
⑤检查承载房屋柱梁是否有裂缝，屋面是否开裂、渗漏，抱箍与杆体是否接触紧密		□正常 □异常	登塔、目测
⑥检查塔体周围是否有安全隐患，塔脚包封是否破损，地脚螺杆是否外露		□正常 □异常	目测
⑦检查铁塔平台是否有裂痕或沉降，螺丝是否松动、锈蚀、丢失，平台是否倾斜；天线支架是否倾斜、松动		□正常 □异常	登塔、目测

（四）存在问题及处理结果

问题描述	处理方法	处理结果	

4.5 典型缺陷处置

4.5.1 基站回传光缆类缺陷

基站回传光缆类缺陷主要有光缆被人为破坏、光缆弯曲过大导致性能下降、光纤故障、光模块故障等，光缆中断属于严重告警，一般会产生小区不可用告警，光纤故障、光模块故障、光缆弯曲过大等一般会产生 BBU 及 RRU CPRI 光接口性能恶化告警、射频单元维护链路异常告警、BBU 单板维护链路异常告警、光模块收发异常告警，严重时会导致小区退服。

1. 缺陷概况

光缆、光纤、光模块主要用于 BBU 和 RRU 之间链路连接，光路故障将导致链路直接中断或性能下降，导致小区中断、性能下降。

2. 业务影响情况

业务无法接入，处于中断状态。

3. 缺陷处置方法

（1）光缆中断：一般由人为破坏、自然老化、恶劣天气等原因导致，依据现场情况，采用更换光缆、增加接头、重新熔接、调整纤芯、路由迁改等方式进行处理。

（2）光纤故障、光模块故障：一般因硬件性能下降、硬件故障导致，根据光口收发光测试情况进行拔插操作，观察告警是否恢复，否则更换光纤或光模块。

（3）光缆施工中，由于不符合弯曲规范导致性能下降，需更换光缆。

4.5.2 基站设备类缺陷

基站设备类缺陷主要由基站板卡、RRU 设备、GPS 设备、风扇、天线及馈线等部件老化、故障等导致，基站板卡故障包含板卡硬件故障、槽位不稳定和端口故障等，一般会产生单板硬件故障告警、单板时钟输入异常告警、BBU 单板维护链路异常告警、反向链路接收信号强度指标（Received Signal Strenth Indicator，RSSI）高严重告警等，严重会导致小区退服；RRU 设备故障主要包含射频单元硬件故障、RRU 接口故障等，一般会产生射频单元维护链路异常告警、射频单元发射通道增益异常告警、射频单元硬件故障告警、射频单元时钟异常告警，严重会导致小区退服；GPS 设备故障主要由 GPS 天线、馈线、防水没做好导致，一般会产生星卡天线故障告警、星卡时钟输出异常告警、GNSS 接收机搜星故障、GNSS 天馈链路故障等，严重会导致小区退服；风扇故障主要原因是风扇无法正常运转，一般会产生单板温度异常告警，严重会导致小区退服；天线及馈线故障，主要原因是天线性能下降、馈线被人为破坏或拔掉、折断等，一般会导致天馈驻波比异常、射频单元驻波告警等，严重会导致小区退服。

1. 缺陷概况

基站设备故障缺陷主要是基站硬件、端口及线路部分故障导致，使小区覆盖性能下降或不可用。

2. 业务影响情况

业务无法接入，处于中断状态。

3. 缺陷处置方法

（1）基站板卡故障：将板卡进行拔插操作，观察是否恢复，否则更换板卡。

（2）RRU 设备故障：将故障 RRU 设备下电重启，观察是否恢复，否则更换 RRU 设备。

（3）GPS 设备故障：GPS 蘑菇头天线故障，更换天线；馈线及防水故障，更换馈线或重做防水防护。

（4）天线及馈线故障：需更换天线，馈线部分根据故障部位进行更换或拔插操作，若防水不行需重做防水防护。

4.5.3 基站电源类缺陷

基站电源类缺陷主要分为租赁站和自建站两部分，租赁站主要由市电停电、电源模块故障、空气开关跳闸、变压器故障、电缆线被破坏、蓄电池故障等导致，自建站主要由变电站电源不可用、空气开关跳闸、电源模块故障等导致，属于严重告警，会产生网元中断告警，严重会导致簇内多个基站退服。

1. 缺陷概况

基站电源类缺陷因无法供电或供电能力不足，导致基站小区不可用甚至网元中断。

2. 业务影响情况

业务无法接入，处于中断状态。

3. 缺陷处置方法

（1）若为市电停电导致，应及时进行发电。

（2）对于电源模块、电缆线、变压器故障，需进行维修或更换。

（3）若空气开关跳闸需及时合闸，并测试负载容量，及时进行扩容。

（4）更换容量不足的蓄电池，并做放电测试。

4.5.4 基站传输类缺陷

1. 缺陷概况

基站传输类缺陷主要分两种情况：①Ⅲ / Ⅳ区业务传输，BBU 接入传输设备或者BBU接入Ⅲ/Ⅳ区汇入交换机，缺陷主要因交换机设备硬件故障、交换机吊死、电源故障、线路故障、端口故障等导致；②Ⅰ/Ⅱ区业务，直接连接至通信传输设备，缺陷主要由线路故障、端口故障、传输设备故障、电源故障导致，一般会产生网元连接中断、S1接口故障告警、小区不可用告警，严重会导致簇内多个基站退服。

基站传输类缺陷主要分为Ⅰ/Ⅱ区、Ⅲ/Ⅳ区业务区域，导致基站网元断链、小区不可用，严重会导致簇内多个基站退服。

2. 业务影响情况

业务无法接入，处于中断状态。

3. 缺陷处置方法

（1）交换机故障：查看交换机电源、线路、接口、板卡等，逐步排查，进行设备重启，观察是否恢复，若未恢复则更换部件或端口。

（2）传输设备故障：查看电源、端口、板卡等部件，逐步排查，进行设备重启，观察是否恢复，若未恢复则更换部件。

4.6 运维典型经验

4.6.1 基站主控板故障

4.6.1.1 问题描述

某企业无线专网运维人员通过基站网管发现A基站上报单板硬件故障等告警，3个小区退服。查询此基站下挂信息类业务4个终端由专网切向公网，控制类业务36个终端离线。

4.6.1.2 问题分析

1. 现场检查告警指示灯情况

现场查看BBU设备的7槽UMPT主控板、UBBP基带板均存在告警，6槽UMPT主控板状态正常，UBBP基带板和UMPT主控板状态如图4-6和图4-7所示。

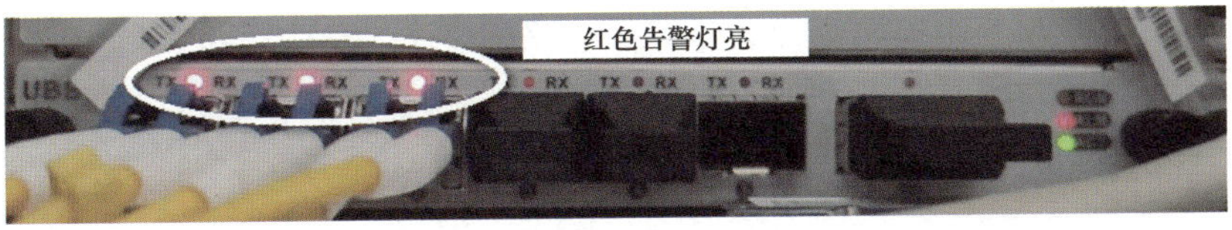

图 4-6　UBBP 基带板告警指示灯

图 4-7　7 槽 UMPT 基带板告警指示灯

2. 重启 BBU

现场 BBU 下电重启，小区短暂恢复 5min 左右，随后告警重新出现，复位无效。

3. 倒换 6 槽和 7 槽 UMPT 主控板

倒换 6 槽和 7 槽 UMPT 主控板后，7 槽工作正常，UBBP 基带板工作也恢复正常，小区恢复正常。此时 6 槽 UMPT 主控板存在告警，后台观察基站告警只存在于 6 槽，S1 断链状态。确定原 7 槽 UMPT 主控板故障导致 3 个小区均不可用。

4. 基站日志分析

通过分析基站日志发现原 7 槽 UMPT 主控板存在部分模块故障。7 槽位单板星卡 1PPS 无输出、星卡单板时钟异常导致单板硬件故障。基站时钟参考源备份模式为 BRDBKMODE（按单板主备模式生效）。当按单板主备模式生效时，基站只能从 7 槽位的主用主控板获取时钟源。当 7 槽位单板出现时钟异常时，基站就无时钟源，导致小区不可用。

4.6.1.3　解决方案

（1）为了优先保障控制类业务上线，把 6 槽 UMPT 主控板拔出带回返修，7 槽 UMPT 主控板插回 6 槽。5min 左右，控制类业务陆续恢复正常。

此时，控制类业务通道已恢复，信息类业务和维护通道断链状态。后台运维人员通过终端网管对控制类业务进行监控。下挂 4 个信息类业务切向公网，不影响业务应用与指标。

（2）备件到货后，把 6 槽 UMPT 主控板拔出，插入 7 槽，新板卡插入 6 槽。6 槽与 7 槽 UMPT 主控板同步数据，约半小时后，告警消除，基站恢复正常，控制类业务恢复，信息类 4 个业务终端复位后回到专网通道上。

4.6.1.4 经验总结

当有一块 UMPT 主控板故障时，优先保障控制类业务通道正常。如 6 槽故障，可以临时先把 7 槽板卡插到 6 槽，信息类业务可以另走公网通道。新板卡替换故障板卡时，先把正常 UMPT 主控板插入 7 槽，新板卡插入 6 槽。6 槽主动与 7 槽进行数据同步，不需要为新板卡重新配置数据。

4.6.2 基站错帧超限告警

4.6.2.1 问题描述

某企业无线专网运维人员基站网管上发现 B 基站多次出现 MAC 错帧超限告警，如图 4-8 所示。

级别	告警...	名称	发生时间(NT)	清除时间(NT)	网元类型
次要	25881	MAC错帧超限告警	01/13/2020 22:25:52	01/13/2020 22:35:52	BTS3900 LTE
次要	25881	MAC错帧超限告警	01/13/2020 20:05:51	01/13/2020 20:15:51	BTS3900 LTE
次要	25881	MAC错帧超限告警	01/13/2020 01:15:45	01/13/2020 01:25:45	BTS3900 LTE
次要	25881	MAC错帧超限告警	01/12/2020 06:15:36	01/12/2020 06:25:36	BTS3900 LTE
次要	25881	MAC错帧超限告警	01/12/2020 04:45:36	01/12/2020 04:55:36	BTS3900 LTE

定位信息
柜号=0, 框号=0, 槽号=6, 端口号=0, 当前错帧率(‰)=13, 聚合组号=4294967295
柜号=0, 框号=0, 槽号=6, 端口号=0, 当前错帧率(‰)=13, 聚合组号=4294967295
柜号=0, 框号=0, 槽号=6, 端口号=0, 当前错帧率(‰)=12, 聚合组号=4294967295
柜号=0, 框号=0, 槽号=6, 端口号=0, 当前错帧率(‰)=13, 聚合组号=4294967295
柜号=0, 框号=0, 槽号=6, 端口号=0, 当前错帧率(‰)=28, 聚合组号=4294967295

图 4-8　网管告警信息

4.6.2.2 问题分析

如果连续 10min 内以太网端口上 MAC 层错帧率超过了指定门限（门限

可配置，缺省值为千分之十），触发告警上报；如果连续 10min 内，MAC 层错帧率低于告警恢复门限（门限可配置，缺省值为 8‰），则上报告警恢复。经分析，该告警产生的原因是以太网链路传输质量下降。

1. 核心交换机和传输设备排查

从交换机分别 ping B 基站故障端口地址和接入同一变电站的 C 基站端口地址，发现核心交换机至 C 基站以太网链路正常，排除交换机和传输设备问题。交换机至 B 基站以太网链路存在丢包情况。初步判断可能原因为 C 基站 BBU 单板硬件故障、以太网端口配置参数不一致、网线损坏或接头松动等。

2. 以太网端口参数检查

远程检查故障端口参数配置，未发现问题，该告警能自动清除且网管上没有硬件类故障告警。

3. 现场排查情况

经运维人员现场查看，板卡和端口指示灯显示正常，网线接头牢固。定位故障原因为网线受损，导致以太网链路传输质量不稳定，产生 MAC 错帧超限告警。

4.6.2.3 解决方案

更换网线后，通过网管观察多天，该基站未再出现此告警。

4.6.2.4 经验总结

MAC 错帧超限告警产生原因较多，告警又频繁发生，持续时间较短且能自动清除的情况可能是网线受损或接头松动等原因。建议优先排查 BBU 至传输设备网线是否正常。

4.6.3 小区不可用告警

4.6.3.1 问题描述

基站网管监控发现 D 基站 3 小区上报“小区不可用”等告警，1、2 小区正常。此告警说明 3 小区无信号输出，这将导致覆盖范围内无线专网信号质量恶化。

4.6.3.2 问题分析

1. 查询有关告警信息分析

通过网管“DSP CELL”命令查询小区建立情况，发现该基站 1、2 小区正常，3 小区未建立，原因为无可用的 RRU 载波资源。通过网管“DSP SFP”查询光路检测信息，如图 4-9 所示。查询发现 3 小区的 RRU 发 BBU 收光路正常，BBU 发 RRU 收光路检测不到。根据查询结果，故障原因为 3 小区的 BBU 发 RRU 收光路存在问题。

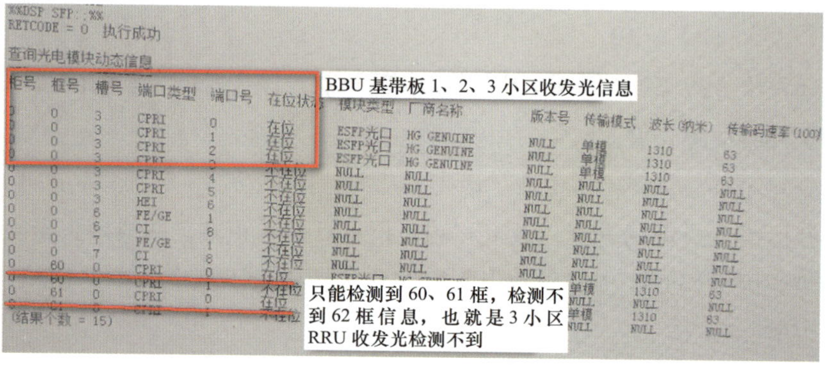

图 4-9 光路检测信息

2. BBU-RRU 光路拓扑图分析

D 基站为拉远站，即 BBU 和 RRU 安装于不同物理位置，通过回传光缆连接。BBU-RRU 光路连接拓扑图如图 4-10 所示，需现场检查第 5 芯 BBU 发 RRU 收光路问题。

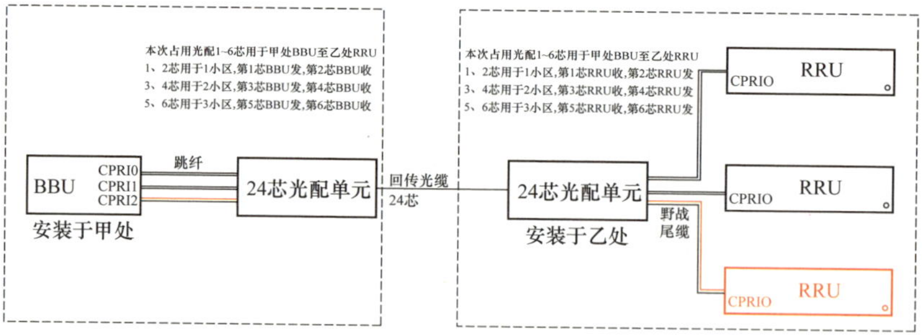

图 4-10 BBU-RRU 光路连接拓扑图

3. 现场光路检查

运维人员在乙处塔下用光功率计检测 3 小区的 BBU 发光至光配处（第 5 芯），收光正常；再登塔检测 3 小区尾缆，收不到光信号。问题定位为 3 小区的 RRU 侧野战尾缆中收光 1 芯折断。

4.6.3.3 解决方案

现场人员更换 3 小区野战尾缆后，光路恢复正常，小区建立，故障消除。

4.6.3.4 经验总结

在无线专网建设和运维过程中，“小区不可用”告警一般伴随着光口告警和射频单元异常告警。如果同一基站的 3 个小区在同一时刻中断，可能的原因包括 RRU 上端电源故障、回传光缆中断或基带板故障等。本次单小区出现告警，通过后台网管告警和光路拓扑分析，可快速定位为第 5 芯光路问题，提高了解决故障效率。

4.6.4 天馈驻波比异常

4.6.4.1 问题描述

运维人员通过基站网管告警监控发现 E 基站出现“天馈驻波比异常”告警，告警对象为 2 小区 ANT-4，如图 4-11 所示。

附加文本	TX-ANT4; 驻波比值: [TX VSWR]:5.6; 单板序列号: 219991140287; TDL eNBId:532504; 拓扑: 光接口板=(1,1,6), 光接口板光口号=1, 主链级联号=1; TDL: 小区ID=2
恢复类型	单板上电
制式	SDR
运维状态	正常

图 4-11　网管告警信息

4.6.4.2 问题分析

1. 告警门限检查

维护人员通过网管对告警小区进行驻波门限查询，门限设置符合配置要求，未出现设置过低引起告警的情况。

2. 现场排查

维护人员上塔后，发现馈线并无挤压、弯折、损坏等情况。检查馈线接口处发现，天馈接口出现松动，并伴随少量进水。

4.6.4.3 解决方案

运维人员立即对馈线进行积水清理，重新安装天馈线并加强防水保护措施，如图 4-12 所示。后台网管通过诊断测试确认驻波告警消失。

图 4-12 天馈接口防水措施

4.6.4.4 经验总结

在处理基站天馈驻波比异常故障问题时，首先要确定网管配置是否有改动。若无改动，则开展现场排查，检查天馈线缆是否折损、松动和进水等情况。在建设阶段，进行室外设备安装时若未严格执行安装规范和标准，在雨季特别容易出现驻波异常告警。所以要严格按照验收规范要求进行施工，杜绝此类问题再次发生。

4.6.5 基站频繁退服告警

4.6.5.1 问题描述

无线专网运维人员在进行日常监控时发现 F 基站存在退服告警，如图

4-13 所示，几分钟后又自行恢复。查询历史告警信息，此告警多次发生，对下挂业务影响较大。

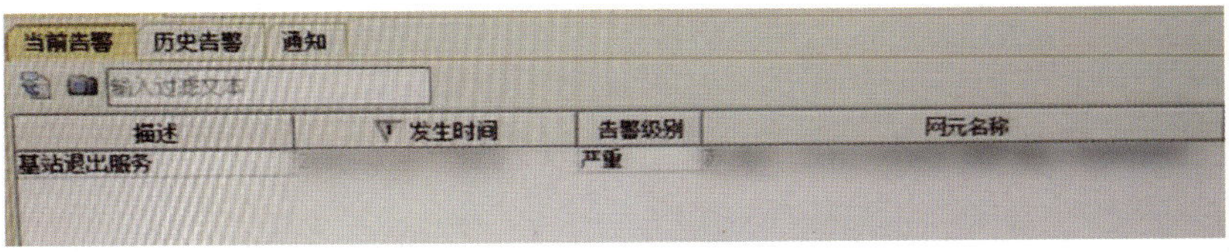

图 4-13　网管告警信息

4.6.5.2　问题分析

1. 网管相关告警信息查询分析

根据告警提示信息，首先排查是否为 RRU 掉电、光缆断原因导致，网管查询 RRU 状态、光功率均正常，如图 4-14 和图 4-15 所示，排除物理链路故障导致基站退服。

2. 传输排查

从核心网侧向对基站进行 ping 包测试，发现无丢包现象。

3. 基站参数排查

检查已开通站点数据，发现 F 基站与新建 G 基站 eNB ID 冲突。

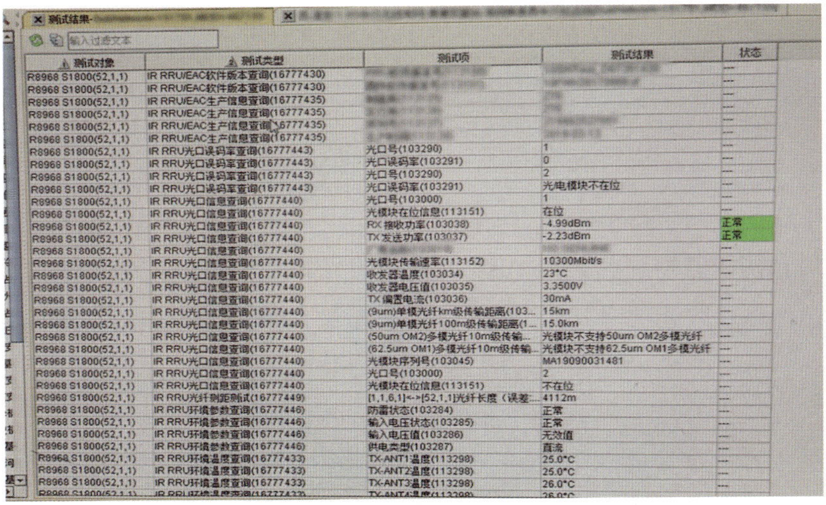

测试对象	测试类型	测试项	测试结果	状态
R8968 S1800(52,1,1)	IR RRU/EAC软件版本查询(16777430)	[illegible]	[illegible]	---
R8968 S1800(52,1,1)	IR RRU/EAC软件版本查询(16777430)	[illegible]	[illegible]	---
R8968 S1800(52,1,1)	IR RRU/EAC生产信息查询(16777435)	[illegible]	[illegible]	---
R8968 S1800(52,1,1)	IR RRU/EAC生产信息查询(16777435)	[illegible]	[illegible]	---
R8968 S1800(52,1,1)	IR RRU/EAC生产信息查询(16777435)	[illegible]	[illegible]	---
R8968 S1800(52,1,1)	IR RRU/EAC生产信息查询(16777435)	[illegible]	[illegible]	---
R8968 S1800(52,1,1)	IR RRU光口误码率查询(16777443)	光口号(103290)	1	---
R8968 S1800(52,1,1)	IR RRU光口误码率查询(16777443)	光口误码率(103291)	0	---
R8968 S1800(52,1,1)	IR RRU光口误码率查询(16777443)	光口号(103290)	2	---
R8968 S1800(52,1,1)	IR RRU光口误码率查询(16777443)	光口误码率(103291)	光电模块不在位	---
R8968 S1800(52,1,1)	IR RRU光口信息查询(16777440)	光口号(103000)	1	---
R8968 S1800(52,1,1)	IR RRU光口信息查询(16777440)	光模块在位信息(113151)	在位	---
R8968 S1800(52,1,1)	IR RRU光口信息查询(16777440)	RX 接收功率(103038)	-4.99dBm	正常
R8968 S1800(52,1,1)	IR RRU光口信息查询(16777440)	TX 发送功率(103037)	-2.23dBm	正常
R8968 S1800(52,1,1)	IR RRU光口信息查询(16777440)	[illegible]	[illegible]	---
R8968 S1800(52,1,1)	IR RRU光口信息查询(16777440)	光模块传输速率(113152)	10300Mbit/s	---
R8968 S1800(52,1,1)	IR RRU光口信息查询(16777440)	收发器温度(103034)	23°C	---
R8968 S1800(52,1,1)	IR RRU光口信息查询(16777440)	收发器电压值(103035)	3.3500V	---
R8968 S1800(52,1,1)	IR RRU光口信息查询(16777440)	TX 偏置电流(103036)	30mA	---
R8968 S1800(52,1,1)	IR RRU光口信息查询(16777440)	(9um)单模光纤km级传输距离(103...	15km	---
R8968 S1800(52,1,1)	IR RRU光口信息查询(16777440)	(9um)单模光纤100m级传输距离(1...	15.0km	---
R8968 S1800(52,1,1)	IR RRU光口信息查询(16777440)	(50um OM2)多模光纤10m级传输...	光模块不支持50um OM2多模光纤	---
R8968 S1800(52,1,1)	IR RRU光口信息查询(16777440)	(62.5um OM1)多模光纤10m级传输...	光模块不支持62.5um OM1多模光纤	---
R8968 S1800(52,1,1)	IR RRU光口信息查询(16777440)	光模块序列号(103045)	MA19090031481	---
R8968 S1800(52,1,1)	IR RRU光口信息查询(16777440)	光口号(103000)	2	---
R8968 S1800(52,1,1)	IR RRU光口信息查询(16777440)	光模块在位信息(113151)	不在位	---
R8968 S1800(52,1,1)	IR RRU光纤测距测试(16777449)	[1,1,6,1]<->[52,1,1]光纤长度（误差...	4112m	---
R8968 S1800(52,1,1)	IR RRU环境参数查询(16777446)	防雷状态(103284)	正常	---
R8968 S1800(52,1,1)	IR RRU环境参数查询(16777446)	输入电压状态(103285)	正常	---
R8968 S1800(52,1,1)	IR RRU环境参数查询(16777446)	输入电压值(103286)	无效值	---
R8968 S1800(52,1,1)	IR RRU环境参数查询(16777446)	供电类型(103287)	直流	---
R8968 S1800(52,1,1)	IR RRU环境温度查询(16777433)	TX-ANT1温度(113298)	25.0°C	---
R8968 S1800(52,1,1)	IR RRU环境温度查询(16777433)	TX-ANT2温度(113298)	25.0°C	---
R8968 S1800(52,1,1)	IR RRU环境温度查询(16777433)	TX-ANT3温度(113298)	26.0°C	---

图 4-14　RRU 运行状态

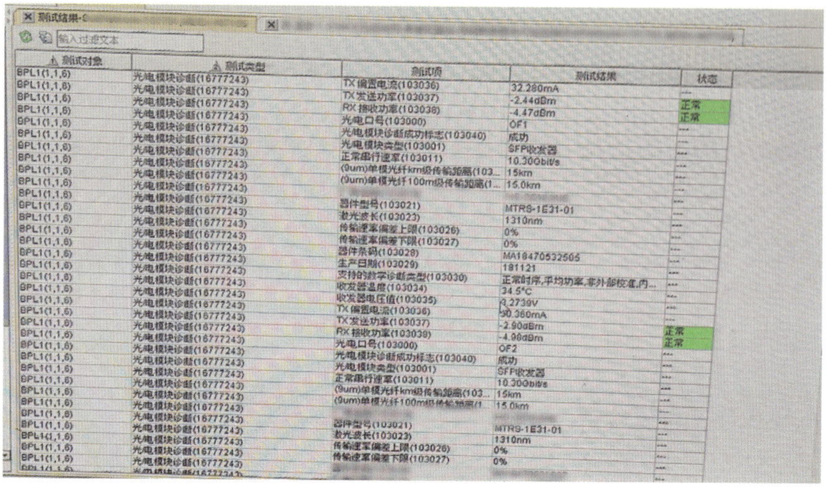

图 4-15　BBU 侧光功率

4.6.5.3　解决方案

更改 G 站点 eNB ID，F 基站告警清除，恢复正常。

4.6.5.4　经验总结

本案例中只有基站退服告警，无任何附加告警，基站物理链路与传输链路均正常，这种情况可以优先排查基站规划配置数据是否存在冲突。在数据规划时一定要认真核对，避免出现基站数据重复的问题。

4.6.6　BBU 光模块收发异常

4.6.6.1　问题描述

后台网管监控到 H 站点 BBU 光模块收发异常告警，检查收发光功率，发现三小区接收光功率只有 279，正常值应在 1000 以上，如图 4-16 所示。

发送光功率（0.1μW）	接收光功率（0.1μW）
5780	4192
5699	2936
5956	279

图 4-16　光功率查询

4.6.6.2 问题分析

根据运维经验，造成端口光功率过低的原因可能有 BBU 光模块故障，光纤接头未插紧或不洁净存在灰尘等异物，光模块支持的距离小于实际拉远距离，光纤线路故障等。

4.6.6.3 解决方案

（1）重新插拔光模块，告警未消除。

（2）检查现场光模块与光纤的型号，发现光模块支持单模 10km，H 站点拉远距离仅 1.5km，满足要求。

（3）检查光模块是否故障，把三小区光模块与无问题的二小区光模块对调，三小区告警未消除。

（4）检查光配端口的光纤是否插紧或存在灰尘等异物，用酒精擦拭光纤接头并插紧，告警未消除。

（5）分别用光源光功率计对 BBU 到 BBU 侧光配，BBU 侧光配到 RRU 侧光配，RRU 到 RRU 侧光配三段光缆进行衰耗测试。经过现场运维人员测试结果发现 RRU 到 RRU 侧光配尾缆衰耗大，发光 –7dBm，收光 –35.88dBm，衰耗高达 28.88dBm。

（6）现场更换尾纤后告警消失，重新测试，光功率恢复正常。

4.6.6.4 经验总结

针对 BBU 设备端口光功率收光过低的现象，可以总结出以下三条经验：

（1）基站安装及调试过程中要严格把关设备的规格型号，以免出现货源批次不一样导致不同型号的光模块混用的现象。

（2）施工前要做好光缆的测试工作并进行记录，施工过程中要特别注重光纤的施工工艺，避免造成光衰耗过大。

（3）出现任何故障后要理清思路，分段排查，推本溯源。

4.6.7 GPS 天线开路

4.6.7.1 问题描述

运维人员通过网管平台巡查基站在线情况时，发现 I 基站出现系统时钟不可用告警、小区不可用告警。

4.6.7.2 问题分析

从网管侧网元批量配置中找到该基站，执行命令 MOD TDDRES-MODESW，将无时钟小区激活开关开启，先使小区暂时恢复正常运行，再进一步排查故障原因消缺，如图 4-17 所示。

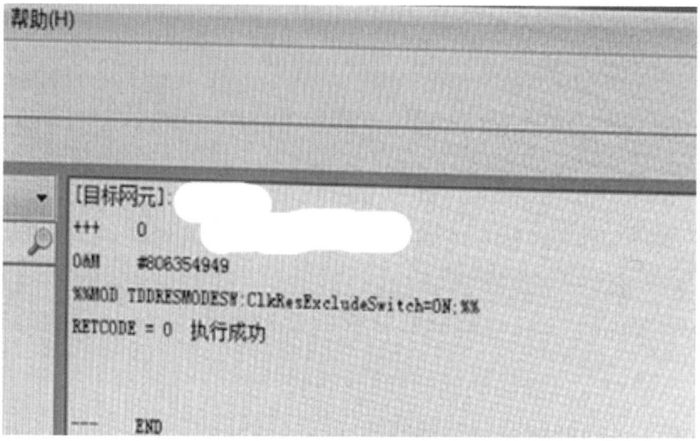

图 4-17　优先激活小区

通常，时钟不可用告警有可能由以下 6 种原因导致：

（1）GPS 线路损坏，馈线进水。

（2）GPS 天线故障。

（3）防雷模块故障。

（4）二公分器故障。

（5）跳线故障。

（6）主控板故障。

运维人员进一步排查，将无时钟小区激活开关关闭，现场重做由 GPS 防雷器到 BBU7 槽接口和到 GPS 天馈蘑菇头接口的线缆接头，发现天馈开路故障告警仍然存在，定位问题为硬件损坏，如图 4-18 所示。

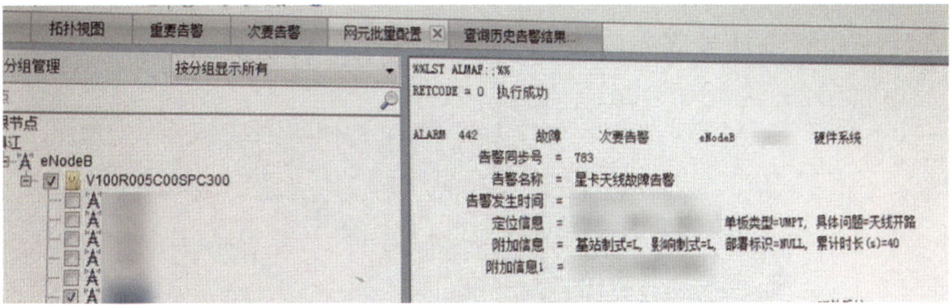

图 4-18　详细告警信息

4.6.7.3　解决方案

更换 GPS 天线，网管查询 GPS 锁星正常，故障消除，如图 4-19 所示。

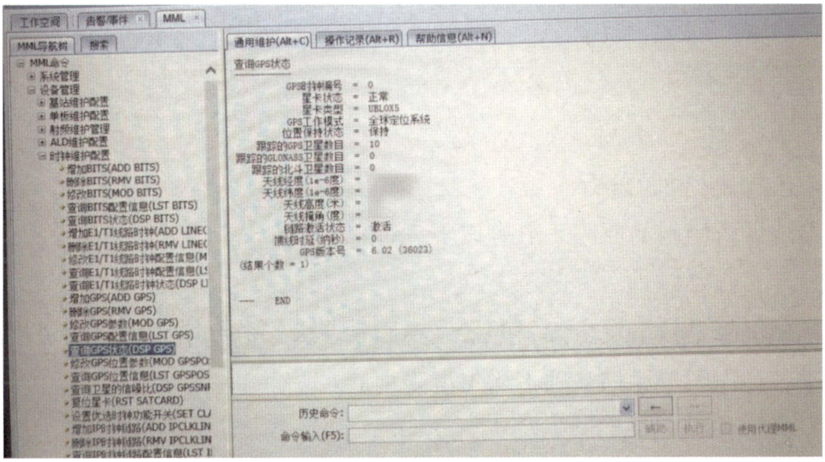

图 4-19　告警消除

4.6.7.4　经验总结

对于天线开路告警，首先现场排查线缆接头问题，然后考虑相关设备损坏的可能性。有关备品备件需常备。现场消缺应充分考虑到各节点故障可能，备齐所有相关备件，一次性完成消缺，有效提高故障排查、消缺效率。

4.6.8 自建塔垂直度校正

4.6.8.1 问题描述

无线专网运维人员在日常巡检过程中，发现J基站自建铁塔略微倾斜，通过经纬仪观测确认铁塔确实发生了偏移，如图4-20所示。

图4-20 调整前铁塔照片

4.6.8.2 问题分析

造成铁塔倾斜的原因一般有以下三种：

1. 基础沉降

基础沉降是铁塔发生倾斜的最主要因素，大部分铁塔倾斜及倒塔事故都是由于各种原因造成的基础不均匀沉降引起。

2. 自然因素

自然因素对铁塔的影响主要来自暴风暴雨暴雪等恶劣天气，山体滑坡、泥石流、地震等自然灾害。自然因素属于不可抗力因素。

3. 人为因素

人为因素主要是指在铁塔桩基附近违规开挖、爆破、堆填土等，在邻近建筑的地基基础或者杆塔周围建筑施工，人为的撞击、拉扯、偷盗塔材导致杆塔本体异常、导线断裂等。

自建站位于自有物业围墙内部，基本排除人为因素。基础的自然沉降受铁塔的重力影响，无法避免。平原地区自然灾害难得一遇，近年台风等极端天气较多，也是造成此次铁塔倾斜的原因之一。

4.6.8.3 解决方案

为避免铁塔发生更大的倾斜甚至倾倒，需要及时采取有效的维护措施对铁塔进行保护。

（1）调整铁塔垂直度，一般有塔脚垫铁板处理法、底脚螺丝调整法和外拉调整法三种方法。综合分析各种方法的可操作性和安全性，本案例采用底脚螺丝调整法对铁塔垂直度进行调整。

（2）调整底脚螺丝后，重新对铁塔垂直度进行测量，铁塔垂直度测定应该在小于 2 级风、阴天或者晴天未照射到结构上时进行。具体的检验方法是使用经纬仪，利用水平度盘测量出角度值，再计算出垂直度偏差。按照铁塔验收规范要求，当塔高度不大于 75m 时，桁架式塔类的垂直度偏差不得大于塔高的 1/1500，单管塔的垂直度偏差不得大于塔高的 1/750。农场变自建站为挂高 45m 的单管塔，铁塔垂直度由原先偏北 0.65 左右调整至偏北 0.05 左右。因为当日为晴天，所以偏北 0.05 左右是正常的，如果是阴天可能会偏南一点。

底脚螺丝调整和紧固如图 4-21 和图 4-22 所示。

图 4-21 底脚螺丝调整

图 4-22 底脚螺丝紧固

（3）完成铁塔垂直度的校正后，用力矩扳手检查底脚螺丝紧固程度是否达到要求：对于规格在 M16 及以下的螺栓，扭矩应不低于 70N · m；对于规格高于 M16 的螺栓，扭矩应不低于 100N · m；保证螺丝外露应达到三丝以上。如因调整底脚螺丝造成防腐防锈损坏，还需重做防腐防锈。需要注意的是，底脚螺丝调整法只适用于未进行踏脚包封的基站。

4.6.8.4 经验总结

在无线专网日常巡检过程中，巡检人员往往只注意站内无线设备指示灯是否正常、能否正常运行，从而忽视了对铁塔的巡视巡检。铁塔倾倒所造成的危害和影响远大于其他专网设备的故障，需加强对铁塔的日常巡视，贯彻“预防为主，抢防结合”的维护方针，树立安全第一的思想，做好基站铁塔防盗、防锈、防腐等预防工作，避免倒塔事故的发生。

5

网络优化

网络优化是针对已开通基站的网络指标和与业务性能相关的质量问题进行研究，采用基于数据采集和数据分析的方式，通过对网络工程参数和无线参数等方面进行调整，最终达到解决现存问题、提升网络质量的目的。网络优化是提高网络服务质量的关键，是增强网络竞争力的重要途径，可以确保系统高质量运行，使现有网络资源取得最佳效益，以最经济的投入获得最大的收益。

网络优化贯穿网络规划、建设及运维三大阶段，整体流程如图 5-1 所示。

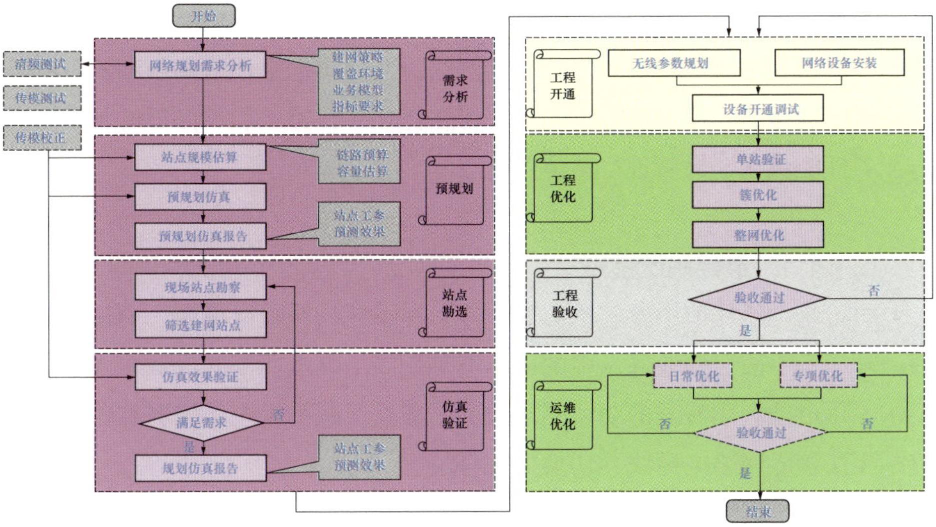

图 5-1　网络优化整体流程

网络优化的目标：

（1）改善网络运行指标，提高网络运行质量，消除故障隐患，使无线网络处于最佳性能运行状态。

（2）提高无线网络资源利用率和投入产出比，根据业务应用模型调整系统配置，充分利用各种网络优化手段进行调整。

（3）根据实际的业务类型和服务质量要求，进行网络覆盖、质量的相互平衡，适应业务发展需求，基于多角度进行网络调整，提高用户感知和业务运行质量。

5.1 网络优化原则、流程及阶段

5.1.1 网络优化原则

网络优化的基本原则是在一定的成本并满足网络服务质量的前提下，搭建一个容量和覆盖范围都尽可能大的网络，并适应未来网络发展和扩容的需求。网络优化的工作思路是首先做好覆盖优化，在覆盖能够保证的基础上进行业务性能优化，最后进行整体优化。

5.1.1.1 最佳系统覆盖

覆盖是优化环节中极其重要的一环。在系统的覆盖区域内，通过调整天线、功率等手段，使业务点多的区域覆盖能满足终端所需的最低接入电平的要求，尽可能利用有限的功率实现最优的覆盖，减少由于系统弱覆盖带来的终端无法接入网络或掉线、切换失败等情况。

5.1.1.2 系统干扰最小化

LTE 干扰会引起无线接通率的下降、掉线率的增加和上下行速率的下降等，严重影响网络质量。LTE 干扰分为系统内干扰和系统间干扰，系统间干扰包括杂散干扰、阻塞干扰和互调 / 谐波干扰等；系统内干扰包括远距离同频干扰、GPS 故障和数据配置错误等。

通过调整系统的天馈高度、角度，功率控制等参数，以及对设备自身故障引起的干扰进行消缺，尽可能将系统内干扰最小化；通过外部干扰排查定位，尽可能将系统外干扰消除或将影响最小化。

5.1.1.3 容量均衡

根据不同业务场景和业务应用特点，结合系统资源使用情况，控制站点合理覆盖范围。对于综合能源示范区、重点实验室及地下大型配电房可以通过室内分布系统解决覆盖和容量需求。对于布放较多智能终端的重要区域，为了保证业务稳定运行，需考虑双覆盖需求，即当一座基站出现故障或检修时，另一相邻基站也能覆盖到，保证终端不掉线。

5.1.2 网络优化阶段及流程

无线网络优化分为工程优化和运维优化。

工程优化主要与工程建设同步进行，或在工程建设完成之后短时间内进行。其目的是通过对工程规划设计验证、硬件安装的检查、基础数据的校验、无线参数及系统参数正确性的检查，确保工程的实施效果满足规划的预期效果。

运维优化是指工程通过验收交付运行后，运维优化人员分析网络运行关键性能指标（Key Performance Indicator，KPI）、定期开展网络测试，通过网络优化方法提升网络运行 KPI 指标、提升业务质量，提升用户感知及业务运行指标，其流程如图 5-2 所示。

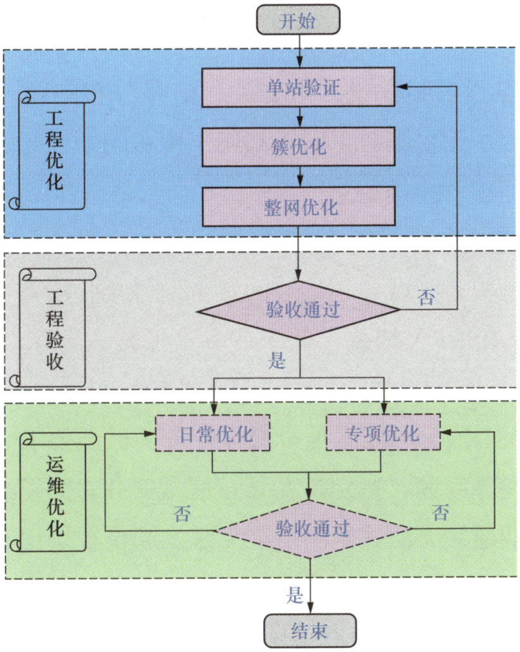

图 5-2 运维优化流程

5.2 网络优化方法

网络优化方法主要有天馈系统与网络参数调整、延伸覆盖和站址调整、扩容及补盲站建设等。优化人员应在网络分析和测试的基础上合理选用优化方法。

（1）天馈系统与网络参数调整：由专网优化人员采取调整天馈系统方位角、下倾角，调整 PCI、邻区参数、发射功率等网络参数的方法改善网络运行质量和 KPI 指标。

（2）延伸覆盖：对于零星封闭覆盖场景，可以采用延伸覆盖开展建设及优化。常见方法有级联 RRU、耦合就近信源延伸及无线直放站、飞蜂窝（femtocell）等小型设备覆盖。

（3）站址调整、扩容及补盲站建设：按照业务需求及工程优化要求开展。

5.2.1 覆盖优化

覆盖优化重点是射频优化，主要关注信号分布问题。弱覆盖、越区覆盖、上下行不平衡、无主服务小区等都属于覆盖问题优化的范畴。

5.2.1.1 弱覆盖

弱覆盖指的是覆盖区域导频信号的参考信号接收功率（Reference Signal Receiving Power，RSRP）较差，低于业务最低接入要求；或者刚好满足要求，但由于同频干扰的增加，信号与干扰加噪声比（Signal to Interference and Noise Ratio，SINR）不能满足全覆盖业务的最低要求。弱覆盖将导致业务接入困难、掉线等问题，特别是在导频信号 RSRP 低于小区最低接入门限的覆盖区域，终端通常无法驻留网络，无法发起位置登记和更新，从而出现“掉网”的情况。

这类问题通常采用以下应对措施：①可以通过调整天线方向角和下倾角、增加天线挂高、更换更高增益天线等方法来优化覆盖。②相邻基站覆盖区不交叠部分内终端较多或者不交叠部分较大时，应新建基站或增加周边基站的覆盖范围，使两基站覆盖交叠深度加大，同时要注意覆盖范围增大后可能带来的同邻频干扰。③对于凹地、山坡背面等引起的弱覆盖区新增基站，以延伸覆盖范围。④对于电梯井、隧道、地下车库或地下室、高大建筑物内部的信号盲区可以利用拉远 RRU、室内分布系统、漏泄电缆、定向天线等方案来解决。

5.2.1.2 越区覆盖

越区覆盖一般是指某些基站的覆盖区域超过了规划的范围，在其他基站的覆盖区域内形成不连续的覆盖区域。如某些明显超过周围建筑物平均高度的站点，发射信号沿河流、湖泊、地形或道路可以传播很远，在其他基站的覆盖区域内形成了主导覆盖，产生“岛”效应。越区覆盖小区极易与本地覆盖小区产生模三干扰，导致区域内覆盖整体质量下降。

这类问题通常采用以下应对措施：①对于越区覆盖情况，需要尽量避免天线正对道路传播，或利用周边建筑物的遮挡效应，减少越区覆盖，但同时需要注意是否会对其他基站产生同频干扰。②对于高站的情况，比较有效的方法是更换站址，或降低天馈平台高度，但是通常因为物业、设备安装等条件限制，在周围找不到合适的替换站址。③过度调整天线的机械下倾角会造成天线方向图的畸变，所以只能调整导频功率或使用电下倾天线，以减小基站的覆盖范围来消除“岛”效应。

5.2.1.3 上下行不平衡

上下行不平衡是指目标覆盖区域内，上下行对称业务出现下行覆盖良好而上行覆盖受限，或者上行覆盖良好而下行覆盖受限的情况。具体表现为 UE 的发射功率达到最大仍不能满足上行误块率（Block Error Rate，BLER）要求，或者下行专用信道码发射功率达到最大仍不能满足下行 BLER 要求。上下行不平衡的覆盖问题比较容易导致终端离线，其中因终端最大发射功率限制而导致上行覆盖受限的情况较为常见。

这类问题通常采用以下应对措施：①对于上行干扰产生的上下行不平衡，可以通过监控基站干扰噪声来确认是否存在干扰，根据相关指导书进行排查处理。②其他原因也可能造成上下行不平衡的问题，如直放站设备上下行增益设置问题；收发分离系统中，收分集天馈出现问题；基站硬件原因，如 RRU 故障等；这类问题一般可以从网管上查询告警情况，现场巡检、检修时观察设备工作状态，可采用替换、隔离和局部调整等方法来处理。

5.2.1.4 无主导小区信号

这类情况发生在没有主导小区或者主导小区更换过于频繁的地区。频繁更换会降低系统效率，增加掉线概率。针对无主导小区的区域，应当通过调整天线下倾角和方向角等方法，增强某一强信号小区（或近距离小区）的覆盖，削弱其他弱信号小区（或远距离小区）的覆盖。

5.2.2 切换优化

切换首要目标是保持业务运行的连续性、稳定性，使得终端在切换带能够切换及时、顺利，从而减少速率低、掉线等问题的发生。涉及的切换问题主要是切换区域控制和邻区优化。

切换区的大小和位置控制，可以通过调整切换相关参数，减少因为信号急剧变化导致的切换掉话，提高切换成功率。

邻区优化包括漏配邻区和冗余邻区两种情况。漏配邻区的情况下，强的小区不能加入邻区列表导致干扰加大，质量变差，影响速率甚至掉线，这时需要增加必要的邻区。冗余邻区的情况下，邻区消息增大，增加不必要的信令开销，而且在邻区满配时无法加入需要的邻区，这时需要删除冗余邻区。

切换优化通常采用以下应对措施：

（1）单站验证前做好邻区规划，根据基站地理位置添加邻区。单站验证路测时，根据覆盖场景调整切换参数，使切换带位于合理区域；补充缺失邻区，删除不必要邻区。

（2）通过网管统计切换成功率指标，分析切换成功率低和切换失败次数多的 TOP 小区，再结合现场路测实际情况做出合理处置。

（3）由于新建楼宇增多，有的基站存在搬迁或换装，优化人员应定期核查邻区，精简邻区。

（4）越区覆盖造成的漏配邻区，其首要任务应是解决覆盖问题，可以临时添加邻区并做好记录，覆盖调整验证后再及时删除。

（5）对冗余邻区的删除必须非常慎重，一旦必要的邻区被误删，则会导致大面积掉线等严重后果。在删除邻区前，检查邻区修改脚本及邻区操作记录，确认拟删除的邻区不是以前路测和优化中添加的邻区关系。在删除冗余邻区以后，需要做全面的测试，包括路测和重要室内场景拨测，确保没有异常产生，否则需要恢复原数据配置。

5.2.3 容量优化

4G 用户的快速增长和海量智能终端的行业应用，地理位置上呈不均匀分布，导致一些基站高负荷运行，严重影响覆盖区域内终端感知，甚至出现无法接通、掉线等现象。通过在热点区域开展覆盖调整、参数优化、负荷均衡、资源扩容等手段提升网络容量。参照移动运营商采用 D+F+E 频组网，F 频主要实现广覆盖，D 频用于覆盖室外热点区域，E 频用于室内热点覆盖。

5.2.3.1 覆盖调整

通过降低重载小区功率、调整天线方位角或下倾角收缩高负荷覆盖范围。

5.2.3.2 参数优化

（1）小区重选优先级调整：双层网覆盖区域，降低高负荷小区的频内小区重选优先级，降低低负荷邻区的频间小区重选优先级，让用户重选驻留到低负荷的异频小区。

（2）小区重选迟滞调整：适用于同频小区间，降低高负荷小区的重选迟滞，升高低负荷小区重选迟滞，以加快用户向低负荷小区重选。

（3）切换偏执调整、切换迟滞、偏移、时延调整：调整高负荷小区到切换最多的前 3 个邻区的切换难易度，改变切换带，让用户提前切换到低负荷小区，提高从低负荷小区切到高负荷小区门限。

（4）切换策略调整：调整切换门限，加快高负荷小区切到低负荷小区，提高低负荷小区切到高负荷小区门限。

5.2.3.3 负荷均衡

负荷均衡是用来平衡小区间、频率间和无线接入技术之间的负荷，可以平衡整个系统的性能，提高系统的稳定性，其功能是根据服务小区和其邻区负荷状态或者终端数量，合理部署小区运行流量，有效地使用系统资源，以提高系统的容量和提高系统的稳定性。

5.2.3.4 资源扩容

（1）小区分裂扩容：室分覆盖系统中，为了减少相邻小区间的干扰和减少邻近小区切换，通常将室分系统中多个 RRU 组并为一个小区。如能源示范区或大型地下配电房，容量需求小，后期由于智能终端数量激增，需求增大，易产生高负荷小区。这种场景可以根据实际需求，将原小区根据 RRU 数量分裂为几个小区。该操作不涉及工程改造，仅需做配置数据变更。

（2）基站板卡扩容：因业务增长，小区出现高负荷而无法保证业务质量时，需要对覆盖区域站点进行扩容。通常可以增加基带板进行扩容，以满足高流量场景应用需求。

5.2.4 干扰排查

干扰是影响无线网络品质及业务正常运行的重要因素，主要分为系统内干扰与系统外干扰两大类。系统内干扰通常为同频干扰，在 TD-LTE 系统中，虽然同一个小区内的不同用户不能使用相同频率资源，但相邻小区可以使用相同的频率资源。这些在同一系统内使用相同频率资源的设备间会产生干扰，也称为系统内干扰。系统间干扰通常为异频干扰，发射机和接收机无法将信号严格束缚在指定的工作频率内。因此，发射机在指定信道发射的同时将部分功率泄漏到其他频率，接收机在指定信道接收时也会收到其他频率上的功率，也就产生了系统间干扰。

5.2.4.1 系统内干扰

系统内干扰可分为：GPS 失锁干扰、超远同频干扰、帧失步干扰、重叠覆盖干扰、硬件故障干扰。

（1）GPS 失锁干扰：GPS 失锁、星卡故障、GPS 天线故障等原因导致时钟不同步的 A 基站发射信号干扰到了周边 B 基站的上行接收。发生这种故障要及时处理，一般要到现场检查 GPS 天线工作是否正常、GPS 馈线是否进水及主控板工作是否正常。因为失步基站发射信号会干扰到周边基站，影响较大。在发生告警后，到现场处理之前，可先行闭站，待故障解决后，再恢复。

（2）超远同频干扰：远距离的站点信号经过大气波导层传播，下行导频时隙（Downlink Pilot Time Slot，DwPTS）与被干扰站的上行导频时隙（Uplink Pilot Time Slot，UpPTS）对齐，导致干扰站的发信号对被干扰站的收信号产生干扰，是 TDD 模式特有的干扰。这种类型的干扰一般由自然环境引起，发生时间呈规律性，即夜间增强，白天减弱。在多发季节影响较大区域，一般摸清规律，提前制作抑制脚本，监控人员一旦发现干扰，立即执行脚本。对于单频组网的企业专网，需调整受扰严重的基站天线挂高、下倾角、功率等参数，控制覆盖范围。检查特殊子帧配比，若现网配置 10：2：2，建议修改为 3：9：2，拉大保护间隔（Guard Period，GP）的时间长度。SSP5 配比 GP 长约 600μs，可抵抗 180km 范围内的远端干扰，相当于增加了干扰生效的传输距离，可使干扰的功率值减小。同时构造时间错位，使干扰信号落在 GP 时间之内。利用距离的作用减少干扰的功率值或是使干扰落在保护时隙之内。这样调整会对基站下行小区的峰值速率和小区容量有一定影响。

（3）帧失步干扰：帧偏置配置不当、子帧配比不一致等原因会导致基站间的上下行帧对不齐，导致 A 基站的下行干扰到了 B 基站的上行，形成帧失步干扰。这种干扰一般是新开站时数据错误造成配比不一致，一旦发现应立即修正。

（4）重叠覆盖干扰：在 TD-LTE 同频网络中，低于服务小区信号强度 6dB 以内且 RSRP 均大于 –110dBm 的小区数量超过 3 个的区域，存在重叠覆盖干扰。对于高站、近站，采取降低高站天线挂高，调整方位角，下压天线下倾角，减小非主服小区功率，增加主服小区功率等措施，减小非主服小区覆盖，增加主服小区覆盖，使其与邻区电平相差 6dB 以上，且避免主瓣正对街道、湖面或镜面覆盖。

（5）硬件故障干扰：在设备运行中，设备本身性能下降等原因造成干扰，如 RRU 故障、RRU 接收链路电路工作异常以及天馈系统故障，其中天馈系统故障包括天线通道故障，天线通道 RSSI 接收异常等，产生互调信号落入工作带宽内，发现故障告警后，需现场排查更换。

5.2.4.2 系统外干扰

系统间的干扰应先考虑工作频谱邻近 LTE 频谱的已知通信系统的干扰，再排查工作频谱远离 LTE 频谱的通信系统，最后到未知的电器设备产生的干扰。

（1）杂散干扰：由于发射机中产生辐射信号分量落入受害系统接收频段内，导致受害接收机的底噪抬升，造成灵敏度损失，称之为杂散干扰。

一般解决措施有增加与共站异系统的隔离度、安装滤波器、更换抗阻塞干扰更强的 RRU、针对外部干扰源，现场扫频定位干扰源并协调关闭干扰源。

（2）互调 / 谐波干扰：不同频率的发射信号形成互调 / 谐波产物。这些产物落于受害系统接收机频段内或频段相近导致干扰，称之为互调谐波干扰。

一般解决措施有更换干扰源小区功率、增加 LTE 本系统天线与干扰源天线水平与垂直隔离、更换互调性能更好的干扰源天线。

（3）阻塞干扰：由于强度较大的干扰信号在接收机的相邻频段注入，使受害接收机链路的非线性器件产生失真，甚至饱和，称之为阻塞干扰。

一般解决措施有调整 LTE 本系统与干扰源天线方位角，避免对打、增大与干扰源系统隔离度（可水平隔离度改为垂直隔离度）、安装滤波器来降低杂散干扰以及更换天线。

（4）公网和行业专网之间干扰：由于频率资源有限，现有无线通信系统优质频率资源基本已连续划分使用。行业使用频段与运营商在用频段相邻，不同行业之间同一区域使用相同或重叠频段，都会对系统性能产生影响。

一般解决措施是由受到无线电干扰方报请干扰发生地无线电管理机构，按照“频带外让频带内、次要业务让主要业务、后用让先用、无规划让有规划”的原则依法协调解决。通过天面调整、安装滤波器、更换站址、错开覆盖区等来减小相互影响。

（5）屏蔽器干扰：开启屏蔽器的目的是保证区域内无线通信中断。屏蔽器独立于在用的网络，无法准确同步，屏蔽器功率很大，导致在用正常的广播被干扰。屏蔽器在工作过程中以一定的速度从前向信道的低端频率向高端扫描，使终端接收报文信号中形成乱码干扰，终端不能解析出从基站发出的正常数据，终端就无法与基站建立联接。如考试期间开启的信号屏蔽器，其干扰几乎覆盖了周边所有在用无线频段。

一般解决措施是协调使用单位在需屏蔽区域四周安装定向天线，朝内覆盖，功率调整到合适的范围，屏蔽器按需开启，及时关闭，缩小屏蔽器对周边网络影响范围和持续时间。当屏蔽器开启时，周边受扰较强的基站背向干扰源的扇区需降功率，避免未受屏蔽器影响区域占用干扰基站信号，影响感知。如果屏蔽器周边存在三遥智能终端等业务点，建议改为光纤接入。

5.3 网络优化 KPI 指标

5.3.1 接入性指标

5.3.1.1 无线接通率

指标定义：无线接通率 =RRC 建立成功率 ×E-RAB 建立成功率 ×100%

该指标反映 UE 成功接入网络的性能，此 KPI 一般大于 97%，说明网络运行处于比较良好的水平。该指标由 RRC 连接建立成功率以及 E-RAB 建立成功率组合而成，所以要从这两个指标着手分析，以提升无线接通率。

5.3.1.2 RRC 连接建立成功率

指标定义：RRC 建立成功率 =RRC 连接建立成功次数 /RRC 连接建立请求次数 ×100%

处于空闲模式（RRC_IDLE）下的 UE 收到非接入层请求建立信令连接时，将发起 RRC 连接建立过程。基站收到 RRC 建立请求之后决定是否建立 RRC 连接。RRC 连接建立成功率用 RRC 连接建立成功次数和 RRC 连接建立请求次数的比来表示。该指标反映或者小区的 UE 接纳能力，RRC 连接建立成功意味着 UE 与网络建立了信令连接。RRC 连接建立包括位置更新、系统间小区重选、注册等。

5.3.1.3 E-RAB 建立成功率

指标定义：E-RAB 建立成功率 =E-RAB 建立成功数 /E-RAB 建立请求数 ×100%

通过 E-RAB 建立过程，网络成功为用户分配用户面连接，使用户可以进行业务应用。

5.3.2 移动性指标

移动性指标为切换成功率。指标定义：切换成功率 =（S1 切换成功次数 +X2 切换成功次数 + 小区内切换成功次数）/（S1 切换尝试次数 +X2 切换请求次数 + 小区内切换请求次数）×100%

切换是移动通信系统非常重要的功能之一。作为无线链路控制的一种手段，切换能够使用户在穿越不同的小区时保持连续的业务。切换成功率是指所有原因引起的切换成功次数与所有原因引起的切换请求次数的比值。切换的主要目的是保障业务连续，提高业务质量，减小网内越区干扰，为终端提供更好的服务。

5.3.3 保持性指标

保持性指标为无线掉线率。指标定义：无线掉线率 =eNB 异常请求释放上下文数 / 初始上下文建立成功次数 ×100%

该指标指示了 UE 上下文异常释放的比例。其中 eNB 异常请求释放上下文数统计的是包含异常原因的 UE 上下文释放请求（UE Context Release Request）消息个数统计；初始上下文建立成功次数统计的是包含建立成功信息的初始上下文建立响应（Initial Context Setup Response）消息个数。

5.3.4 资源利用类指标

5.3.4.1 无线网络不可用率

指标定义：不可用率 = 所有不可用小区累计时长之和 / 所有小区总时长 × 100%

采集小区不可用时长的百分比，用来评估其对网络性能的影响。该 KPI 通过计算所有小区的不可用时长，统计因人为因素或非人为因素导致小区不可用的时间长度。人为因素由人为操作引起，包括通过 MML 命令操作闭塞小区或去激活小区；非人为因素非操作维护引起，主要包括单板故障、CPRI 链路故障、承载小区业务的基带处理单元故障、射频单元收发通道故障、传输资源控制面（S1 链路）或用户面（IPPATH）不可用、License 资源不足及时钟资源不可用等。

5.3.4.2 上行资源利用率

物理上行共享信道（Physical Uplink Shared Channel，PUSCH）、物理随机接入信道（Physical Random Access Channel，PRACH）和物理上行控制信道（Physical Uplink Control Channel，PUCCH）频分占用上行物理资源块（Physical Resource Block，PRB），PUCCH 在频带两端，PUSCH、PRACH 在频带中间，它们使用的 PRB 总数即上行 PRB 使用个数。本指标以小区为统计对象，统计上行 PRB 使用个数的平均值，用于分析上行 PRB 的使用情况。

5.3.5 业务量

5.3.5.1 激活用户数

激活用户数包括 6 个子项，分别采集小区中建立 RRC 连接的平均用户数和最大用户数、缓存中有上行数据的平均用户数和最大用户数、缓存中有下行数据的平均用户数和最大用户数，最后根据这 6 个子项统计得到小区级或网络级的激活用户数。

5.3.5.2 业务流量

上下行业务流量包含10个子项，其中一个统计所有的DRB业务流量，其他9个分别对应不同服务质量等级的DRB的业务流量。该KPI组统计PDCP层不包含PDCP头的流量，用来评估小区级的下行业务流量。

5.4 网络优化组织

网络优化主要可分为网络指标监测和测试、分析与调整，二者相互依存，互为整体。

5.4.1 网络指标监测

通过对网络的日常监测及数据收集，得出网络运行报告，进而对现有网络运行状态进行分析评估，及时发现影响网络性能指标的各种原因，保证网络运行质量的稳定，其主要工作内容如下：

（1）网络指标监测和统计分析（无线接入性、掉话率、接通率，资源利用率、切换成功率等）。

（2）定期进行参数核查与调整。

（3）针对网络异常情况提出优化建议及解决方案，及时验证优化效果。

（4）对网络性能和趋势进行分析，进行预测数据备份，完成各类统计分析报告。

（5）监控网络突发问题，及时采取临时应急措施，将影响降至最低。

（6）协助业务部门，为网络监控及数据分析中的技术问题提供及时的技术支持。

5.4.2 测试、分析与调整

通过路测对网络的无线环境进行监测，收集数据，及时发现和验证现场问题。分析路测数据，对网络无线环境进行分析评估，针对有关掉话、切换、覆盖、速率及话音质量等问题，采取有效优化方法予以解决，保证网络运行质量的稳定，其主要工作内容如下：

（1）通过日常路测或专项测试监测无线环境的变化和网络质量。

（2）配合基站硬件检修或更换、天馈系统的调整优化方案实施后的验证测试。

（3）根据网络指标，对个别故障小区（高掉话率，高切换失败率等）进行针对性测试。

（4）分析路测数据，对测试中发现的掉话、切换、覆盖及质量等相关问题提出优化建议，并于方案实施后及时验证优化效果。

（5）配合网络监控工程师进行参数调整、网络割接等工作后的效果验证工作。

（6）配合业务部门排查业务终端接入、运行等异常问题，进行现场测试及优化。

5.5 典型优化处理

5.5.1 基站干扰处理

基站干扰主要分为系统外部干扰和内部干扰，外部干扰主要为其他运营商、干线、港口、信号干扰器等导致，内部干扰主要为 MOD3、RRU 设备故障等导致，一般会产生反向链路 RSSI 高严重告警、RTWP/RSSI 过低告警等（RTWP 即 Recive Total Wideband Power 射频单元接收通道接收总带宽功率），严重会导致小区无法服务。

1. 缺陷概况

基站干扰类缺陷主要是受到系统外部或内部干扰导致。干扰类缺陷影响基站正常运行，严重时会导致小区无法服务。

2. 业务影响情况

业务运行状况受到影响或无法接入，处于中断状态。

3. 缺陷处置方法

（1）外部干扰：通过扫频确认干扰源，采用增加隔离度、调整参数、安装滤波器等方式处理干扰源。

（2）内部干扰：通过网络优化手段查询干扰源，采用调整参数、重启故障设备、更换故障设备等方式进行处理。

5.5.2 信号遮挡处理

1. 缺陷概况

受到广告牌等新增障碍物影响，部分天线方向可能受到遮挡，形成弱覆盖区域，导致扇区用户数减少、业务量下降。

2. 业务影响情况

弱覆盖区域内业务运行状况受到影响，或无法接入，处于中断状态。

3. 缺陷处置方法

（1）对于广告牌等小型障碍物，通过调整天线位置、挂高、下倾角等方式处理，并通过道路测试等手段验证调整效果。

（2）对于新建楼宇等大型障碍物，重新考虑基站选址、实施基站搬迁。

5.5.3 基站参数优化处理

1. 缺陷概况

基站参数配置不当通常会导致 RRC 连接建立成功率、无线掉线率等网络优化 KPI 指标的劣化，影响网络服务质量。

2. 业务影响情况

网络优化 KPI 指标的劣化将导致业务终端无法上线或频繁投退。

3. 缺陷处置方法

（1）通过网管查询相关基站运行状态和告警，排查基站故障引起指标劣化的可能性。

（2）提取相关指标的细化指标，分析引起指标劣化的详细原因。

（3）对相关扇区进行信令跟踪，根据异常信令排查问题根源，并检查相关参数配置。

5.6 运维实践典型经验

5.6.1 异网同频干扰

5.6.1.1 问题描述

某站点 2、3 小区存在不同程度的干扰，1 小区平均干扰电平 –113.23dBm，2 小区干扰电平 –92.95dBm，3 小区干扰电平 –83.89dBm，2、3 小区干扰较强，需现场排查确认干扰源。小区干扰走势如图 5-3 所示。

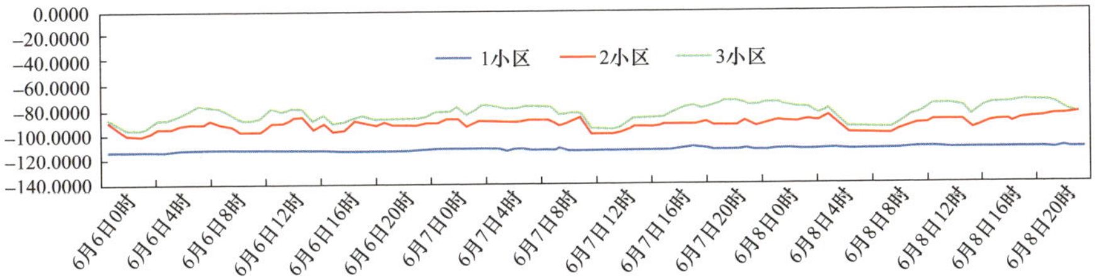

图 5-3　小区干扰走势图

5.6.1.2 问题分析

1. 小区 RB 指标分析

对存在干扰的 2、3 小区 0~49 个 RB 干扰进行分析，整体波形呈前低后高走势，由此可判断干扰源处于专网后侧频段，如图 5-4 所示。

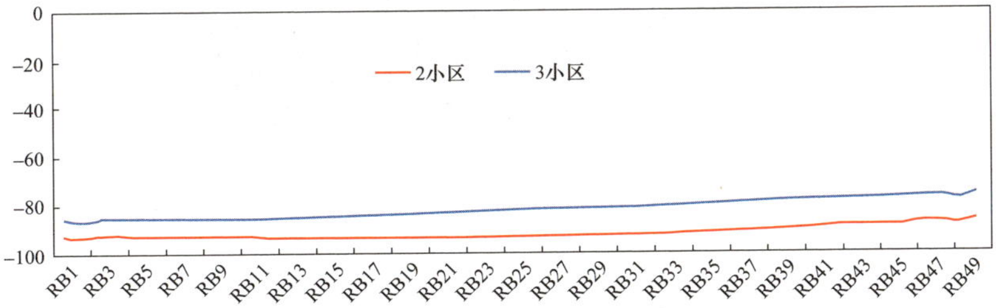

图 5-4　0~49 个 RB 干扰情况

2. 现场天面勘查

现场勘察天面，发现无线专网基站的 2、3 小区与移动 FDD 天线形成互打，如图 5-5 所示。

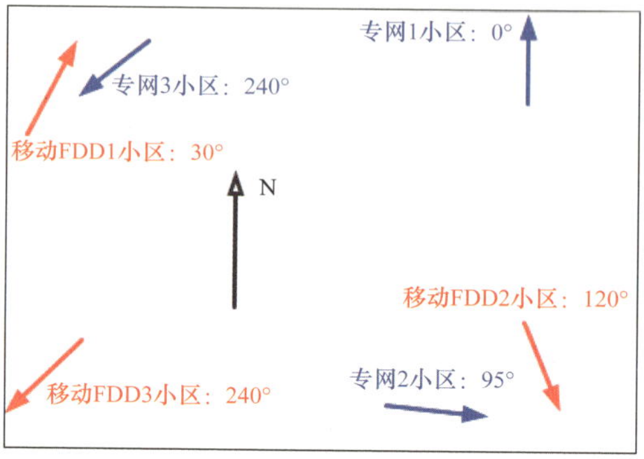

图 5-5　天线方位角示意图

3. 现场扫频

根据以上 RB 频谱及现场情况，对干扰小区进行扫频，且频率向后延伸至 1880MHz，包含移动 FDD 使用频段范围，扫频频谱图如图 5-6 所示。

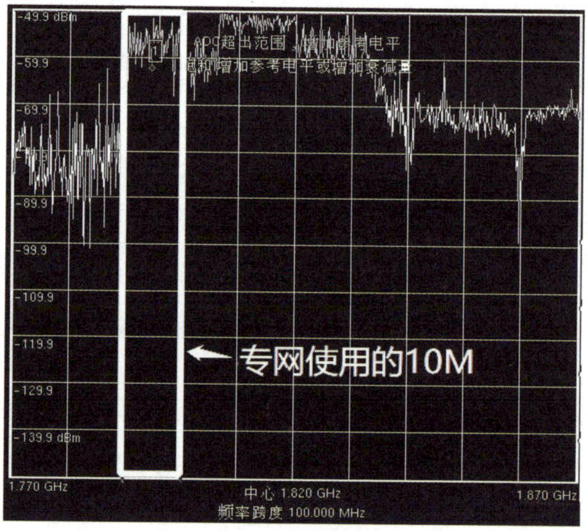

图 5-6　扫频频谱图

专网频段 1790~1800MHz 底噪抬升，其为专网自有信号，平均电平达 –50dBm。后面 1805~1835MHz 底噪抬升同样明显，电平最强达 –45dBm，而由于此信号过强，导致专网与移动 FDD 频段区间的 5M 保护带宽底噪抬升，对专网在用频段有影响。

5.6.1.3 解决方案

（1）协调移动网络优化人员，对同站址的移动 FDD 小区进行依次闭站操作，后台同步实时查看，发现专网小区干扰底噪下降明显，确认干扰源为同站共平台隔离度不够。

（2）对专网站点的受干扰小区安装滤波器。安装后，载波平均噪声干扰由原先的 –87dBm 下降至 –108dBm。

（3）小区平均用户数由原先的 0.18 提升至 13.17 个，RRC 建立成功率从 45% 左右提升至 95% 以上。

5.6.1.4 经验总结

当基站受到干扰，无法通过天面整改方式解决时，可以通过对受扰小区加装滤波把干扰信号过滤掉。干扰底噪降低后，业务运行指标明显得到提升。

5.6.2 基站小区无线接通率过低

5.6.2.1 问题描述

网络优化指标监控发现 A 站 2 小区，从 6 月 7 日 13 时起，无线接通率指标由原先的 100% 下降至最低时的 30%，指标恶化明显，无线接通率走势图如图 5-7 所示。

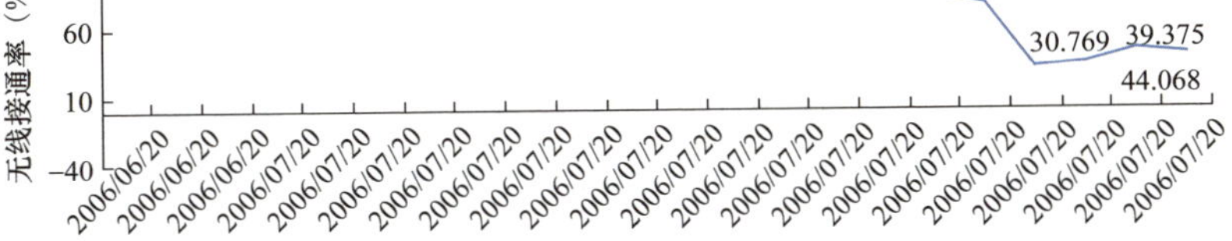

图 5-7　无线接通率走势

5.6.2.2 问题分析

无线接通率指标为 RRC 连接成功率指标乘以 E-RAB 建立成功率，经网管提取指标分析，无线接通率低系由 RRC 连接成功率低导致。

（1）经网管查询，该基站状态正常且无任何告警，故排除站点本身故障原因导致的 RRC 连接成功率低。

（2）根据网管提取 RRC 请求类相关指标，进一步对 RRC 连接失败次数进行分析，根据细化的指标项可知，问题原因多为 UE 无应答导致的 RRC 连接建立失败，如图 5-8 所示。

开始时间	网元名称	小区	[添加]小区PDCP层所发送的下行数据的总吞吐量（比特）	[添加]小区PDCP层所接收到的上行数据的总吞吐量（比特）	系统上行每个PRB上检测到的干扰噪声的平均值（毫瓦分贝）	无线接通率（%）	RRC建立成功率（%）	UE无应答而导致RRC连接建立失败次数（无）
06/07/2020 00:00:00	苏.南京-1	eNodeB名称	1639152	1851200	-106	100	100	0
06/07/2020 01:00:00	苏.南京-1	eNodeB名称	1482056	1666160	-106	100	100	0
06/07/2020 02:00:00	苏.南京-1	eNodeB名称	1221240	1400784	-106	100	100	0
06/07/2020 03:00:00	苏.南京-1	eNodeB名称	1230368	1421040	-106	100	100	0
06/07/2020 04:00:00	苏.南京-1	eNodeB名称	1210456	1415744	-106	100	100	0
06/07/2020 05:00:00	苏.南京-1	eNodeB名称	1208504	1454152	-106	90.476	90.476	2
06/07/2020 06:00:00	苏.南京-1	eNodeB名称	1208320	1381600	-106	100	100	0
06/07/2020 07:00:00	苏.南京-1	eNodeB名称	1201304	1380848	-106	94.444	94.444	1
06/07/2020 08:00:00	苏.南京-1	eNodeB名称	1220040	1392408	-106	100	100	0
06/07/2020 09:00:00	苏.南京-1	eNodeB名称	1215480	1383160	-106	100	100	0
06/07/2020 10:00:00	苏.南京-1	eNodeB名称	1232240	1408448	-106	100	100	0
06/07/2020 11:00:00	苏.南京-1	eNodeB名称	1285984	1553480	-106	92.105	92.105	3
06/07/2020 12:00:00	苏.南京-1	eNodeB名称	2084256	3069032	-106	100	100	0
06/07/2020 13:00:00	苏.南京-1	eNodeB名称	2120832	2578144	-106	83.333	83.333	4
06/07/2020 14:00:00	苏.南京-1	eNodeB名称	2104224	2537856	-106	78.125	78.125	7
06/07/2020 15:00:00	苏.南京-1	eNodeB名称	940632	1177696	-106	30.769	46.154	14
06/07/2020 16:00:00	苏.南京-1	eNodeB名称	1801544	2390856	-106	34.043	34.043	31
06/07/2020 17:00:00	苏.南京-1	eNodeB名称	1874800	2399512	-106	44.068	44.068	33
06/07/2020 18:00:00	苏.南京-1	eNodeB名称	1770544	2218520	-106	39.375	42	29
06/07/2020 19:00:00	苏.南京-1	eNodeB名称	1606544	2054184	-106	83.333	83.333	1
06/07/2020 22:00:00	苏.南京-1	eNodeB名称	1593128	2045104	-106	25	25	3
06/07/2020 23:00:00	苏.南京-1	eNodeB名称	1618304	2103768	-106	100	100	0

图 5-8 网管提取指标

UE 无应答很可能是上行弱覆盖问题导致。提取小区连接终端 TA 指标加以分析，连接成功率指标正常时，终端 TA 距离 ≤ 5，但从 7 日 13 时起，TA 值在区间 6、7 范围（覆盖距离达 3.3~3.8km）的接入次数明显增多，最多时达 80 次以上，TA 指标分析如图 5-9 所示。较远的边缘终端接入导致 UE 无应答次数增多，RRC 连接成功率降低。此外，对周边站点进行核查，发现同一时段相邻站点交叉覆盖小区存在故障，导致大量较远终端切至本小区。

开始时间	小区	用户随机接入时TA值在区间0范围的接入次数（无）	用户随机接入时TA值在区间10范围的接入次数（无）	用户随机接入时TA值在区间11范围的接入次数（无）	用户随机接入时TA值在区间1范围的接入次数（无）	用户随机接入时TA值在区间2范围的接入次数（无）	用户随机接入时TA值在区间3范围的接入次数（无）	用户随机接入时TA值在区间4范围的接入次数（无）	用户随机接入时TA值在区间5范围的接入次数（无）	用户随机接入时TA值在区间6范围的接入次数（无）	用户随机接入时TA值在区间7范围的接入次数（无）	用户随机接入时TA值在区间8范围的接入次数（无）	用户随机接入时TA值在区间9范围的接入次数（无）
06/07/2020 10:00:00	eNodeB名称	0	0	0	0	0	0	4	18	1	0	0	0
06/07/2020 11:00:00	eNodeB名称	0	0	0	0	10	5	3	16	13	0	0	0
06/07/2020 12:00:00	eNodeB名称	0	0	0	0	15	4	6	17	1	0	0	0
06/07/2020 13:00:00	eNodeB名称	0	0	0	0	0	2	17	20	5	0	0	0
06/07/2020 14:00:00	eNodeB名称	0	0	0	0	0	0	6	23	14	1	0	0
06/07/2020 15:00:00	eNodeB名称	0	0	0	0	10	2	4	0	23	7	0	0
06/07/2020 16:00:00	eNodeB名称	0	0	0	0	4	0	5	2	58	10	0	0
06/07/2020 17:00:00	eNodeB名称	0	0	0	0	4	2	5	1	79	5	0	0
06/07/2020 18:00:00	eNodeB名称	0	0	0	0	4	5	6	1	79	5	0	0
06/07/2020 19:00:00	eNodeB名称	0	0	0	0	0	5	2	0	4	0	0	0
06/07/2020 20:00:00	eNodeB名称	0	0	0	0	7	0	0	0	1	0	0	0
06/07/2020 21:00:00	eNodeB名称	0	0	0	0	2	0	0	0	0	0	0	0
06/07/2020 22:00:00	eNodeB名称	0	0	0	0	0	0	0	2	4	1	0	0
06/07/2020 23:00:00	eNodeB名称	0	0	0	0	2	0	6	0	0	0	0	0
06/08/2020 00:00:00	eNodeB名称	0	0	0	0	14	3	4	1	0	0	0	0
06/08/2020 01:00:00	eNodeB名称	0	0	0	0	4	6	6	12	0	0	0	0
06/08/2020 02:00:00	eNodeB名称	0	0	0	0	2	2	11	22	2	3	0	0
06/08/2020 03:00:00	eNodeB名称	0	0	0	0	2	5	8	18	6	1	0	0
06/08/2020 04:00:00	eNodeB名称	0	0	0	0	0	3	8	24	30	2	0	0
06/08/2020 05:00:00	eNodeB名称	0	0	0	0	4	1	8	17	45	1	0	0
06/08/2020 06:00:00	eNodeB名称	0	0	0	0	0	0	3	19	23	1	0	0
06/08/2020 15:00:00	eNodeB名称	0	0	0	0	47	37	16	22	1	0	0	0
06/08/2020 16:00:00	eNodeB名称	0	0	0	0	90	7	13	18	17	1	0	0
06/08/2020 17:00:00	eNodeB名称	0	0	0	0	29	0	8	21	3	0	0	0
06/08/2020 18:00:00	eNodeB名称	0	0	0	0	53	22	0	17	25	3	0	0
06/08/2020 19:00:00	eNodeB名称	0	0	0	0	132	45	0	14	22	3	0	0

图 5-9　TA 指标分析

5.6.2.3　解决方案

（1）立即通知运维人员对故障小区进行抢修，使故障小区恢复正常工作。

（2）如故障不能第一时间排除解决，可临时提高基站小区选择和重选电平门限，不允许上行覆盖极差的终端接入。

5.6.2.4　经验总结

本次通过日常指标监控发现异常指标，根据相关指标定义分析可能存在原因，倒推出相邻基站故障。在基站故障未解决前，可以通过小区选择和重选最低接收电平门限，控制弱覆盖边缘终端接入。

5.6.3　大气波导引起业务投退

5.6.3.1　问题描述

业务主站运维人员反映 3 月 23 日和 24 日凌晨至 8 点 30 分左右无线业务投退次数急剧上升，运行指标明显下降。

5.6.3.2　问题分析

（1）查询 CPE 网管 3 月 22~31 日告警记录，终端掉线次数和时长明显增多。再细化分析 3 月 23 日 CPE 掉线次数和告警，问题集中在上午 4~8 时这几个时段。CPE 投退次数和时长增多，直接导致下挂业务中断频次和时长加大，拉低业务运行指标，如图 5-10 所示。

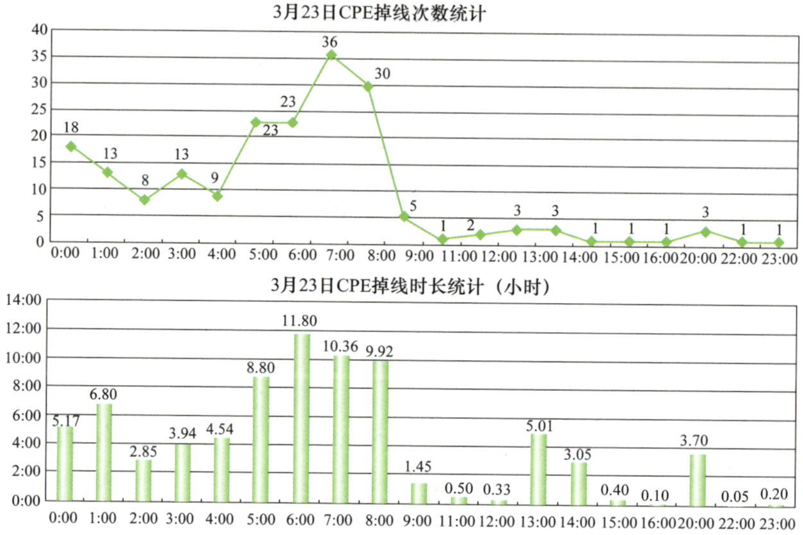

图 5-10　CPE 掉线情况

（2）查询 3 月 23 日至 24 日核心网运行正常，基站无告警。通过网管提取基站指标分析，发现 23 日 0~9 时指标明显低于白天时段，如图 5-11 所示。

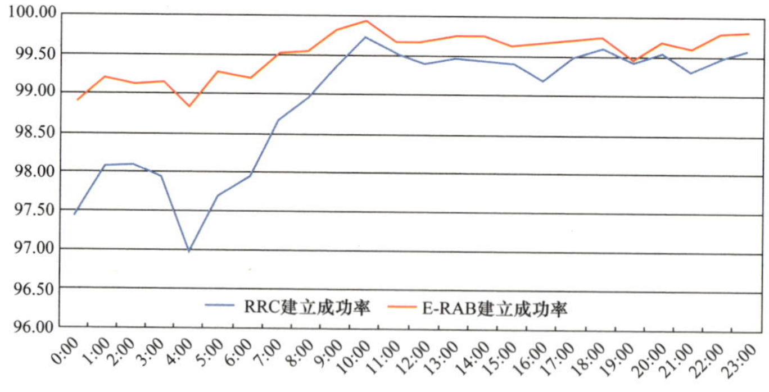

图 5-11　RRC 与 E-RAB 建立成功率统计

统计 26 座基站 3 月 20~28 日干扰小区（系统上行每个 PRB 上检测到的

干扰噪声的平均值大于 –105dBm）数量及干扰时间分布，发现 23 日和 24 日 5~8 时 4 个时段受到干扰小区最多，如图 5-12 所示。

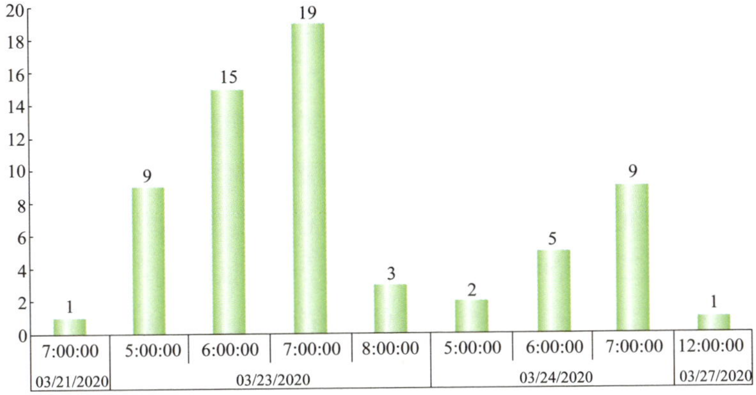

图 5-12　26 座基站干扰小区数量统计

统计 3 月 20 日至 27 日 0~8 时段和 9~23 时段平均干扰底噪发现，9~23 时段平均干扰底噪趋于平稳；而 0~8 时段在 23 日和 24 日干扰底噪凸起，平均干扰底噪明显增强，如图 5-13 所示。

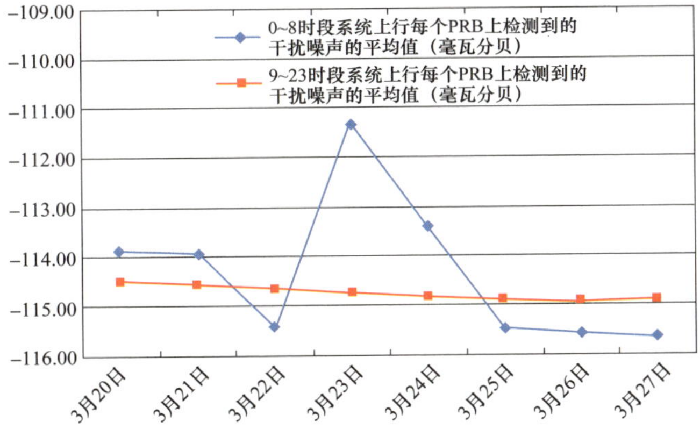

图 5-13　干扰噪声平均值统计

（3）根据相关统计发现，业务指标、CPE 运行指标与无线基站上行干扰噪声成正相关关系。3 月 23 日和 24 日 0~8 时段干扰噪声抬升，无线专网关键性能指标下降，CPE 和业务终端掉线次数和时长就会增加。选取干扰明显增强的5个不同基站小区做反向频谱扫描（无干扰时扫描不具备分析意义），并取出对应基站日志分析，反向频谱时域呈斜坡状，具备大气波导干扰典型特征。同时与当地运营商取得联系，3月23日和24日移动TDD小区，特别是F频段也受到大气波导的影响，干扰小区增多，而电信的FDD小区则不未受影响。

（4）无线专网使用时分双工模式（TDD）同频组网，要求基站保持严格的时间同步。TDD系统通过特殊子帧设置保护间隔（GP）避免下行干扰上行，TDD系统的上行和下行传输共享同样的频率。如果出现大气波导效应，远端基站的下行信号远距离传播就会干扰到目标小区上行信号。FDD系统使用频分双工模式，上行和下行使用的频率不同，所以大气波导效应对FDD系统几乎没有影响。

大气波导发生时，远端基站的下行信号经数十或数百公里的超远距离传输后仍具有较高强度，信号传播时延超过GP长度，落入近端基站上行接收窗内，造成严重的上行干扰。TD-LTE系统中GP长度由特殊子帧配比决定，无线专网特殊子帧采用SSP7（10：2：2配比），GP长约142μs，可抵抗约42km范围内的大气波导干扰（UpPTS不受扰）。而通过反向频谱扫频，发现干扰源来自于200km左右，远超GP保护范围，造成本地基站大面积上行干扰。

5.6.3.3 解决方案

大气波导引起的电磁波超远距离传播由地理、天气等自然环境造成，很难通过人为手段规避。专网可以通过收缩小区的覆盖、调整GP保护间隔来减小大气波导对专网的影响。

（1）控制小区覆盖。

1）基站选址时，合理设计天线挂高。一般基站高度在35~55m，60m以上的需加大机械下倾角，并选用可电子调的天线。

2）根据业务点分布，合理设置方位角、下倾角。根据现场查勘周围环境，避免天线正对河流、湖泊和光伏厂等场景。

3）合理设置功率，不宜设置过高。

（2）调整特殊子帧配比。调整特殊子帧，增大GP的时间长度（配比由

10：2：2 修改为 3：9：2），3：9：2 配比 GP 长约 600μs，可抵抗 180km 范围内的远端干扰，这样相当于增加了干扰生效的传输距离，可使干扰的功率值进一步减小，同时构造时间错位，使干扰信号落在 GP 时间之内。利用距离减少干扰的功率值或是使干扰落在保护时隙之内，这会对基站下行小区的峰值速率和小区容量造成影响。行业业务主要以上行业务为主，修改参数后对现网影响较小。另外，涉及同频段网络均需修改，否则调整过的基站会对相邻基站造成干扰。目前，与专网频率相近的移动 F 频段，特殊子帧使用 SSP5（3：9：2）。

5.6.3.4 经验总结

本次从无线专网业务、通信终端、反向频谱分析和大气波导的特点，分析了 TD-LTE 系统远距离同频干扰问题。无线专网基站数量、密度无法与运营商相比，大气波导产生的时间又集中在凌晨至清晨，用户需求相对较少。同时人群密集区域移动会室分 E 频，宏站 D 频和 FDD 制式多层覆盖，所以移动公司采用的一些抑制大气波导的干扰的措施（如 F 频受干扰小区功率下调）不适用于专网。可以通过控制覆盖和修改参数的方式来减弱大气波导带来的影响。

5.6.4 基站小区掉线率过高

5.6.4.1 问题描述

小区性能指标日常监控中，发现某基站 1、2、3 小区掉线率指标持续多时段均较差，小时级掉线率指标在 45% 左右，如图 5-14 所示。

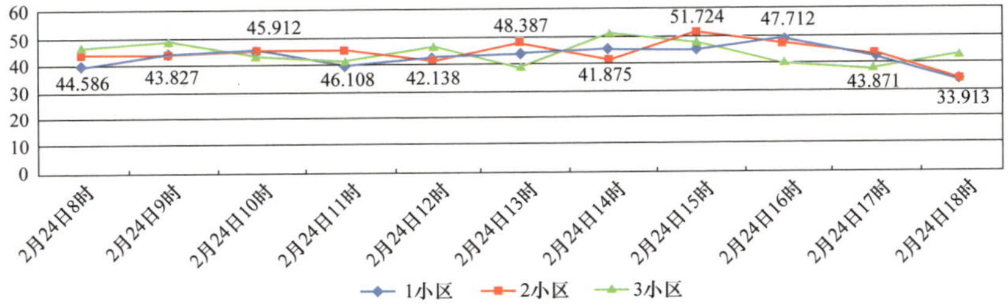

图 5-14 1、2、3 小区掉线率指标走势图

5.6.4.2 问题分析

分析过程如下：

（1）经网管查询，该基站状态正常且无告警，故排除站点本身故障原因导致的高掉线。

（2）提取关于掉线的细化指标分项，查找具体掉线子原因，异常释放次数主要集中在“eNB 触发的 E-RAB 异常释放总次数”及“传输层问题导致的 E-RAB 异常释放次数”，如图 5-15 所示。

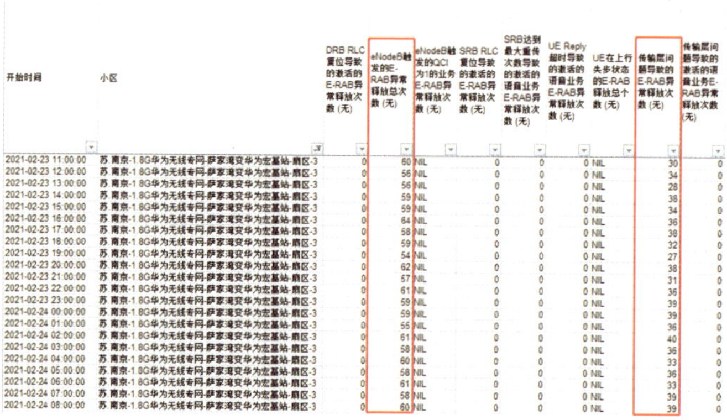

开始时间	小区	DRB RLC复位导致的激活的E-RAB异常释放次数(无)	eNodeB触发的E-RAB异常释放总次数(无)	eNodeB触发的QCI为1的业务E-RAB异常释放次数(无)	SRB RLC复位导致的激活的E-RAB异常释放次数(无)	SRB达到最大重传次数导致的激活的语音业务E-RAB异常释放次数(无)	UE Reply超时导致的激活的语音业务E-RAB异常释放次数(无)	UE在上行失步状态的E-RAB释放总个数(无)	传输层问题导致的E-RAB异常释放次数(无)	传输层问题导致的激活的语音业务E-RAB异常释放次数(无)
2021-02-23 11:00:00	苏.南京-1.8G华为无线专网-萨家湾变华为宏基站-扇区-3	0	60	NIL	0	0	0	NIL	30	0
2021-02-23 12:00:00	苏.南京-1.8G华为无线专网-萨家湾变华为宏基站-扇区-3	0	56	NIL	0	0	0	NIL	34	0
2021-02-23 13:00:00	苏.南京-1.8G华为无线专网-萨家湾变华为宏基站-扇区-3	0	56	NIL	0	0	0	NIL	28	0
2021-02-23 14:00:00	苏.南京-1.8G华为无线专网-萨家湾变华为宏基站-扇区-3	0	59	NIL	0	0	0	NIL	38	0
2021-02-23 15:00:00	苏.南京-1.8G华为无线专网-萨家湾变华为宏基站-扇区-3	0	59	NIL	0	0	0	NIL	34	0
2021-02-23 16:00:00	苏.南京-1.8G华为无线专网-萨家湾变华为宏基站-扇区-3	0	64	NIL	0	0	0	NIL	36	0
2021-02-23 17:00:00	苏.南京-1.8G华为无线专网-萨家湾变华为宏基站-扇区-3	0	58	NIL	0	0	0	NIL	38	0
2021-02-23 18:00:00	苏.南京-1.8G华为无线专网-萨家湾变华为宏基站-扇区-3	0	59	NIL	0	0	0	NIL	32	0
2021-02-23 19:00:00	苏.南京-1.8G华为无线专网-萨家湾变华为宏基站-扇区-3	0	54	NIL	0	0	0	NIL	27	0
2021-02-23 20:00:00	苏.南京-1.8G华为无线专网-萨家湾变华为宏基站-扇区-3	0	62	NIL	0	0	0	NIL	38	0
2021-02-23 21:00:00	苏.南京-1.8G华为无线专网-萨家湾变华为宏基站-扇区-3	0	57	NIL	0	0	0	NIL	31	0
2021-02-23 22:00:00	苏.南京-1.8G华为无线专网-萨家湾变华为宏基站-扇区-3	0	61	NIL	0	0	0	NIL	36	0
2021-02-23 23:00:00	苏.南京-1.8G华为无线专网-萨家湾变华为宏基站-扇区-3	0	59	NIL	0	0	0	NIL	39	0
2021-02-24 00:00:00	苏.南京-1.8G华为无线专网-萨家湾变华为宏基站-扇区-3	0	59	NIL	0	0	0	NIL	39	0
2021-02-24 01:00:00	苏.南京-1.8G华为无线专网-萨家湾变华为宏基站-扇区-3	0	55	NIL	0	0	0	NIL	36	0
2021-02-24 02:00:00	苏.南京-1.8G华为无线专网-萨家湾变华为宏基站-扇区-3	0	61	NIL	0	0	0	NIL	40	0
2021-02-24 03:00:00	苏.南京-1.8G华为无线专网-萨家湾变华为宏基站-扇区-3	0	58	NIL	0	0	0	NIL	36	0
2021-02-24 04:00:00	苏.南京-1.8G华为无线专网-萨家湾变华为宏基站-扇区-3	0	60	NIL	0	0	0	NIL	33	0
2021-02-24 05:00:00	苏.南京-1.8G华为无线专网-萨家湾变华为宏基站-扇区-3	0	58	NIL	0	0	0	NIL	36	0
2021-02-24 06:00:00	苏.南京-1.8G华为无线专网-萨家湾变华为宏基站-扇区-3	0	61	NIL	0	0	0	NIL	33	0
2021-02-24 07:00:00	苏.南京-1.8G华为无线专网-萨家湾变华为宏基站-扇区-3	0	58	NIL	0	0	0	NIL	39	0
2021-02-24 08:00:00	苏.南京-1.8G华为无线专网-萨家湾变华为宏基站-扇区-3	0	60	NIL	0	0	0	NIL	39	0

图 5-15 高掉线原因细化子项

导致异常掉线的原因主要集中在 eNB 触发及传输层问题。利用网管对掉线次数较高的 3 个小区进行 GTPU 信令跟踪，如果确实存在传输故障，信令跟踪信息中会出现“Error indication”消息。对该信令信息进行解析可进一步确定故障传输 IP 地址，从而定位故障。但实际进行 GTPU 信令跟踪时，仅出现“Echo Request”信息，并未返回“Echo Response”消息。因此怀疑基站侧路由存在问题，需检查基站路由配置，具体如图 5-16 和图 5-17 所示。

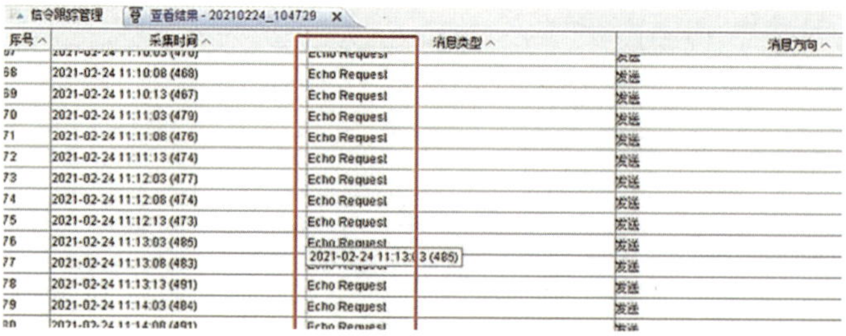

序号	采集时间	消息类型	消息方向
68	2021-02-24 11:10:08 (468)	Echo Request	发送
69	2021-02-24 11:10:13 (467)	Echo Request	发送
70	2021-02-24 11:11:03 (479)	Echo Request	发送
71	2021-02-24 11:11:08 (476)	Echo Request	发送
72	2021-02-24 11:11:13 (474)	Echo Request	发送
73	2021-02-24 11:12:03 (477)	Echo Request	发送
74	2021-02-24 11:12:08 (474)	Echo Request	发送
75	2021-02-24 11:12:13 (473)	Echo Request	发送
76	2021-02-24 11:13:03 (485)	Echo Request	发送
77	2021-02-24 11:13:08 (483)	[illegible]	发送
78	2021-02-24 11:13:13 (491)	Echo Request	发送
79	2021-02-24 11:14:03 (484)	Echo Request	发送

图 5-16 GTPU 信令跟踪

```
%%/*1884429835*/LST IPRT::%%
RETCODE = 0  执行成功

查询静态路由配置信息
```

路由索引	柜号	框号	槽号	子板类型	端口类型	端口号	路由类型	VRF索引	目的IP地址	子网掩码	下一跳IP地址	对端IP地址	MTU开关	最大传输单元(字节)	优先级	描述信息
1	0	0	6	基板	NULL	NULL	下一跳	0	[illegible]	[illegible]	[illegible]	NULL	关闭	NULL	60	NULL
2	0	0	6	基板	NULL	NULL	下一跳	0	[illegible]	[illegible]	[illegible]	NULL	关闭	NULL	60	NULL
5	0	0	7	基板	NULL	NULL	下一跳	0	[illegible]	[illegible]	[illegible]	NULL	关闭	NULL	60	NULL
11	0	0	7	基板	NULL	NULL	下一跳	0	[illegible]	[illegible]	[illegible]	NULL	关闭	NULL	60	NULL

(结果个数 = 4)

图 5-17　eNB 侧路由配置

根据以上 GTPU 信令跟踪现象及对基站路由配置判断，高掉线问题是基站用户面路由缺失导致。

5.6.4.3　解决方案

通过基站网管重新配置该站点的用户面路由，完成维护路由添加后，重新进行信令跟踪并对 BBU 侧对基站 IP 地址 ping 包，GTPU 信令出现“Echo Response”且 ping 包正常，具体如图 5-18 和图 5-19 所示。

消息类型	消息方向
Echo Request	发送
Echo Request	发送
Echo Request	发送
Echo Request	发送
Echo Request	发送
Echo Request	发送
Echo Request	发送
Echo Response	接收
Echo Request	发送
Echo Response	接收
Echo Request	发送
Echo Response	接收
Echo Request	发送
Echo Response	接收
Echo Request	发送
Echo Response	接收
Echo Request	发送
Echo Response	接收
Echo Request	发送
Echo Response	接收
Echo Request	发送
Echo Response	接收
Echo Request	发送
Echo Response	接收
Echo Request	发送
Echo Response	接收
Echo Request	发送
Echo Response	接收
Echo Request	发送
Echo Response	接收
Echo Request	发送
Echo Response	接收

图 5-18　路由添加后 GTPU 信令跟踪

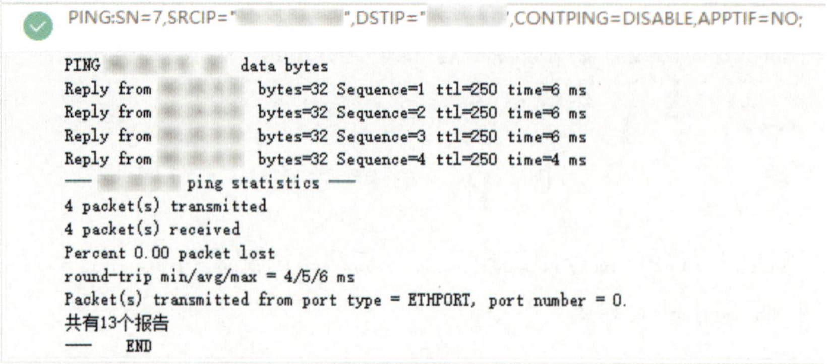

图 5-19　路由添加后 BBU 侧 IP ping 包

持续跟踪并关注 GTPU 信令，并未出现“Error indication”消息，可确定传输无问题。继续观察调整后此站点 3 个小区掉线率指标变化情况。经过调整后多时段观察，该基站 1、2、3 小区的掉线率指标已恢复正常，小时级掉线率低于 2%，如图 5-20 所示。

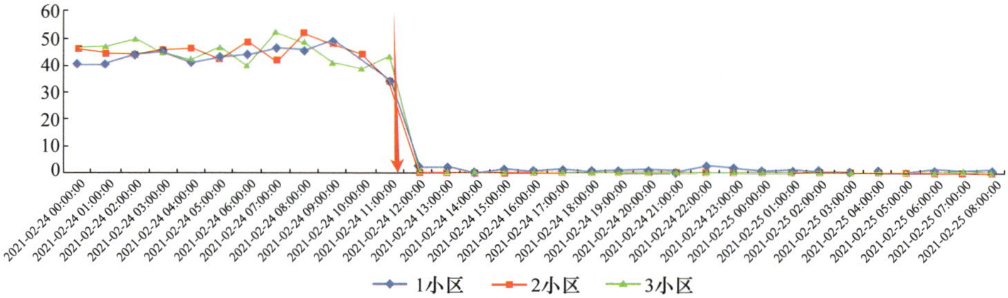

图 5-20　小区掉线率指标走势

5.6.4.4　经验总结

在日常处理高掉线性能指标时，如果细化指标项为“eNB 触发、传输层异常释放”掉线，可考虑基站侧用户面路由配置存在问题。

5.6.5　基站掉线处理

5.6.5.1　问题描述

基站小区性能指标日常监控及网络优化过程中，发现某基站 2 小区 E-RAB 掉线率指标恶化严重且小时级掉线率在 6% 左右，严重时达 12%~13%，如图 5-21 所示。

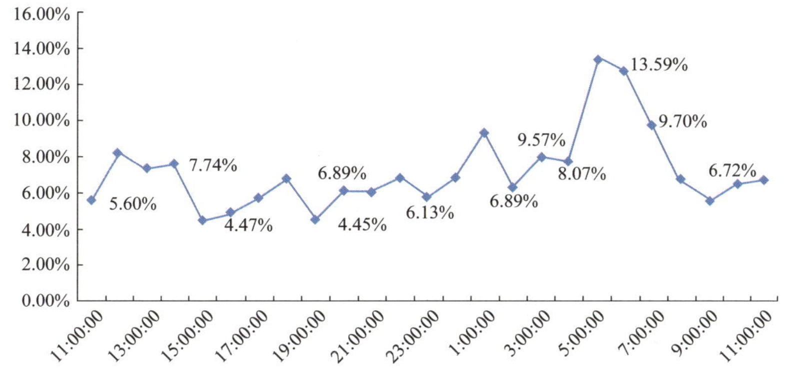

图 5-21　E-RAB 掉线率

5.6.5.2　问题分析

问题分析过程：

（1）该基站状态正常且无异常告警，故排除故障原因导致的高掉线。

（2）按小时级提取关于 E-RAB 掉线的指标分项，查找具体掉线子原因。异常释放的原因主要集中在“空口定时器超时”和“ENB 的无线链路失败”，具体如图 5-22 所示。

开始时间	小区名	E-RAB释放次数，由于ENB过载控制导致的释放(个)	E-RAB释放次数，由于ENB其他异常原因(个)	E-RAB释放次数，空口定时器超时(个)	E-RAB释放次数，Gtpu ErrInd触发释放(个)	E-RAB释放次数，Path故障触发释放(个)	E-RAB释放次数，光口故障触发释放(个)	E-RAB释放次数，由于ENB的无线链路失败(个)	E-RAB释放次数，由于ENB重建立失败(个)	E-RAB掉话率(百分比)
2021/1/17 11:00	[illegible]-1.8G[illegible]无线专网-[illegible]基站-	0	0	20	0	0	0	30	2	5.60%
2021/1/17 12:00	[illegible]-1.8G[illegible]无线专网-[illegible]基站-	0	0	28	0	0	0	49	5	8.37%
2021/1/17 13:00	[illegible]-1.8G[illegible]无线专网-[illegible]基站-	0	0	23	1	0	0	36	5	7.39%
2021/1/17 14:00	[illegible]-1.8G[illegible]无线专网-[illegible]基站-	0	0	24	0	0	0	44	4	7.74%
2021/1/17 15:00	[illegible]-1.8G[illegible]无线专网-[illegible]基站-	0	0	12	0	0	0	22	4	4.47%
2021/1/17 16:00	[illegible]-1.8G[illegible]无线专网-[illegible]基站-	0	0	13	0	0	0	27	5	4.98%
2021/1/17 17:00	[illegible]-1.8G[illegible]无线专网-[illegible]基站-	0	0	17	0	0	0	37	2	5.77%
2021/1/17 18:00	[illegible]-1.8G[illegible]无线专网-[illegible]基站-	0	0	15	0	0	0	34	7	6.89%
2021/1/17 19:00	[illegible]-1.8G[illegible]无线专网-[illegible]基站-	0	0	13	0	0	0	18	2	3.45%
2021/1/17 20:00	[illegible]-1.8G[illegible]无线专网-[illegible]基站-	0	0	18	0	0	0	38	2	6.27%
2021/1/17 21:00	[illegible]-1.8G[illegible]无线专网-[illegible]基站-	0	0	17	0	0	0	26	8	6.13%
2021/1/17 22:00	[illegible]-1.8G[illegible]无线专网-[illegible]基站-	0	0	23	0	0	0	43	4	6.96%
2021/1/17 23:00	[illegible]-1.8G[illegible]无线专网-[illegible]基站-	0	0	11	0	0	0	18	1	2.80%
2021/1/18 0:00	[illegible]-1.8G[illegible]无线专网-[illegible]基站-	0	0	14	0	0	0	40	4	6.89%
2021/1/18 1:00	[illegible]-1.8G[illegible]无线专网-[illegible]基站-	0	0	10	0	0	0	61	1	9.57%
2021/1/18 2:00	[illegible]-1.8G[illegible]无线专网-[illegible]基站-	0	0	16	0	0	0	41	1	6.33%
2021/1/18 3:00	[illegible]-1.8G[illegible]无线专网-[illegible]基站-	0	0	15	0	0	0	49	2	8.07%
2021/1/18 4:00	[illegible]-1.8G[illegible]无线专网-[illegible]基站-	0	0	16	0	0	0	47	2	7.78%
2021/1/18 5:00	[illegible]-1.8G[illegible]无线专网-[illegible]基站-	0	0	25	0	0	0	96	2	13.59%
2021/1/18 6:00	[illegible]-1.8G[illegible]无线专网-[illegible]基站-	0	0	20	0	0	0	93	2	12.80%
2021/1/18 7:00	[illegible]-1.8G[illegible]无线专网-[illegible]基站-	0	0	30	0	0	0	61	6	9.70%
2021/1/18 8:00	[illegible]-1.8G[illegible]无线专网-[illegible]基站-	0	0	24	0	0	0	41	0	6.72%
2021/1/18 9:00	[illegible]-1.8G[illegible]无线专网-[illegible]基站-	0	0	23	0	0	0	36	2	5.56%
2021/1/18 10:00	[illegible]-1.8G[illegible]无线专网-[illegible]基站-	0	0	22	2	0	0	34	6	6.51%
2021/1/18 11:00	[illegible]-1.8G[illegible]无线专网-[illegible]基站-	0	0	26	0	0	0	32	1	6.82%

图 5-22　E-RAB 高掉线原因

初步判断异常释放的主要原因是 Uu 口问题，重点排查分析此扇区干扰情况。再次提取此扇区上行干扰指标进行分析，在高掉线时段扇区小时级干扰电平稳定在 –95dBm 左右，如图 5-23 所示。

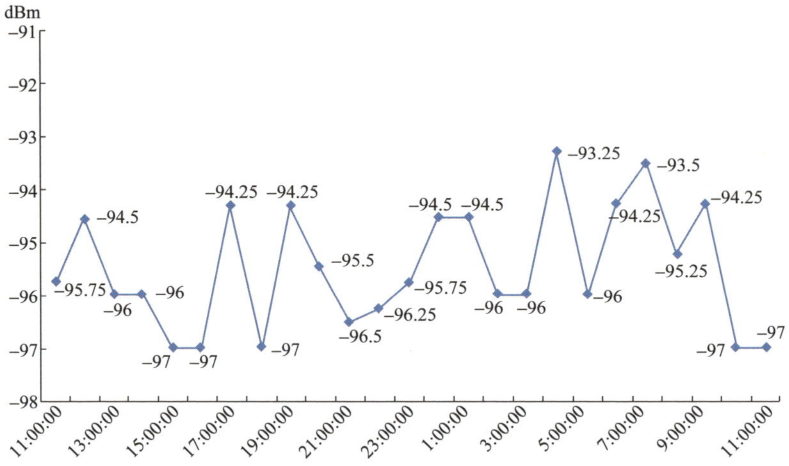

图 5-23　载波平均噪声干扰

根据小时级干扰进一步对 50 个 RB 进行分析，随着 RB 序号从 0 向 49 增大，干扰呈现上升趋势，如图 5-24 所示。

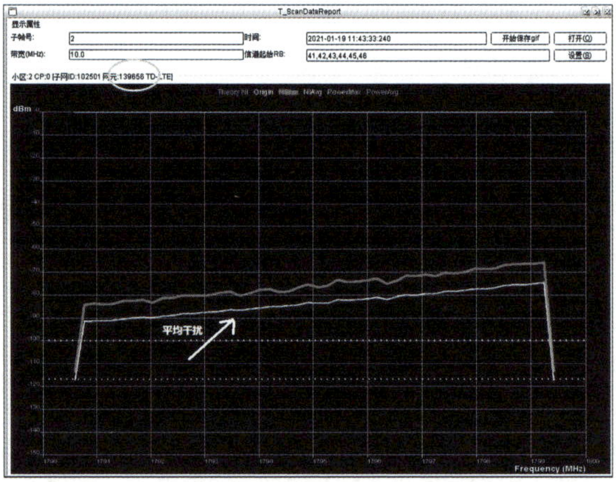

图 5-24　小时级干扰分析

根据上述情况，可判定扇区高掉线的原因为上行干扰，需通过网络优化解决干扰问题。

5.6.5.3　解决方案

经过对干扰的详细分析，定位干扰源为同站址的运营商 FDD 基站。为电力专网站点安装带通滤波器后，扇区干扰下降明显，且掉线率指标恢复正常水平，如图 5-25 所示。

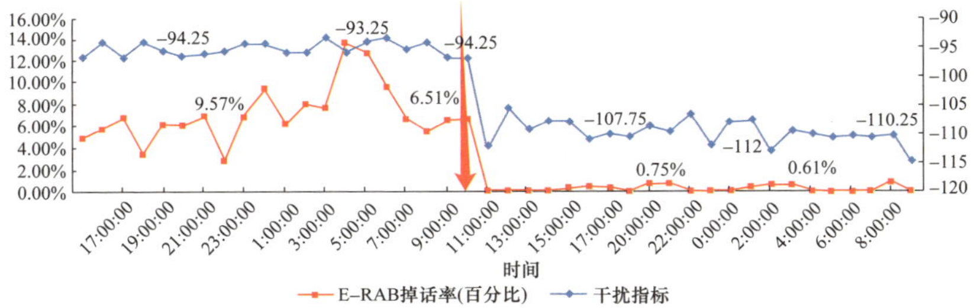

图 5-25　小区掉线率和干扰变化情况

5.6.5.4　经验总结

根据以上经验，定位出是上行干扰问题导致性能指标恶化，并最终通过解决干扰使掉线率指标恢复正常，建议日常网络优化过程中重点关注上行干扰问题。

5.6.6　Ncs 参数优化调整解决业务接入问题

5.6.6.1　问题描述

某市专网运维人员在整理分析终端台账数据时，发现个别业务终端在线不稳定。运维人员赴业务点现场排查，问题业务点距离所在位置的覆盖基站约 4km，所在位置 RSRP 为 -93dBm，SINR8 左右，信号较好且稳定，但手台无法注册入网，核心网侧无接入请求，具体如图 5-26 所示。

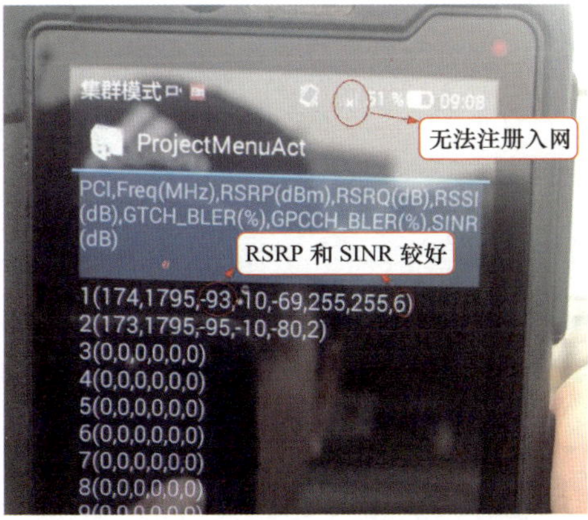

图 5-26　终端信号满足但无法入网

5.6.6.2 问题分析

（1）初步核查。在靠近该基站200m左右进行手台测试，结果可正常接入专网，ping包测试正常，说明该基站下终端可以接入。通过后台网管查看该基站最近三天性能指标，无线接通率、无线掉话率、切换成功率、上行干扰等指标均正常，且该基站承载的其他业务终端运行正常。对该基站参数进行一致性核查，基站参数与其他站点参数一致，无异常。

初步核查发现基站无告警，性能指标正常，核心网侧无接入请求，基站参数无异常，在距离基站较远处无法接入，基站距离较近可以正常接入。

（2）深入排查。重新制定测试路线，从距离基站4km处问题业务点出发，逐步向基站靠拢。在靠拢基站的过程中，发现距离基站3.5km处，测试手台可以正常接入。

针对距离基站较远处无法接入的情况，重点分析接入类参数设置。发现接入类参数中基于逻辑根序列的循环移位参数（Ncs）影响基站接入距离，Ncs配置与小区半径的关系见表5-1。

表5-1　Ncs配置与小区半径关系表

Ncs配置	Ncs值		每个根序列可产生的前缀数量
	低速场景	小区半径（km）	
0	0	118.93	1
1	13	0.79	64
2	15	1.08	55
3	18	1.51	46
4	22	2.08	38
5	26	2.65	32
6	32	3.51	26
7	38	4.37	22
8	46	5.51	18
9	59	7.37	14
10	76	9.8	11
11	93	12.23	9
12	119	15.95	7
13	167	22.82	5
14	279	38.84	3
15	419	58.86	2

现网基站接入类参数 Ncs 设置为 6，如图 5-27 所示，其对应小区覆盖半径为 3.7km。在郊区空旷覆盖场景，无线信号衰减较小，覆盖距离受限于 Ncs 参数设置，导致业务无法接入。

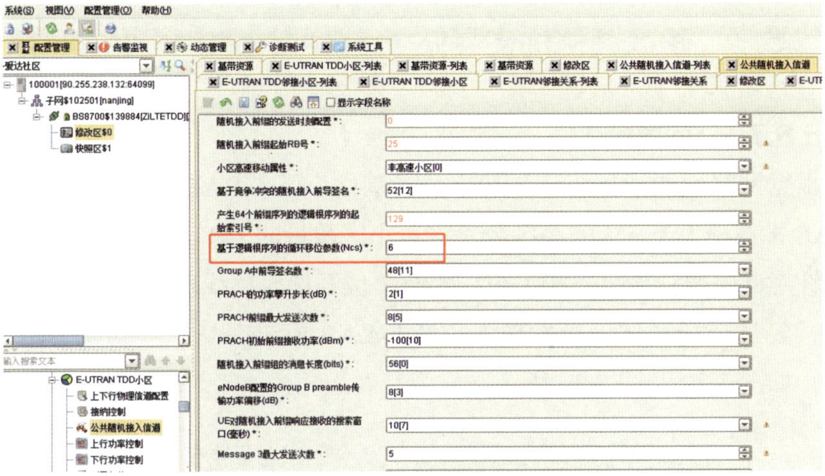

图 5-27 接入类参数 Ncs 设置

5.6.6.3 解决方案

通过讨论并结合基站厂家意见，将 Ncs 由 6 调整为 9，其覆盖半径为由 3.5km 调整为 7.5km。在问题业务点处，业务终端恢复上线，测试手台正常入网，ping 测试正常，如图 5-28 所示。

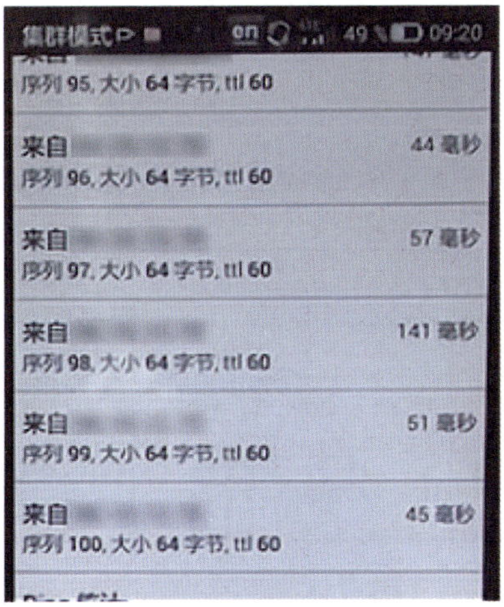

图 5-28 终端入网、ping 测试正常

5.6.6.4 经验总结

规划接入类参数 Ncs 时，应针对不同覆盖场景，合理优化参数，发掘无线专网潜力，提升专网覆盖。

5.6.7 参数调整优化基站 E-RAB 掉线率高

5.6.7.1 问题描述

根据网络性能指标统计，某市公司基站小区 E-RAB 掉线率较高，其中 E-RAB 掉线率大于 5% 的小区数量占总小区数量的 15%。

针对此问题，该市公司组织厂家等单位开展对掉线率高的典型小区进行排查，经过现场测试分析发现，小区 E-RAB 掉线率高的主要原因是 SINR 较差，如图 5-29 和图 5-30 所示。

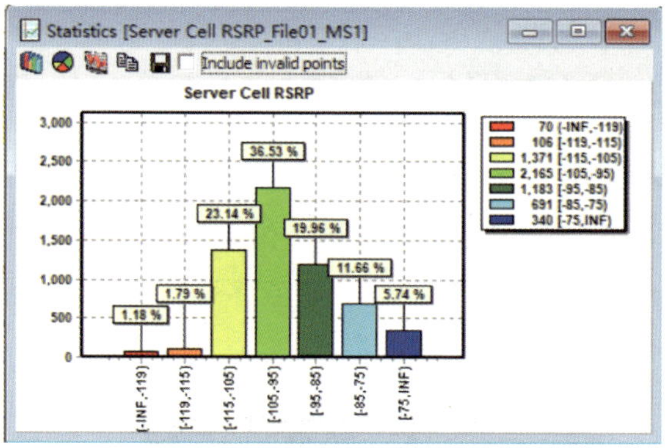

图 5-29 调整前 RSRP 测试情况

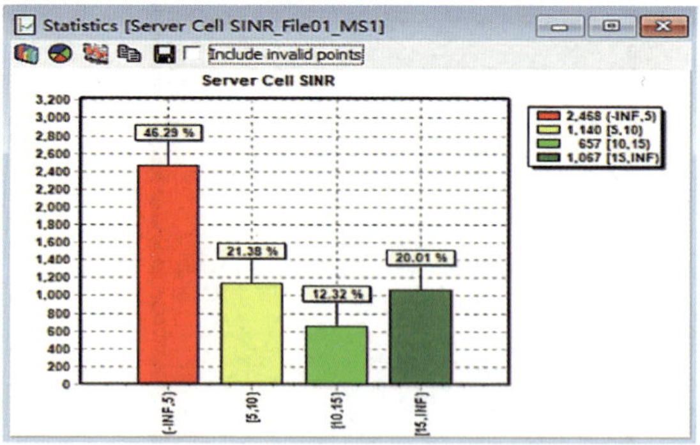

图 5-30 调整前 SINR 测试情况

5.6.7.2 问题分析

经过与厂家沟通、分析，发现现网基站参数设置中，主要存在以下问题：

（1）上行功率控制中PUSCH半静态和动态两种调度授权方式的发送数据所需小区名义功率均较低。

（2）PRACH初始接入功率设置偏低、MSG3的重传次数设置偏低。

此外，运营商基站干扰也是导致E-RAB掉线率偏高的原因之一。

5.6.7.3 解决方案

1. 参数调整

（1）上行功率控制中的PUSCH半静态和动态调度授权方式发送数据所需小区名义功率均由–87dBm调整为–75dBm。该参数设置过高，会增加邻区干扰，降低整网的吞吐量；设置偏低，能降低对邻区的干扰，但是会降低本小区的吞吐率。

（2）公共随机接入信道中的PRACH初始接入功率由–100dBm调整为–104dBm，MSG3的重传次数由3修改为5。

（3）UE常量和定时器中的user-inactivity控制面定时器修改为10s。

按以上步骤进行参数调整后，SINR小于5的小区占比由46.49%下降至38.95%，测试结果如图5-31和图5-32所示。

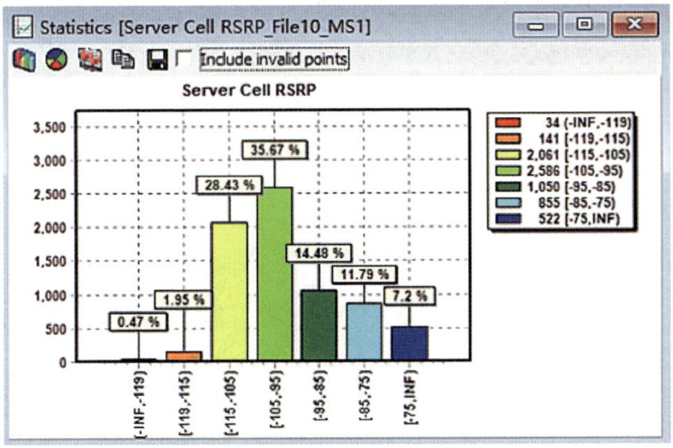

图5-31 调整后RSRP测试情况

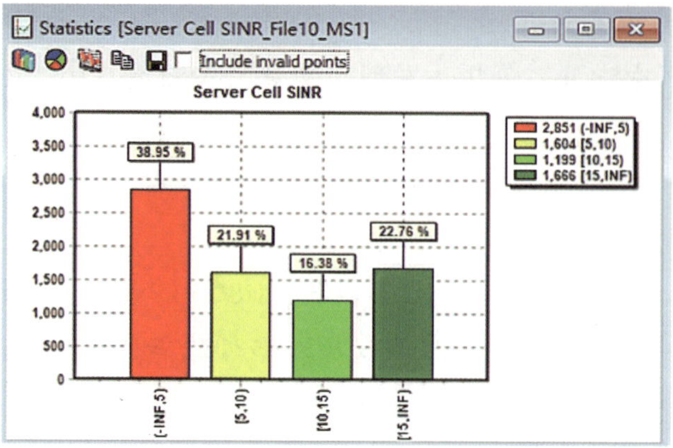

图 5-32　调整后 SINR 测试情况

2. 干扰排查

N 基站的 3 个小区平均干扰噪声值最大。现场查勘发现该站和运营商共址，扫频发现同站址的运营商基站干扰较大，如图 5-33 所示。经过带外滤波处理安装滤波器，干扰恢复正常。

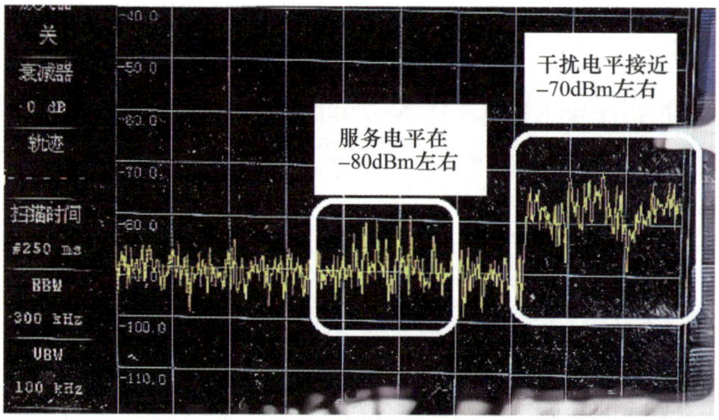

图 5-33　N 基站的 3 个小区干扰情况

5.6.7.4　经验总结

无线网络接入问题优化可以从调整相关基站参数入手，主要包括竞争随机接入前缀个数、eNB 配置的功率控制余量、随机接入前导的起始 RB 号、PRACH 配置索引、前缀初始发射功率、功率攀升步长、前缀最大重传次数、最大发送次数、冲突解决定时器、专用前导资源占用时间等。

上述参数的响应速度及稳定性对于接入性指标和系统可用性指标有直

接影响，接入性指标主要包括初始 E-RAB 建立成功率、RRC 建立成功率和 E-RAB 建立成功率；系统可用性指标包括小区可用率、E-RAB 建立阻塞率和寻呼拥塞率。

5.6.8 基站 RRC 建立失败处置典型经验

5.6.8.1 问题描述

A 基站 3 小区下的配电业务终端无法接入，第 1、2 小区下的终端可正常接入。同时现场手台无法入网。

5.6.8.2 排查分析

1. 告警查询

在基站 OMMB 网管进行告警管理、诊断测试，检查告警及业务接入情况。检查结果显示基站无告警，且下挂 3 个小区都有用户接入，故可排除 RRU 硬件故障、BPL 板硬件故障和 RRU 光纤故障。

2. 信令跟踪

对基站小区进行信令跟踪，发现 3 小区有大量 “RRC Connection Reject” 消息，终端 RRC 建立失败，导致接入失败。信令跟踪如图 5-34 所示。

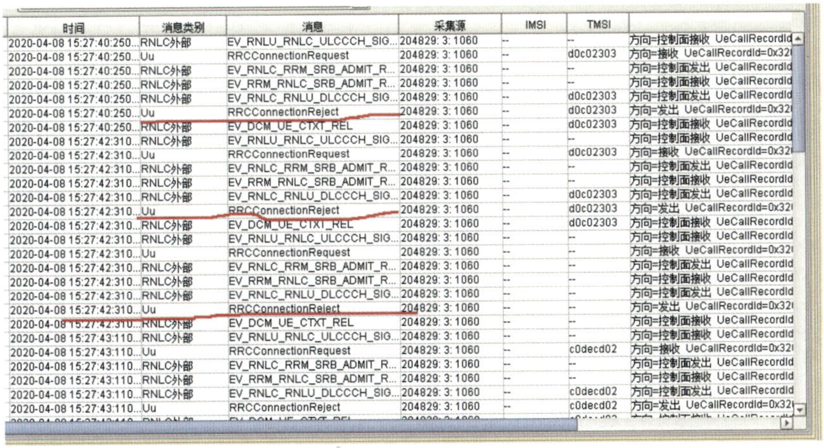

时间	消息类别	消息	采集源	IMSI	TMSI	
2020-04-08 15:27:40:250...	RNLC外部	EV_RNLU_RNLC_ULCCCH_SIG...	204829: 3: 1060	--	--	方向=控制面接收 UeCallRecordId
2020-04-08 15:27:40:250...	Uu	RRCConnectionRequest	204829: 3: 1060	--	d0c02303	方向=接收 UeCallRecordId=0x32
2020-04-08 15:27:40:250...	RNLC外部	EV_RNLC_RRM_SRB_ADMIT_R...	204829: 3: 1060	--	--	方向=控制面发出 UeCallRecordId
2020-04-08 15:27:40:250...	RNLC外部	EV_RRM_RNLC_SRB_ADMIT_R...	204829: 3: 1060	--	--	方向=控制面接收 UeCallRecordId
2020-04-08 15:27:40:250...	RNLC外部	EV_RNLC_RNLU_DLCCCH_SIG...	204829: 3: 1060	--	d0c02303	方向=控制面发出 UeCallRecordId
2020-04-08 15:27:40:250...	Uu	RRCConnectionReject	204829: 3: 1060	--	d0c02303	方向=发出 UeCallRecordId=0x32
2020-04-08 15:27:40:250...	RNLC外部	EV_DCM_UE_CTXT_REL	204829: 3: 1060	--	d0c02303	方向=控制面接收 UeCallRecordId
2020-04-08 15:27:42:310...	RNLC外部	EV_RNLU_RNLC_ULCCCH_SIG...	204829: 3: 1060	--	--	方向=控制面接收 UeCallRecordId
2020-04-08 15:27:42:310...	Uu	RRCConnectionRequest	204829: 3: 1060	--	d0c02303	方向=接收 UeCallRecordId=0x32
2020-04-08 15:27:42:310...	RNLC外部	EV_RNLC_RRM_SRB_ADMIT_R...	204829: 3: 1060	--	--	方向=控制面发出 UeCallRecordId
2020-04-08 15:27:42:310...	RNLC外部	EV_RRM_RNLC_SRB_ADMIT_R...	204829: 3: 1060	--	--	方向=控制面接收 UeCallRecordId
2020-04-08 15:27:42:310...	RNLC外部	EV_RNLC_RNLU_DLCCCH_SIG...	204829: 3: 1060	--	d0c02303	方向=控制面发出 UeCallRecordId
2020-04-08 15:27:42:310...	Uu	RRCConnectionReject	204829: 3: 1060	--	d0c02303	方向=发出 UeCallRecordId=0x32
2020-04-08 15:27:42:310...	RNLC外部	EV_DCM_UE_CTXT_REL	204829: 3: 1060	--	d0c02303	方向=控制面接收 UeCallRecordId
2020-04-08 15:27:42:310...	RNLC外部	EV_RNLU_RNLC_ULCCCH_SIG...	204829: 3: 1060	--	--	方向=控制面接收 UeCallRecordId
2020-04-08 15:27:42:310...	Uu	RRCConnectionRequest	204829: 3: 1060	--	--	方向=接收 UeCallRecordId=0x32
2020-04-08 15:27:42:310...	RNLC外部	EV_RNLC_RRM_SRB_ADMIT_R...	204829: 3: 1060	--	--	方向=控制面发出 UeCallRecordId
2020-04-08 15:27:42:310...	RNLC外部	EV_RRM_RNLC_SRB_ADMIT_R...	204829: 3: 1060	--	--	方向=控制面接收 UeCallRecordId
2020-04-08 15:27:42:310...	RNLC外部	EV_RNLC_RNLU_DLCCCH_SIG...	204829: 3: 1060	--	--	方向=控制面发出 UeCallRecordId
2020-04-08 15:27:42:310...	Uu	RRCConnectionReject	204829: 3: 1060	--	--	方向=发出 UeCallRecordId=0x32
2020-04-08 15:27:42:310...	RNLC外部	EV_DCM_UE_CTXT_REL	204829: 3: 1060	--	--	方向=控制面接收 UeCallRecordId
2020-04-08 15:27:43:110...	RNLC外部	EV_RNLU_RNLC_ULCCCH_SIG...	204829: 3: 1060	--	--	方向=控制面接收 UeCallRecordId
2020-04-08 15:27:43:110...	Uu	RRCConnectionRequest	204829: 3: 1060	--	c0decd02	方向=接收 UeCallRecordId=0x32
2020-04-08 15:27:43:110...	RNLC外部	EV_RNLC_RRM_SRB_ADMIT_R...	204829: 3: 1060	--	--	方向=控制面发出 UeCallRecordId
2020-04-08 15:27:43:110...	RNLC外部	EV_RRM_RNLC_SRB_ADMIT_R...	204829: 3: 1060	--	--	方向=控制面接收 UeCallRecordId
2020-04-08 15:27:43:110...	RNLC外部	EV_RNLC_RNLU_DLCCCH_SIG...	204829: 3: 1060	--	c0decd02	方向=控制面发出 UeCallRecordId
2020-04-08 15:27:43:110...	Uu	RRCConnectionReject	204829: 3: 1060	--	c0decd02	方向=发出 UeCallRecordId=0x32

图 5-34 信令跟踪

提取基站小区 RRC 性能指标，如图 5-35 所示。

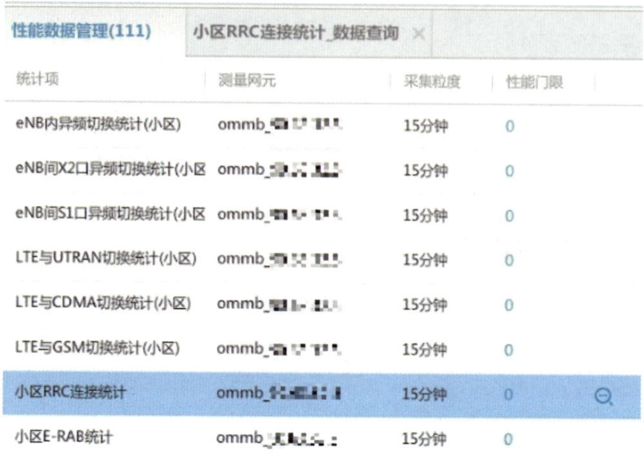

图 5-35　提取基站小区 RRC 性能指标

根据提取的性能指标分析，3 小区有大量“mo-Signalling 类型 RRC 连接失败次数，eNB 接纳失败”，如图 5-36 所示。

图 5-36　mo-Signalling 失败次数多

3. 日志分析

提取相关基站日志文件进行研发定位分析，分析结果显示 3 小区 UE 用户统计数量为 1710 个，如图 5-37 所示，用户统计数量超过现网小区容量配置的 1200 个。

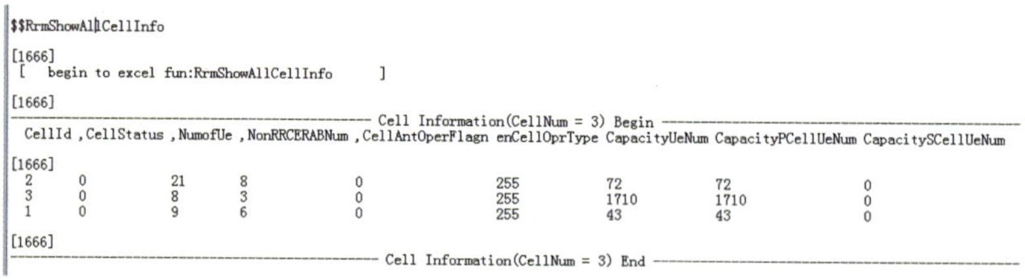

图 5-37　基站 UE 用户统计数量

4. 分析结果

造成此次用户终端无法接入的原因是基站内部单小区 UE 计数器统计异常，导致统计数量超过单小区容量配置，从而产生大量 RRC 建立失败（mo-Signalling 类型 RRC 连接失败次数，eNB 接纳失败）。

5.6.8.3 解决方案

1. 关断 / 解关断故障小区

应急情况下可以通过关断、解关断故障小区清零计数器来进行规避，具体操作如下：

（1）在基站网管客户端打开动态管理页面，找到本次需要操作的基站。

（2）在操作指令栏输入关断指令即会跳出对应的操作指令，点击立即关断小区，选择需要关断的小区，点击上方箭头执行。

解关断小区的操作和关断小区的操作类似，如图 5-38 所示。

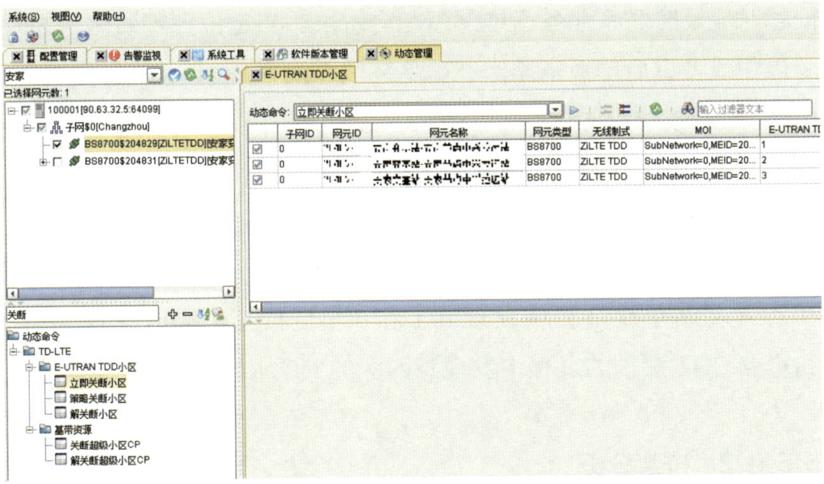

图 5-38　关断和解关断小区

2. 基站软件版本升级

关断 / 解关断故障小区只是用计数器清零来规避问题，想要彻底解决问题还是要通过基站软件版本升级至最新版本来解决。

（1）打开基站网管客户端，点击视图找到软件版本管理，选择升级任务管理。

（2）点击升级任务管理跳出页面，选择新建升级任务。

（3）选择此次要升级的网元，注意右侧一定要把最新版本的所有软件包全部选择，勾选下载后确定，输入验证码后，等待 10min 下载成功，再进行下一步操作。

（4）升级成功后回到选择页面，再次选择此次需要升级的基站，注意这次要勾选预激活和激活生效两个选项，不要勾选下载，然后点击确定，输入验证码。

（5）操作完成后返回整段测试页面查看小区用户数是否恢复。

5.6.8.4 经验总结

无线专网业务终端接入问题一般可分为业务终端侧和基站侧两类。运维人员应结合网管分析和现场实际情况，逐步定位问题原因。当定位到业务终端侧问题时应及时联系业务运维部门配合解决，当定位到基站侧问题时应通过信令操作或者重启单板来操作，提高终端在线率。

5.6.9 基站单验网络优化问题

5.6.9.1 问题描述

在对 A 基站单验过程中发现其 1 和 3 小区接反，同时在现场驱车 DT 测试和定点 CQT 测试的过程中发现三四区的 FTP 服务器无法连接。

5.6.9.2 排查分析

1. 小区接反

现场 1、2 区测试 PCI 情况如图 5-39 所示，从图中可以看出 1 小区朝向北方，其 PCI 值为 343；3 小区朝向西南，其 PCI 值为 345，但是路测中发现信号覆盖范围和小区编号不一致，小区明显接反。

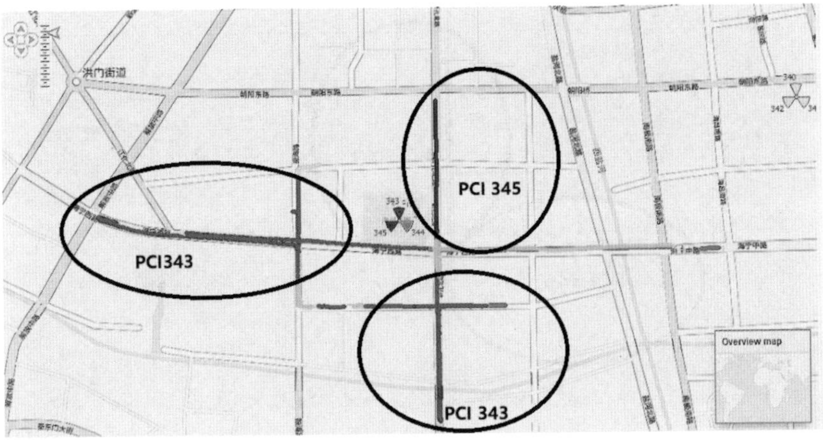

图 5-39　小区 PCI 值

2. 三四区 FTP 服务器无法连接

运维人员在监控室各使用一台电脑作为 1、2 区和 3、4 区的 FTP 服务器。3、4 区服务器地址：**.207.**.**。按照如下顺序排查：

（1）检查 3、4 区 FTP 服务器至网管交换机的路由问题：现场检查网线没有松动，服务器 ping 网关 IP 地址可以 ping 通，说明路由没有问题。

（2）排查服务器的 FTP 服务端是否配置错误：在服务器上安装 FTP 客户端，可以直接连接服务端，说明 FTP 服务端配置无误。

（3）查看服务器到测试终端的路由，发现服务器只能 ping 通网关地址。

运维人员结合前期站点测试情况，初步判断该现象是数通工程师在配置核心网至服务器路由时，3、4 区终端 IP 地址段未配置完整导致。

5.6.9.3　解决方案

1. 1 小区和 3 小区接反

由于本站是 RRU 拉远站，运维人员安排施工队上站检查 BBU 和 RRU 侧光缆路由，发现 RRU 侧光缆 1 和 3 小区接反。调换光缆后，再次进行拉网测试，1 小区 PCI 值为 343、3 小区 PCI 值为 345，信号覆盖范围和小区编号对应，小区正常，如图 5-40 所示。

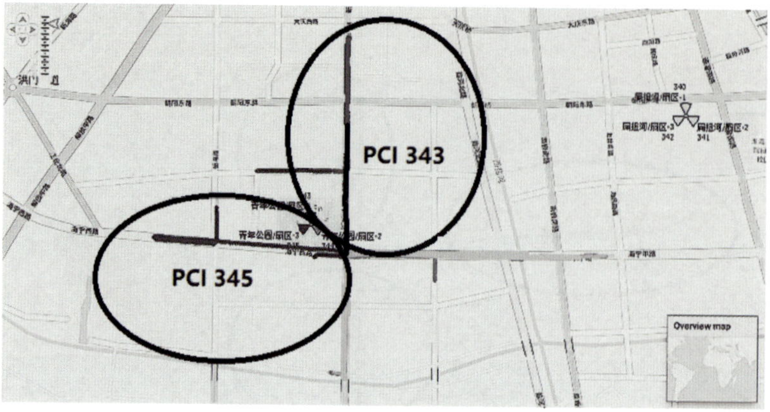

图 5-40　整改后的小区 PCI 值

2.3、4 区 FTP 服务器无法连接

终端 IP 地址为音视频业务的地址，数通工程师未能将音视频业务的地址段配置至服务器中，因此无法连接。据检查，用电采集业务的地址段已经配置至服务器中，将 3、4 区用电采集的 SIM 卡用于测试，则 FTP 服务器可以正常连接。后续请数通工程师将音视频业务地址段配置至服务器中，问题得以解决。

5.6.9.4　经验总结

基站单验的目的是通过对每个站点的性能指标、覆盖能力进行测量分析，及时发现网络质量和网络运行中存在的问题及隐患，以便充分掌握各无线专网站点建设运行状况，为网络的簇优化、系统优化和下一步的建设提供直接参考。本问题处理经验可供基站单验中测试出现问题时参考使用。

5.6.10　簇优化常见问题

5.6.10.1　问题描述

1. 弱覆盖问题

在距离 A 基站 2.5km 处某路段，UE 分别占用 B 基站 2 小区、C 基站 0 小区、D 基站 2 小区、E 基站 0 小区，缺少主服务信号，信号基本处于 –120dBm，SINR 低于 –3dB，明显存在弱覆盖现象。

2. 重叠覆盖问题

车辆行驶至某路段时，此路段专网 RSRP 信号强度在 –115dBm 左右，SINR 持续小于 –3dB，下行信号质量差。

5.6.10.2 排查分析

1. 弱覆盖问题

从基站分布图看出该路段基站分布稀疏，B 基站、C 基站、D 基站、E 基站站间距超过 5km，仅 A 基站相对较近，弱覆盖路段距离 A 基站为 2.5km，基站未能有效覆盖导致弱覆盖。

2. 重叠覆盖问题

通过分析数据发现该路段主要占用 F 基站 2 扇区的小区信号，该区域信号比较杂散，无主覆盖小区，且周边站点 G 小区 02（PCI=199）与 F 基站的 2 小区（PCI=166）模值相同，产生模三干扰，导致路段 SINR 较差。

5.6.10.3 解决方案

1. 弱覆盖问题

问题路段在 A 基站 2 小区主覆盖范围，对 A 基站 2 小区进行天馈调整，增强该区域覆盖。上站核实发现 A 基站的 2 小区机械下倾角为 5°，将机械下倾角由 5° 调整至 1°，参考信号发射功率由 15.2dBm 调整至 18.2dBm，增加路段覆盖。

优化调整后问题路段覆盖由 –120dBm 提升 –110dBm 左右，优化前后 RSRP 对比如图 5-41 所示。

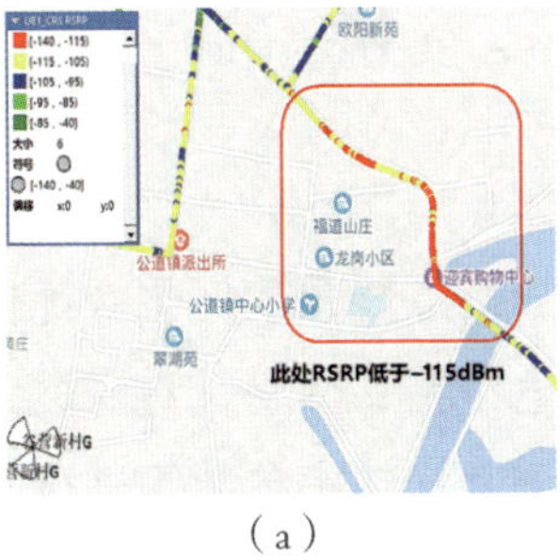

（a）

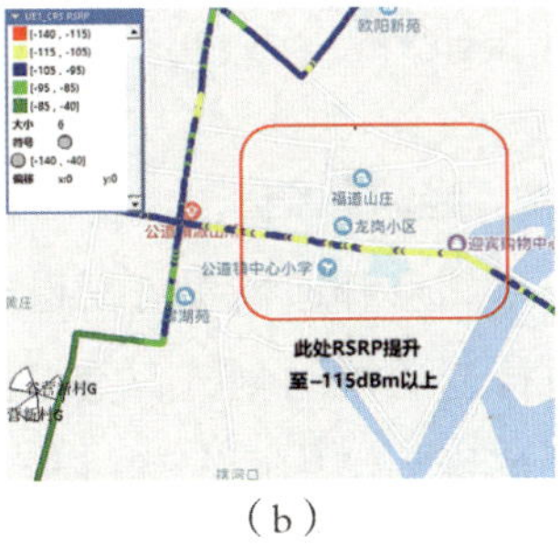

（b）

图 5-41 优化前后 RSRP 对比
（a）优化前 RSRP；（b）优化后 RSRP

2. 重叠覆盖问题

（1）将 F 基站的 2 小区机械下倾角由 3° 调整至 6°，现场查勘 F 基站内爬管道顶端被馈线卡住，无法通行，现已将功率由 15.2dBm 调整至 12.2dBm；

（2）E 基站 2 小区的机械下倾角由 3° 调整至 0°，加强覆盖。

优化调整后问题路段覆盖由 –115dBm 左右提升 –105dBm 左右，SINR 由 –5dB 左右提升至 0dB 左右，如图 5-42 所示。

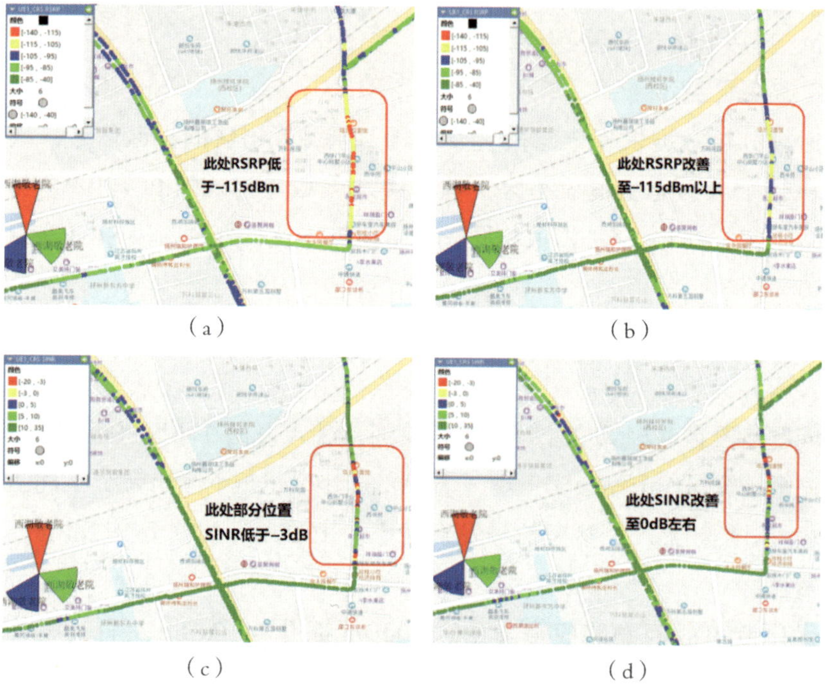

图 5-42　优化前后 RSRP、SINR 对比

（a）优化前 RSRP；（b）优化后 RSRP；（c）优化前 SINR；（d）优化后 SINR

5.6.10.4　经验总结

该地市根据站点开通情况，对已开通站点展开簇优化。优化前主要对站点涉及区域进行遍历拉网测试，为打造电力精品网络，对弱覆盖、质差、重叠覆盖、特殊场景等结构情况通过天馈调整、功率参数等进行多维度优化调整，簇优化后性能指标得到了一定的提升。

6

终端运维

电力无线专网的应用最终通过具体业务实践落地得以体现，电力系统中实际业务需求众多，针对终端的多手段运维方案显得尤其重要。本章主要针对日常终端运行中业务通道、馈线选择、信号延伸及终端监控等方面的介绍，为日常终端运维、提高业务终端接入质量提供参考。

6.1 业务通道组织方案

电力无线专网业务通道设计应当遵循无线专网总体建设方案的目标架构，方案应统一全网技术体制标准和网络层级，进而确保省市业务通道的整体网络性能、安全可靠水平与网络扩展能力。方案应充分利用现有传输通道资源和机房电源，有效降低投资，满足省市本部业务通道统一网管要求。同时，根据核心网的布置和业务流向的不同，Ⅰ/Ⅱ区、Ⅲ/Ⅳ区业务承载网络应分开建设。

6.1.1 终端分类及关键技术要求

电力无线专网终端分为独立终端、嵌入式终端和移动运维终端三类。独立 CPE 终端独立供电，上联接口为无线专网空中接口，下联接口支持标准以太网口、串口和本地无线接入协议，具体分为室外型 CPE 和室内型 CPE 两种。嵌入式终端依赖嵌入业务终端的接口供电，上联接口为无线专网空中接口，下联接口为业务终端定义的通信扩展接口。移动运维终端需要具备人机交互能力。

电力无线专网终端应用关键技术要求终端应同时符合通信网络协议要求以及电力业务的安全、性能和环境要求。为满足上述要求，电力室外终端应采用高规格的室外三防技术和高性能处理器单元；室内设备应采用工业级设计和高电磁兼容性的电路设计，以应对高电磁辐射环境。移动运维终端应采用日光下清晰可读的高亮显示器、大容量电池等技术以应对室外严苛的工作环境。

6.1.2 QCI 配置

6.1.2.1 QCI 分类

LTE 网络中，业务承载分为默认承载和专用承载两类。默认承载在终端初始附着网络后就自动建立，并一直保持激活直到终端离开当前基站、附着关系解除（称为“去附着”）时才释放，故也称为缺省承载；而专用承载是在建立了默认承载后，为了满足业务的其他需求而另外建立的承载。

3GPP 在 TS 23.203 协议的 6.1.7.2 节中，根据 LTE 系统中各种业务的 QoS（Quality of Service，服务质量）需求（时延、可靠性），划分了 9 种标准 QCI（QoS Class Identifier，QoS 等级标志），如表 6-1 所示。

表 6-1　3GPP 协议中的标准 QCI 划分

QCI	资源类型	资源优先级	数据时延（ms）	数据丢包率	服务示例
1	GBR	2	100	10^{-2}	语音会话
2		4	150	10^{-3}	视频会话（实时传送数据流）
3		3	50	10^{-3}	实时游戏
4		5	300	10^{-6}	非实时视频会话（缓冲流）
5	Non-GBR	1	100	10^{-6}	IMS 信令
6		6	300	10^{-6}	视频（缓冲流），基于 TCP 的业务（例如 WWW，电子邮件、聊天、ftp、p2p 文件共享、进步视频等）
7		7	100	10^{-3}	语音，视频（实时传送数据流），互动游戏
8		8	300	10^{-6}	视频（缓冲流），基于 TCP 的业务（例如 WWW，电子邮件、聊天、ftp、p2p 文件共享、进步视频等）
9		9			

QCI 1~4 为保证速率（Guaranteed Bit Rate，GBR）业务，即在资源紧张的情况下也不降低速率，同时为其设定最大速率（Maximum Bit Rate，MBR），即资源充足的情况下业务的封顶速率。

QCI 5~9 为不保证速率（Non-Guaranteed Bit Rate，Non-GBR）业务，在资源紧张的情况会降低速率，同样 3GPP 也给该类业务定义了最大速率，即最大汇聚速率（Aggregated Maximum Bit Rate，AMBR），AMBR 分为：① UE-AMBR，用于限定单基站下所有 Non-GBR 业务的最大速率；② APN-AMBR，用于限定同一个 APN 中所有 Non-GBR 业务的最大速率。

QCI 5~9 通过默认承载建立，QCI 1~4 通过专用承载建立。由于终端附着流程必须先建立默认承载，故每条业务必须先为其标识为 QCI 5~9 中的 1 个，若业务还需保证速率，则再为其标识为 QCI 1~4 中的 1 个。根据业务中信令、语音、视频、数据等各部分的不同需求，可为1条业务分配多个QCI和优先级，从而通过默认承载和几条专用承载同时传输该业务的不同部分。

6.1.2.2 优先级

分配和保留优先级（Allocation Retention Priority，ARP）用来判断LTE网络中新的业务承载需要建立时，是否可以删除已有承载或者拒绝新的承载。ARP有优先级、可否抢占、可否被抢占三个参数。

（1）优先级：按照3GPP协议规定，优先级有15个等级，取值为1~15，数字越小，业务优先级越高。

（2）可否抢占：若配置为“可抢占”，则该业务可以抢占比其优先级低的业务；否则不可抢占。

（3）可否被抢占：若配置为“可被抢占”，则该业务可被更高优先级的业务抢占，否则不可被抢占。

6.1.2.3 业务配置

无线专网为承载的不同优先级电力业务匹配相应的QCI值和优先级，见表6-2。

表6-2 专网承载电力业务优先级及质量分类要求

3GPP业务质量标识	电力业务对无线系统的QoS要求			
QCI	优先级	无线通道时延	丢包率	业务类型
5	1	50ms	10^{-4}	时延敏感类
2	2	2s	10^{-4}	其他传输服务
3	3	3s	10^{-4}	其他传输服务
1	4	300ms	10^{-2}	窄带多媒体类
4	5	6s	10^{-4}	数据采集类
6	6	300ms	10^{-2}	宽带多媒体类

注 表6-2中无线通道时延指数据包从核心网PDN侧的SGi接口接收成功到通信终端Zd接口发送成功的传输时延。

在实际运用中，电力无线专网可进一步对各类业务的QCI和优先级作明确划分，见表6-3。

表 6-3　专网业务优先级及质量分类要求（参考）

<table>
<tr><th colspan="2" rowspan="2">业务种类 QCI</th><th colspan="4">默认承载</th><th colspan="4">专用承载</th><th rowspan="2">可否抢占</th><th rowspan="2">可否被抢占</th></tr>
<tr><th>QCI</th><th>优先级</th><th>APN AMBR</th><th>UE AMBR</th><th>QCI</th><th>优先级</th><th>GBR</th><th>MBR</th></tr>
<tr><td rowspan="2">精准负荷控制</td><td>毫秒级精控</td><td rowspan="2">5</td><td rowspan="2">1</td><td rowspan="14">100Mbps</td><td rowspan="14">100Mbps</td><td rowspan="2">—</td><td rowspan="2">—</td><td rowspan="2">—</td><td rowspan="2">—</td><td rowspan="14">可抢占</td><td rowspan="2">不可被抢占</td></tr>
<tr><td>秒级精控</td></tr>
<tr><td rowspan="2">配电自动化、分布式能源、电动汽车充电桩</td><td>三遥</td><td rowspan="2">6</td><td rowspan="2">2</td><td>2</td><td>2</td><td>3kbps</td><td>64kbps</td><td rowspan="12">可被抢占</td></tr>
<tr><td>二遥</td><td>3</td><td>3</td><td>3kbps</td><td>64kbps</td></tr>
<tr><td colspan="2">用采</td><td rowspan="2">6</td><td rowspan="2">5</td><td>4</td><td>5</td><td>1kbps</td><td>10kbps</td></tr>
<tr><td colspan="2">负控</td><td>3</td><td>3</td><td>2.5kbps</td><td>10kbps</td></tr>
<tr><td colspan="2">IMS 行政交换网移动语音</td><td rowspan="8">6</td><td rowspan="8">6</td><td rowspan="4">1</td><td rowspan="4">4</td><td>384kbps</td><td>2Mbps</td></tr>
<tr><td colspan="2">配变监测</td><td>64kbps</td><td>64kbps</td></tr>
<tr><td colspan="2">输变电状态监测</td><td>64kbps</td><td>64kbps</td></tr>
<tr><td colspan="2">智能家居</td><td>64kbps</td><td>64kbps</td></tr>
<tr><td colspan="2">机器人巡检、视频监控、配电所综合监测、智能营业厅、开闭所环境监测</td><td>—</td><td>—</td><td>—</td><td>—</td></tr>
<tr><td rowspan="3">电能质量监测、移动作业、仓储管理</td><td>语音 8~64kbps</td><td>1</td><td>4</td><td>8kbps</td><td>64kbps</td></tr>
<tr><td>视频
384kbps~2Mbps</td><td>—</td><td>—</td><td>—</td><td>—</td></tr>
<tr><td>数据
64kbps~2Mbps</td><td>4</td><td>5</td><td>64kpbs</td><td>2Mbps</td></tr>
</table>

其中，默认承载是以某个无线终端为单位配置，每个无线终端上线时都必须通过核心网网管配置默认承载下的 QCI 和优先级等参数，修改终端默认承载参数会造成终端重启。

专用承载是以某种业务（某个业务主站）为单位配置，若某种业务还有专用承载的需求，可通过核心网网管配置专用承载下的 QCI 和优先级等参数；修改业务的专用承载参数会造成该类业务数据流短暂中断（1s 左右）。

6.1.3 VPN/IP 地址划分

6.1.3.1 APN/VPN 划分

根据地区公司业务安全等级、承载网、流量、时延等，结合现状划分 APN/VPN。

地区公司部署的生产控制类业务按“毫秒级精准负荷控制”“秒级精准负荷控制”“配电自动化”“分布式能源调控”划为分 4 类；管理信息类业务按“地市采集”（可选）“地市音视频”（可选）“配变采集”划分为 3 类。省公司集中部署的管理信息类业务按“用电信息采集”“其他采集”“音视频”划分为 3 类。

其中，“地市采集”和“地市音视频”对应业务也可根据地区公司实际情况选择在省公司集中，分别归入省公司“其他采集”和“音视频”APN/VPN 通道。业务承载网的 CE 路由器配置与 APN/VPN 对应，“毫秒级精准负荷控制”不配置 CE 路由器。

6.1.3.2 IP 地址规划原则

业务通道 IP 地址用于配置该类通道中各类业务的通信终端和业务终端。IP 地址首先按地市进行划分，其次按业务接入通道进行划分，单个接入通道中不同类型业务应连续分配 IP 地址。

6.1.3.3 典型业务示例

1. 配电自动化业务

配电自动化业务为电力无线专网Ⅰ/Ⅱ区典型业务，业务主站部署于各地市。

（1）网络结构。专网通信中，遥信、遥测信号从配电终端发出，经无线终端通过无线方式传输至基站，再经核心网和通信传输网络传输至配电主站。遥控信号从配电主站发出，经通信传输网络和核心网传输至基站，通过无线方式传输至无线终端，最后传至配电终端。

配电自动化无线通道组织方案如图 6-1 所示。

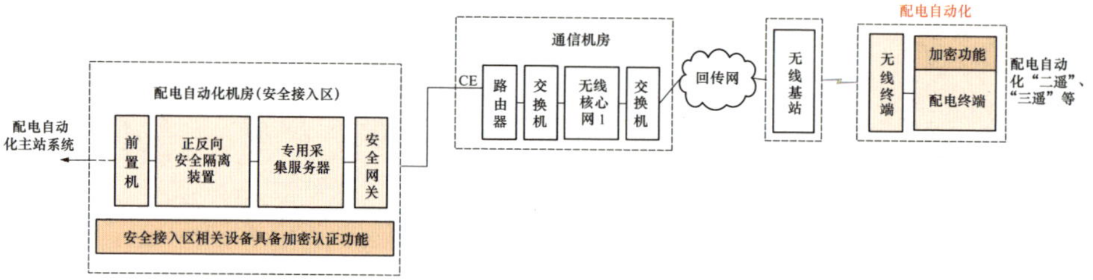

图 6-1　配电自动化无线通道组织方案

（2）通道设计原则。基站信号应对用电采集业务的无线终端所在区域实现双覆盖。接入基站设备电源后备时间不应低于专用光纤接入变电站标准，接入的基站回传通道在核心网侧应尽可能分摊至不同 SDH 设备、不同板卡或者端口。用电采集业务应采用独立的 VPN/APN 承载。

2. 用电采集业务

用电采集业务为电力无线专网Ⅲ / Ⅳ区典型业务，业务主站集中部署于省公司。

（1）网络结构。用户通过专网基站将信息上传至市公司核心网，业务再通过省市业务承载网传输至省公司路由器，再传输至用电采集前置机，最终传输至用电采集主站系统。

用电采集系统无线通道组织方案如图 6-2 所示。

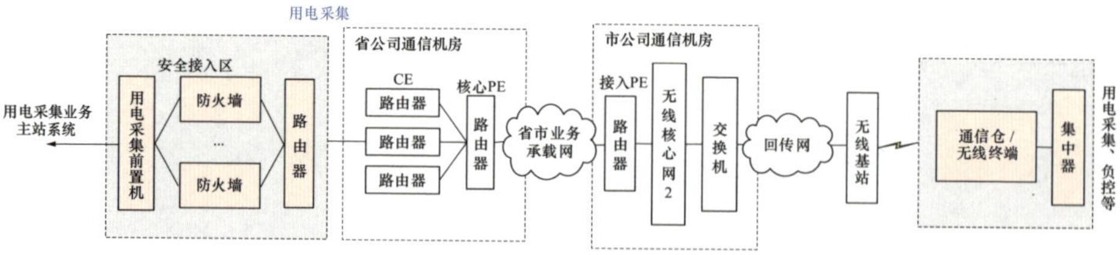

图 6-2　用电采集系统无线通道组织方案

（2）通道设计原则。基站信号应对用电采集业务的无线终端所在区域实现双覆盖。接入基站设备电源后备时间不应低于专用光纤接入变电站标准，接入的基站回传通道在核心网侧应尽可能分摊至不同 SDH 设备、不同板卡或者端口。用电采集业务应采用独立的 VPN/APN 承载。

6.1.4 安全接入区

参照“安全分区、网络专用、横向隔离、纵向认证”原则，强化边界防护，加强内部的物理、网络、主机、应用和数据安全。系统生产 / 管理跨区边界、与调度自动化系统边界、与安全接入区边界均应采用电力专用横向单向安全隔离装置；安全接入区与通信网络边界应采用安全接入网关，实现对通信链路的双向身份认证和数据加密；管理信息大区与无线网络接入边界采用硬件防火墙、数据隔离组件、加密认证装置三重防护；新增配电终端采用内置专用安全芯片方式，实现通信链路保护、身份认证、业务数据加密。

配电自动化安全防护等级架构如图 6-3 所示。

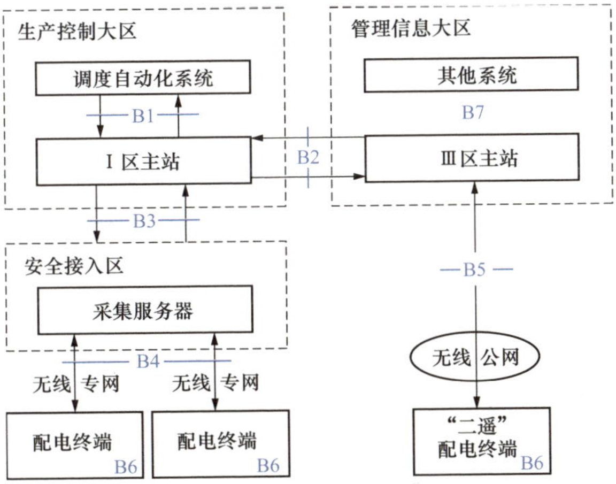

图 6-3 配电自动化安全防护等级架构

图 6-3 中：B1 为生产控制大区横向域边界；B2 为大区边界；B3 为配电自动化主站生产控制大区应用与安全接入区边界；B4 为安全接入区纵向通信的安全防护（专网接入时）；B5 为主站管理信息大区纵向通信的安全防

护（无线公网接入时）；B6 为终端的安全防护；B7 为主站管理信息大区内系统间的安全防护。

6.2 天馈线选择

无线专网终端天线和馈线质量直接影响到信号接收强度。终端天馈线选型影响专网终端接入成功率。

6.2.1 无线专网终端天线、馈线选型

根据接入点信号场强和终端、天线安装位置，确定馈线长度（终端馈线长度应小于 20m），选用馈线型号和天线型号，确保终端接收信号场强在 –115dBm 以上。部分对可靠性或者带宽有较高要求的业务，如精控、配电自动化三遥和视频监控等业务，可根据相关要求提升接入点的信号场强。对于 1.8G 专网终端及公专一体终端，建议采用 1.8G 专用天线；必要时，采用双天线可进一步提高 CPE 接收灵敏度。

不同场景的天馈线选型可参考表 6-4。

表 6–4　不同场景的天馈线选型

接入点信号场强（dBm）	馈线长度（m）	选用馈线型号	选用天线型号及增益指标（1.8G 专用天线）
≥ –105	≤ 5	50—3 射频电缆	全向高增益吸盘天线或 30cm 长玻璃钢天线，增益 5dB
	5~20	50—7 射频电缆	全向高增益吸盘天线或 60cm 长玻璃钢天线或双天线，增益 7~9dB
–105~–115	≤ 5	50—5 射频电缆	全向高增益吸盘天线或 30cm 长玻璃钢天线或双天线，增益 5dB
	5~20	1/2 英寸射频电缆	60~100cm 长玻璃钢天线或高增益定向天线或双天线，增益 9~15dB

部分常用天线的外观如图 6-4 所示。

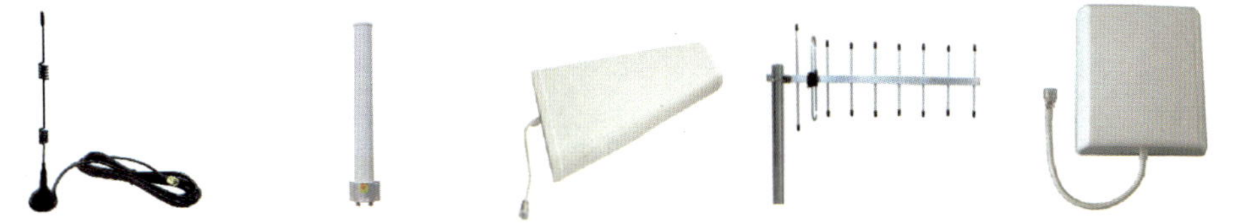

全向高增益吸盘天线　全向玻璃钢天线　定向对数周期天线　定向八木天线　定向小型板状天线

图 6-4　部分常用天线外观

6.2.2　终端天线和馈线工程现场典型问题

6.2.2.1　天馈线质量问题

天线和馈线的质量好坏不易从外观上直接分辨，工程现场经常出现采用廉价的公网全频段天线或 WiFi 天线替代 1.8G 专用天线的问题。

因此建议天线和馈线通过专门的仪表测试损耗—频率特性曲线。通常全向高增益吸盘天线和玻璃钢天线长度越大增益越高，小于 20cm 的天线增益较小。

工程中可以选择一个通过测试的标准天线和馈线作为对比基准，用同一个终端先后连接标准天线和被测天线，记录终端中的接收信号电平，如果接收电平相差不大，说明被测天线合格。

6.2.2.2　馈线接头损耗大

现场手工制作或外购成品馈线接头制作工艺不好或者接头型号和馈线电缆尺寸不匹配，都会产生较大的接头插入损耗。

建议工程现场尽量选用带接头的高质量成品馈线电缆，如果要在现场制作馈线电缆接头，需要选择和馈线型号匹配的接头，请有经验的技师制作。例如使用 SYV-50-3 的线缆要选配 SMA-J5 的接头；使用 SYV-50-5-1 的线缆要选配 SMA-J27A 的接头。

6.2.2.3　馈线布放工艺差

馈线锐角折弯或者被挤压变形，都会使接收信号衰耗变大。

馈线布放时对弯曲半径有一定要求，一般为线缆直径的 5~10 倍以上，施工中应避免缝隙穿放等易造成馈线挤压的场景。

6.2.2.4 天线安装位置

天线安装不牢固或非制高点，造成接收信号劣化。

天线应采用可靠方式牢固固定在室外或箱体外制高点，避免恶劣天气或温度变化时天线从制高点位置跌落至信号不佳位置。

6.3 专网信号延伸

6.3.1 适用范围

专网信号延伸适用于 1.8G 微型直放站地上、地下单间、地下多间等场景。

终端信号延伸分为上联（天馈线）延伸和下联（以太网、串口、本地无线等）延伸。终端天馈线延伸方案适用于信号需要延伸距离较短、室外有无线信号、室内无线终端连接室外天线的馈线长度小于 20m 的场景，如配电房、环网柜、箱式变压器等站点。

6.3.2 安装流程

直放站安装、验收流程：首先需要安装站房点位确定，提前测试站房室内外信号情况，检验是否满足信号延伸需求，符合条件后准备施工并制定施工方案，确定现场安装位置以及取电、走线方式，确定天线安装位置，然后进行安装、调试，最后进行测试验证和质量验收。直放站安装流程图如图 6-5 所示。

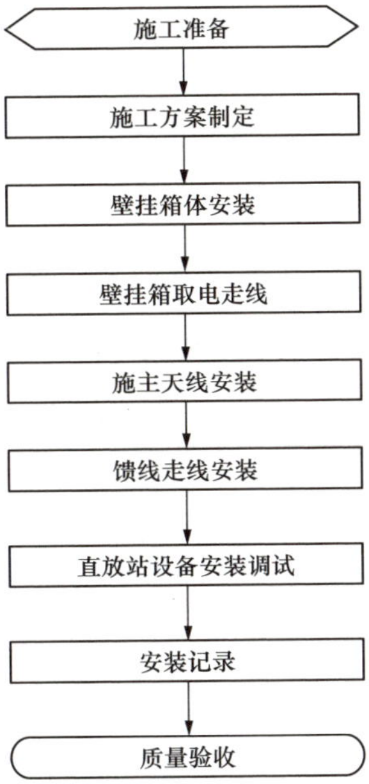

图 6-5　直放站安装流程图

6.3.3　总体要求

（1）施主天线应安装于室外信号最佳位置且面向接收基站方向，以配电房场景为例，施主天线应安装在配电房屋顶，如配电房位于多层建筑内，则施主天线应固定在配电房外墙面不易被破坏的位置。

（2）连接施主天线与直放站间的馈线应尽量短，确保下挂终端上行下行速率最佳。

（3）直放站需稳定运行，无自激、失步现象，安装完成后保证下挂终端能正常入网且能并发上传业务数据，引入信号需满足业务终端需求。

（4）馈线、电源线走向需套管，开孔需做好防水封堵。

（5）施工台账要准确，施工影像资料需清晰。

（6）施工辅材以节约环保为准则，拒绝浪费，减少对环境造成污染。

（7）施工人员需注意施工安全，避免人身伤害和对配电房设备造成破坏。

6.3.4 工艺流程说明

6.3.4.1 工程现场复核

用专网终端进行环境复测，打开工程模式，在配电房围墙四周或者配电房顶测试，判断是否满足直放站安装条件，判断依据如下：

（1）复核现场专网无线环境，判断是否需要安装直放站，室外信源信号 RSRP>–105dBm，SINR>3dB 且室内信号 RSRP<–110dBm（特殊位置需更高要求），则满足信号引入要求，同时记录该站点专网环境，如主小区及邻小区信号 RSRP、SINR 值。

（2）选择合适的信源及施主天线安装位置，无线直放站的施主天线尽量与信源基站需直视可见（对准基站小区方向），室外信源位置信号波动不超过 5dB。

（3）选择合适的室内天线安装位置，为防止室内天线与施主天线间距较近造成自激现象，室内天线与施主天线直线距离需保证一定的隔离度且避免同一朝向，室内天线覆盖方向无阻挡，发射的信号满足业务终端覆盖要求，终端接收位置 RSRP>–90dBm，SINR>3dB。

（4）配电房拟安装天线处信号值 X，施工馈线衰耗预估值 Y，X-Y 值需优于直放站设备灵敏度 3dBi。

6.3.4.2 现场环境记录

复测信号增强站点（配电房、开闭所）室内、室外的 RSRP、SINR 值，勘察直放站施工环境，并记录在直放站收资表内。记录站点业务终端资产号、专网 IP 等信息。

6.3.4.3 施工方案制定

由直放站原厂技术人员根据现场复测情况进行施工方案制定，首先根据现场信号情况进行设备选型，明确施工天线安装位置、馈线走向及开孔位置、直放站及壁挂箱体安装位置、取电空气开关、重发天线位置及馈线走向等。并绘制施工草图，后续归档。

设备选型：根据不同应用场景，选址 100mW 或 200mW 等级的 1.8G 微型直放站，根据室外信号强度合理选择相应灵敏度等级设备。施主天线安装：单开室场景如地面配电房、开关站要求施主天线安装在屋顶（如独栋配电房房顶），在屋顶不具备安装条件（如配电房位于多层建筑一楼）的情况下可悬挂在配电房室外屋檐墙壁处。该场景下施主天线到直放站间的馈线长度控制在 5m 以内，应施工条件限制，可适当延长，原则上不得超过 10m。

6.3.4.4 施工准备

（1）检查设备和附件材料的箱件数应符合设计或送货、到货要求；箱体应不损伤。

（2）开箱验货时要会同监理单位人员、设备厂家人员同时在场开展，比对装箱单检查箱内材料的数量应不缺、质量无损坏。

（3）开箱验货发现与设计不符时，及时与现场监理、厂家沟通，出具书面材料，经监理确认签字后报上级有关部门处理，不得擅自处理，验收完毕后需要妥善保管设备及配件。

（4）开箱后，设备结构应无变形，表面无损伤，指示仪表、按键和按钮、机内部件无碰损、无卡阻、无脱落、无损坏。

6.3.4.5 壁挂箱体安装

（1）壁挂箱体安装位置应符合工程设计平面图要求。安装墙体应为水泥墙或砖（非空心砖）墙，且具有足够的强度。

（2）安装壁挂箱体应垂直，允许垂直偏差≤ 0.1%；机架顶端应离地面 1.8m。

（3）壁挂箱体门应开关顺畅，表面及各部件油漆不应有脱落或碰伤，不得变形，应保持清洁。

（4）壁挂箱要求：尺寸大于 40cm × 40cm × 20cm，内置导轨，预制安装进线总空气开关 1 枚，出线空气开关及导轨插座各 1 枚，预留足够空间安装微型直放站。壁挂箱下方预留馈线进出线孔 2 处、电源进线孔 1 处，线孔直径 3cm。

6.3.4.6 壁挂箱取电走线

（1）设备电源取电应选用配电房站内用电，应独立使用空气开关，不能使用机房现有的插座。

（2）电源线要求为单股 1.5m^2 三线电源，黄绿接地线需接入站用配电箱接地夹。

（3）电源线走线应穿 PVC 管并固定在墙面，应横平竖直保证美观。

6.3.4.7 施主天线安装

（1）应根据施主天线楼顶或墙面安装方式，配置相应的天线支架。

（2）楼顶安装宜采用楼顶女儿墙抱墙安装，施主天线通过紧固件与抱杆牢固固定，高度大于 50cm。

（3）采用墙面安装时，施主天线通过紧固件与抱杆牢固固定，施主天线固定点离墙面距离大于 20cm。

（4）施主天线抱杆应安装于施工准备预定位置，应牢固可靠地固定在配电房屋顶或箱体表面，保持垂直度、隔离度、避免室内外信号相互干扰，天线方向确保与基站小区方向对齐。

6.3.4.8 重发天线预安装

（1）原厂提供的重发天线应采用天线与馈线一体化的成品天线，馈线长度≤ 10m，重发天线配置相应的天线支架，便于挂墙安装。

（2）重发天线预安装位置宜选择配电房内与设备柜面排列垂直的墙面挂墙安装，挂墙高度应高于 2.5m，重发天线支架安装需根据配电房室内纵深，预留一定下倾角度。

（3）待直放站设备调试完成后，重发天线进行固定安装，并进行馈线套管走线，施工工艺参照馈线走向安装部分。

6.3.4.9 馈线走线安装

（1）馈线的量裁应按照节约的原则先量后裁。馈线的允许余量为不超过 5%。

（2）应使用专用的馈线卡，馈线卡安装应牢固且在一条直线上，馈线卡螺丝应能卡紧馈线，馈线卡间距一般小于 0.9m。

（3）馈线应分层排列、整齐有序，按室内避雷器的位置确定每根主馈线安放顺序，尽量避免交叉，主馈线布放应做到顺直牢固，馈线间间隔均匀、平行。

（4）馈线安装完成后表面不应有破皮划伤和明显扭曲。馈线靠近走线架一边紧挨布放。

（5）跳线的布放和绑扎应留有供优化调整用的余量，余量部分尽可能不打圈，如确需打圈，圈数不能满 2 圈，且弯曲半径应符合要求（大于外径 20 倍），应用宽扎带和能长期不受风化的材料将馈线与桅杆或悬臂固定牢固，使经受大风时无明显摇摆。

（6）馈线由配电房外进入室内时，可就近走空调孔或预留穿线孔，无进线孔时，需就近在围墙打穿线孔，穿线孔应外低内高，防止雨水倒灌。馈线入室前要封口处理，穿入馈线窗孔洞不能过分用力，不能强行扭曲；要留有回水弯，回水弯半径应大于馈线规定的最小转弯半径（馈线大于 20 倍外径，软馈线大于 10 倍外径）；应能有效防止雨水顺馈线流入基站室内。各馈线的回水弯应一致，回水弯如过大应用馈线卡互相连接。

（7）安装馈线时，距馈线头 10~15cm 内馈线不应打弯。

（8）馈线布线通过进出线孔进入壁挂箱进，预留长度不宜过长且不能打弯。

6.3.4.10 馈线头制作

（1）馈线头应在配电房地面制作，制作馈线头应使用专用馈线刀，按馈线头厂家规定的规范步骤进行。

（2）切割外皮时不能划伤馈线外导体，馈线的内芯不得留有任何遗留物，如碎屑，灰尘、雨水、汗滴等，切割制作过程中使馈线头部向下，上头前用专用清洁毛刷除去杂物，用刀具除去毛刺；尽可能防止手接触外内导体，应安装密封橡皮圈。

（3）室外所有天馈线接头连接处、接地线与馈线的连接处应用防水胶泥和防水胶布作密封防水处理，防止雨水渗入。建议根据产品材料说明书要求采用防水 315 法（或 133 法，采用 3M2228 胶泥时），即里面缠 3 层防水胶带，中间包 1 层防水胶泥（一卷胶泥包一处）并捏成橄榄型，外面再缠 5 层防水胶带，外层胶带应超出胶泥两端各 5cm，末层胶带缠绕的方向由下向上，采用半重叠连续绕包，收尾时应用刀具割断，两端应用绑扎带扎好以免散开。

（4）包裹处不应在弯曲部位及底部，水平走线时的包裹处应适当抬高。

6.3.4.11 直放站设备安装

（1）直放站设备应稳固固定于壁挂箱内，安装时应考虑电源、收发端馈线走线布局。

（2）直放站设备应便于拆卸，适用于设备检修，可快速恢复。

（3）保证天线与主机接头接触紧密，以免影响使用效果。

6.3.4.12 直放站设备调试

（1）直放站应根据现有无线网络情况对产品功率、时隙等进行出厂预配置，技术人员现场进行核实。

（2）技术人员对直放站运行状态进行核实，确保无自激、失步现象。若有自激等现象，优先通过调整重发天线安装位置方式、增加隔离度等方式进行优化。

（3）直放站设备稳定工作后，对覆盖区域信号质量进场测试，记录室内四角及中间位置信号强度，并记录手台入网信息。

（4）通知网管侧人员，对手台进行 100 次 ping 包，并记录 ping 包成功率及时延。

6.3.5 主要质量控制要点

6.3.5.1 地面配电房场景信号复测

（1）对于独栋配电房，原则上施主天线应安装在配电房屋顶，且配电房屋顶信号强度应高于地面，在进行信号复测时，应借助爬梯等工具到配电房屋顶，沿着屋顶四周进行信号测试。信号最佳点选址应避开树木、结合抱杆安装及馈线走线综合考虑。工勘终端应注意测试的主副小区信号隔离度，避免乒乓效应。

（2）对于多层建筑配电房，因场地限制，多数多层建筑配电房仅有 1~2

面外墙，在进行信号复测时，应沿着外墙进行测试，测试点应离地面 2m 以上，离墙 10~15cm。信号最佳点选址应考虑配电房外墙面美观，同时避开树木，结合抱杆安装及馈线走线综合考虑。工勘终端应注意测试的主副小区信号隔离度，避免乒乓效应。

6.3.5.2 地下配电房场景信号复测

地下场景应勘察配电房至地面的线缆管道，依据线缆管道初步确认地面天线待选位置。信号最佳点选址应考虑测试基站型号强度、馈线衰减，并避开树木，结合抱杆安装及馈线走线综合考虑。工勘终端应注意测试的主副小区信号隔离度，避免乒乓效应。

6.3.5.3 施主天线安装

施主天线在大多数场景下采用定向板状天线，部分场景应环境需要可改为异型天线（射灯天线、美化罩）等。待最佳信号点确定后，施主天线进行预安装，板状施主天线应正对基站小区方向，在工程中对基站小区方向不明确的，可采用板状天线下挂专网通信终端，通过专网通信终端读取当前信号值的方式，确定板状天线最佳方向。施主天线应先通过扎带等方式临时固定，以便于在直放站设备调试时进行微调，待直放站正常工作后进行永久固定。

6.3.5.4 直放站设备调试

待施主天线、重发天线及直放站设备预安装后，进行直放站设备调试。

（1）测试施主天线 + 馈线信号值，利用专网终端测试引入室内馈线接口的专网信号值，即可验证馈线施工工艺，同时可排除引入信号低于直放站灵敏度导致的直放站不工作。

（2）消缺直放站自激、失步。观察直放站自激 / 失步指示，在出现自激后，优先调整增加重发天线水平及垂直隔离度、天线面板朝向，直至直放站稳定工作。

（3）业务应用及并发测试。在直放站正常工作后，现场手持专网终端进行室内信号测试，确保业务终端全覆盖。通知后台进行业务并发测试，确保直放站参数及性能满足业务应用。

（4）待直放站调试完成后，对施工天线、重发天线进行固定、馈线穿管等工作，并按要求进行记录。

6.3.6 工程资料归档

（1）验收测试资料归类。编制验收测试项目列表；做好安装工艺检查记录，记录天线、无源设备、有源设备、配套设备等各类设备的安装工艺检查结果；做好设备及系统测试验收测试，记录无线覆盖信号强度测试、业务功能测试、前后信号对比测试等各项测试结果。

（2）设备台账资料归类。做好设备延伸安装台账，记录每个安装站点的基本信息，如设备型号、接入基站、终端资产号、CPE 地址等信息。

（3）材料使用资料归类。记录好每个站点安装时的材料用表，作为日后审计费用结算时的参照依据，参考表 6-5 和表 6-6。

表 6–5　辅材清单

序号	材料名称	规格型号	数量
1	微型直放站		
2	定向板状天线		
3	室外定向板状天线		
4	1/2 超柔馈线		
5	1/2 超柔馈线接头		
6	馈线头转接线 / 头		
7	腔体耦合器		
8	电力电缆		
9	天线支架		
10	天线支架		
11	挂墙设备箱		
12	空气开关		
13	电源插座		
14	PVC 硬管		
15	波纹管		
16	PVC 管卡		
17	PVC 转接头		
18	防水胶泥		

续表

序号	材料名称	规格型号	数量
19	电气胶带		
20	防火泥		
21	走线标签		

表 6-6 工勘工具清单

序号	工勘工具名称	功能用途
1	MIFI 终端	信号测量
2	手持终端	含易工勘 App 和 ping 包 App，专网质量测量
3	经纬度测量工具	测量记录经纬度
4	万用表	测量电缆连通性能
5	尺子	
6	画图工具	
7	电脑	
8	照相工具	

（4）影像资料归类。每个安装点影像资料归档，影像资料内容包含安装点名称、主设备、馈线走线、电源线走线和标签等内容。

6.3.7 场景应用

1. 单开间室内直放站应用场景

单开间室内直放站应用场景要求施主天线安装在屋顶，在屋顶不具备安装条件的情况下可悬挂在室外屋檐墙壁处，如图 6-6 所示。

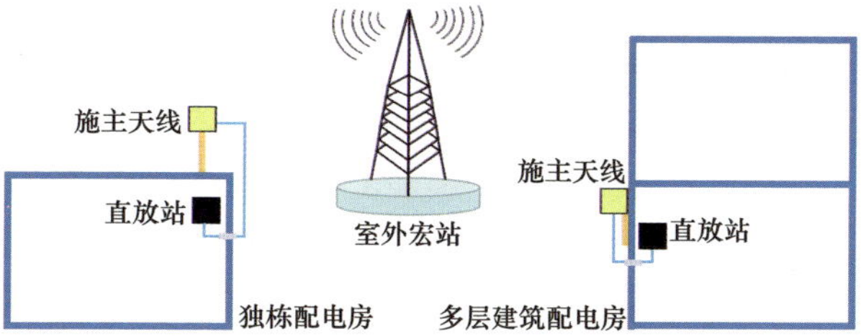

图 6-6 单开间室内应用场景

2. 多开间室内直放站应用场景

多开间室内直放站应用场景需由厂家人员分析是做室分覆盖还是安装信号放大器，多开间室场景下需增装功分器及室内引入吸顶天线，如图 6-7 所示。

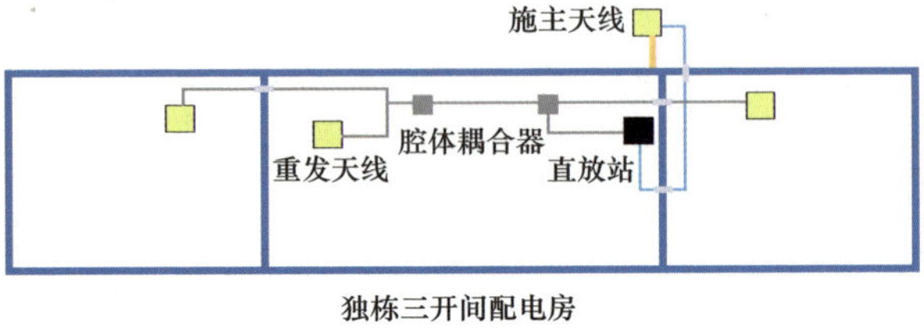

图 6-7　多开间室内应用场景

3. 地下直放站应用场景

地下直放站应用场景主要涉及地下配电房需从地表等较远位置获取信源信号的场景，此类场景需由厂家分析馈线长度等是否对引入信号造成过大衰耗，如图 6-8 所示。

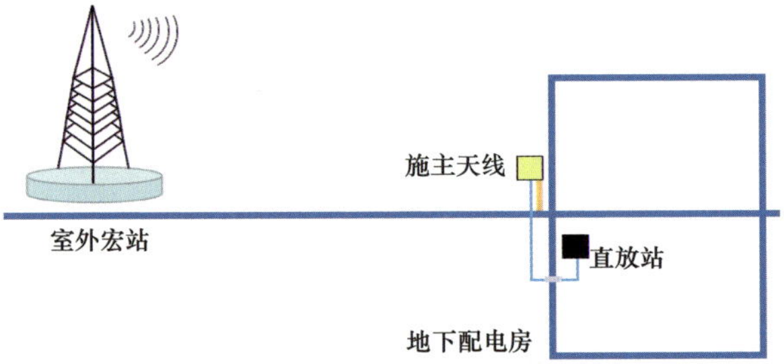

图 6-8　拉远应用场景

6.4 无线终端监测方案

通信终端（模组）由相应业务部门运维，需要对通信终端（模组）进行监控。为了落实该运维细则的要求，提升业务保障能力，有必要加强终端监控技术研究，提高对终端监控能力。

6.4.1 终端监控点位

为解决终端点位的监控问题，需至少获取以下监控信息：

（1）终端身份信息，如 IMSI 号（可对应业务类型）、IP 地址等。

（2）终端信号强度，如 RSRP、SINR 等。

（3）终端运行状态，如“在线”（注册态）、“离线”（非注册态）及其上下线时间点（可算出所处状态时长）。

（4）终端附着小区，如 ECI 号。

（5）终端安装位置（经纬度信息，站点名称或地址等）。

6.4.2 技术方案对比

基于当前电力无线专网现状，参考运营商无线网络运维经验，当前共有 3 种技术路线，对比情况见表 6-7。

表 6-7　无线终端监测技术路线对比

技术方案	落地方案	可采信息					兼容情况			建设成本
		身份信息	信号强度	运行状态	附着小区	位置信息	核心网	基站	终端	
信令解析	MR	×	√	×	√	√	√	×	√	高
	探针服务器	√	×	√	√	×	√	√	√	
指令查询	运维工具批量查询	√	×	√	√	×	×	√	√	低
终端网管	模组网管	√	√	√	√	√	√	√	×	中
	终端网管									
	移动路测平台									

注　要采到位置信息，终端里有定位芯片或在终端安装时将位置信息写入终端。

6.4.2.1 信令解析方案

该方案读取核心网、基站和终端之间的信令并进行解析，从而获取相关信息。典型方案为 MR+ 探针服务器。

1. 优点

（1）MR 与探针配合可获取终端状态的完整信息，还可以通过分析信令定位故障原因。

（2）MR 对现有专网核心网、终端品牌可兼容；探针服务器目前市面上有对各种品牌核心网、基站和终端都兼容的产品。

2. 缺点

（1）由于 MR 采集的信息都是空口控制面信令，终端在空口处于匿名状态，因此 MR 无法采集到身份信息，而探针采集的是 NAS 层信令和用户面信令，无法获取到终端与基站交互的信息，无法获取到终端的信号状态，需要将两者采集到的信息进行拼接，从而得到每个终端的实名信息，故需要部署两种设备，成本较高。

（2）MR 仅识别同品牌的基站。电力无线专网需部署相应品牌的 MR 采集服务器。

6.4.2.2 指令查询方案

该方案通过专业网管指令查询核心网里终端的相关信息。典型方案可通过综合网管南向接口向专业网管发指令批量查询。

1. 优点

（1）方案简单，成本较低，不涉及对无线专网的改造，仅需配置运维支撑平台与专业网管接口，并在平台侧进行查询和解析程序开发。

（2）可兼容目前各种品牌的终端和基站。

2. 缺点

（1）无法获取终端信号状态 RSRP、SINR。

（2）为避免频繁大量查询对网管和核心网造成影响，需要对批量查询和全网轮询的执行频率进行限制，所以终端的状态转换时间（上线时间、下线时间、在线时长信息）也不是实时的。

6.4.2.3 终端网管方案

该方案将模组的网管信息作为用户面的数据上传，与真实业务划分不同的 IP 地址，典型的落地方案包括终端网管采集、模组网管采集、移动路测平台采集三种。

1. 优点

（1）可获取终端所有信息，且具备远程配置功能。

（2）不受核心网、基站的品牌限制。

2. 缺点

（1）仅支持满足特定网管协议的终端。一般终端由业务部门采购，品牌型号均不可控，存量终端也存在多种品牌，难以统一至一种网管协议；需根据不同的模组网管协议部署不同的网管服务器和软件，成本较高。

（2）需要占用用户面业务数据的带宽，为避免对业务产生干扰，不能做到实时传送网管信息（一般 10~30min 一次）。

6.4.3 方案原理

6.4.3.1 MR 方案

1. 方案概述

MR 方案中的数据获取方式是在现有设备网管的基础上，增加部署 TraceServer 服务器（以下简称 TS），通过 TS 向基站下发测量任务，基站收到测量任务后，将与终端交互的信令消息中的相关字段记录下来，并上报给 TS 进行汇总。TS 可以下发的测量任务主要包括呼叫详细记录（CDR）和测量报告（MR）两类。在实际使用中，可以基于需要配置多个不同的测量任务，每个测量任务可以选取不同的测量字段和对应的基站。例如可以设置一个任务，只选取基本的 RSRP、SINR 等测量字段，任务对应全网所有基站，用于采集全网的基本信息。再设置第二个任务，选取更多测量字段，任务对应少数特定基站，用于采集数据分析特定问题。

2. 方案架构

采集 MR 的服务器需要与设备网管共同部署，各服务器只能对接对应品牌基站，架构如图 6-9 所示。

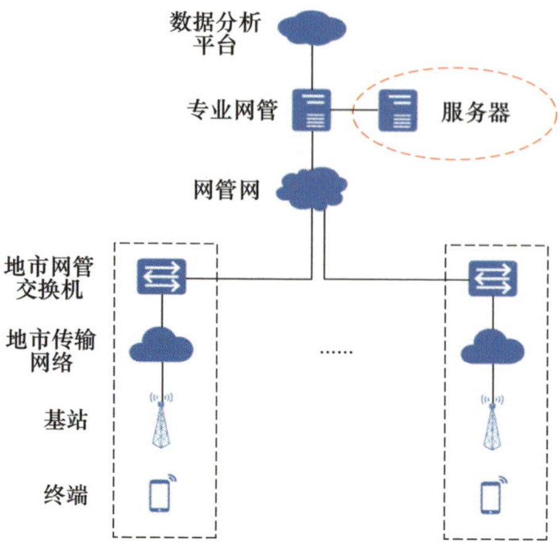

图 6-9 MR 部署方案架构图

MR 测量任务开启时，对于有测量任务的基站，每基站维护链路（信息管理大区）带宽需求增加 10kbps，基站到地市网管交换机、地市网管交换机至省公司集中网管的带宽需求相应增加。

6.4.3.2 探针方案

1. 方案概述

在网络中使用 Tap/ 分光器 / 端口镜像的方式，对移动 IP 网络 PS（Packet Switched）域中传输的原始数据（信令面和用户面）进行流量复制并传送给探针服务器，在进行识别解析、事务处理、会话处理后生成分析数据，这些分析数据可以作为第三方平台进一步分析的基础。通过这些数据可以对故障进行初步定位，大大提升运维效率。在电力无线专网场景下，探针可以采集分析的数据包括：

（1）控制面数据：① MME 与 S-GW 间传输 GTPv2-C 信令；② eNB 与 MME 之间传输的 S1AP 信令；③ MME 与 HSS 之间传输的 Diameter 信令；④ S-GW 与 P-GW 之间传输的 GTPv2-C 信令。

（2）用户面数据：终端与主站间交互的数据（各业务的流量、TCP 信息、HTTP/WAP/MMS/FTP/Email/ RTSP 的事务和关键信元）。

2. 方案架构

当前每地市 2 套核心网，各核心网通过核心网交换机做端口镜像，将原始数据通过网管网传到省公司，在省公司集中部署 1 套探针，接收各核心网的原始数据，并将解析后的北向数据提供给第三方平台，架构如图 6-10 所示。

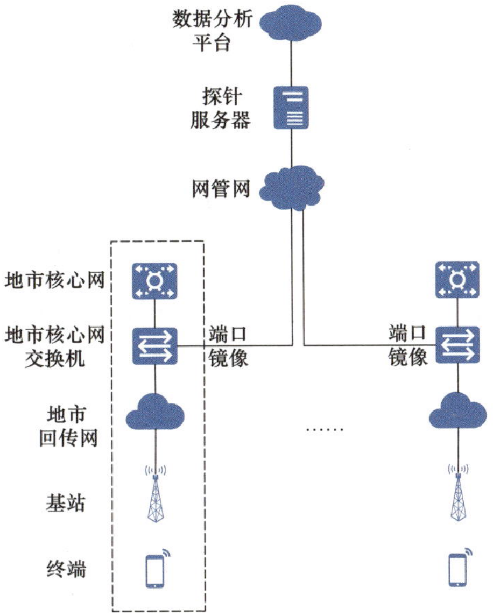

图 6-10　探针部署方案架构图

探针服务器可以兼容现网不同品牌的核心网、基站和终端，按照省集中部署一套探针服务器的方式，软硬件约需 500 万。

部署探针前需要对核心网进行 S1 接口控制面与用户面分离的改造，每套核心网改造期间业务会中断 0.5 天。部署探针会占用一定的网管网带宽资源。按每终端 1kbps 计算（仅控制面信令消息），一个 10 万终端的地市需分配 100Mbps 的带宽。

（1）其他厂家核心网与核心网能否共用一套探针，需由厂家确认；目前了解到市面上的相关产品能支持目前大多数品牌的核心网和基站。

（2）由于用户面流量较大，考虑到网管网带宽有限，方案中只考虑采集控制面信令数据。

（3）如果需要将生产控制大区和信息管理大区进行严格的物理隔离，可以在 2 个大区各部署 1 套探针，方案架构仍与当前架构类似。

6.4.3.3 指令批量查询方案

1. 方案概述

核心网可以通过MML命令方式以IMSI查询单个终端的MM上下文和PDP上下文的动态用户信息。通过该命令可以查询到如下信息：

（1）终端附着的无线小区和基站。

（2）终端当前的状态（在线/离线）。

脚本查询有3种实现方式：

（1）手动在专业网管上执行指令，查询少量终端的信息。

（2）制作批量MML命令脚本，在专业网管上设置集中任务批量查询。

（3）由无线专网运维工具开发查询功能模块，通过运维工具和专业网管的接口实现自动化的单个终端查询、批量终端查询、全网终端周期性轮询等功能。

2. 方案架构

利用自动运维工具和网管维护平台批量查询核心网网管，架构如图6-11所示。

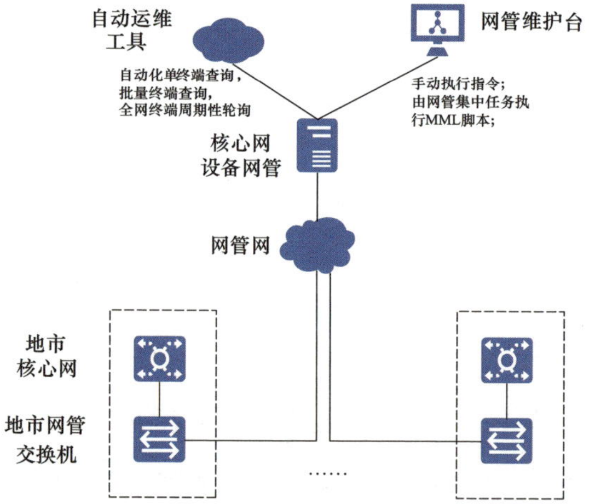

图6-11 批量查询方案架构

6.4.3.4 模组网管方案

1. 方案概述

模组网管是面向企业的融合运维管理解决方案，支持大规模的行业终端远程的集中管理，提供从开局、配置、监控、诊断全生命周期的管理能力。通过批量操作提升维护工作效率、降低服务成本。提供便捷、快速行业终端接入管理能力。

同一台网管可以按地市、业务灵活划分子网来管理不同类别的模组。

模组网管的主要功能包括维护管理、日志管理、性能管理、告警管理、模组批量升级、资产信息管理等，如表 6-8 所示。这些功能均为模组日常运维常用的功能。

表 6-8　模组网管功能列表

功能类别	功能说明
网管接入	支持通过 URL 和 IP 两种方式发起注册；模组重启和恢复出厂设置后，模组都需要向网管重新注册；支持模组离线流程
批量升级	支持通过标准的 TR069 流程完成升级；支持升级异常处理（模组支持软件下载失败、升级失败的异常处理）；支持升级断点续传
资源信息管理	支持字段：SN/ 设备硬件序列号；IMSI（按照安全后 4 位掩码）；终端 IP 地址；产品型号；接入基站；小区标识；硬件版本；固件版本；OUI 厂商名称
状态信息查询	支持字段：运行时长（从上电开始累加）；PCI；ECI（eNB ID + cell ID）；PLMN；所有字段周期性（1h）上报
维护管理	支持重启、恢复出厂设置、ping 诊断等功能
日志管理	接收并处理来自网管的日志收集命令，将终端的日志内容传送到网管
性能管理	支持性能指标：RSRP、SINR、RSRP、BLER（误块率）、TxPwr（发射功率）、Wan 口发送字节数、Wan 口接收字节数、运行时长（从上电开始累加）、PCI、ECI（eNB ID + cell ID）、邻区 PCI 和 RSRP、CPU 使用率、内存总量、内存剩余量
告警管理	支持告警：无线弱覆盖告警（支持配置门限值）、系统 CPU 利用率过高告警、系统内存空间不足告警、设备高温告警、小区频繁切换告警
网管配置查询和下发	网管服务器信息，心跳检测信息等配置查询和修改

模组网管支持划分子网的功能，在运维过程中，可以基于需要划分子网。例如按照不同行政区划（例如地市、区县），或者不同业务（如信息管理大区的用电采集和配变采集业务）来划分不同子网，用以区分不同类别的模组，以便运维工作的开展。

2. 方案架构

终端设备网管的功能不仅有设备状态监控、信息采集，还有版本软件升级、业务配置等控制功能。因此终端网管系统不能直接部署或连接到管理信息大区，需要和传输、数通等其他设备网管一样部署在专门的设备网管区。

每套模组网管需要 50Mbps 传输带宽，如果模组网管集中部署于省公司，需要占用一定的网管网带宽资源。模组网管的数据获取方式是通过承载网络将模组网管的南向接口与地市的业务 CE 对接，通过业务 CE、无线核心网、基站、通信终端（模组）的双向互通的方式实现与模组的信息交互，如图 6-12 所示。

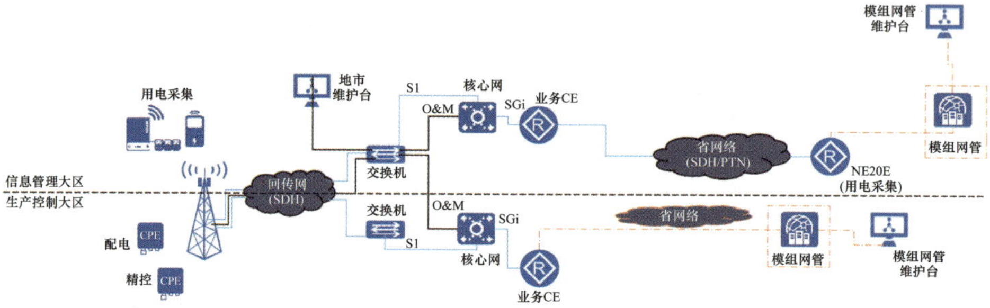

图 6-12　模组网管方案架构

6.4.3.5　终端网管方案

1. 方案概述

终端网管包括前置服务、数据库服务和 Web 服务三个功能模块。若终端接入量 2 万以内，可以将三个功能模块部署在同一台服务器上；若终端接入量为 2~5 万之间，需要将 3 个功能模块分别部署在 3 台服务器上；若终端接入量为 5~10 万之间，需再增加 1 台前置服务器；终端超过 10 万，除了需继续增加前置服务器数量，还需增加数据库服务器做集群，满足性能要求。仅能监控符合终端网管协议的终端，目前各地市公司正在试用，主要监测配电自动化、配变监测等通信终端。

网管功能主要包括设备告警管理、站点信息管理、终端软件版本管理、网管用户管理、设备配置管理等。其中设备配置管理功能可以对终端开通的业务进行配置，如业务网关地址、后路由地址、心跳检测地址等。

2. 方案架构

（1）省公司集中部署，省公司建立一个独立网络，部署终端网管系统（服务器 3 台），通过 IP 专线连接各地市生产控制大区业务 PE 路由器，通过生产控制大区核心网与 CPE 等终端连接。省公司、地市公司网管客户端均部署在这个独立网络内。终端网管通过正反向隔离装置将相关信息送给综合网管，架构如图 6-13 所示。

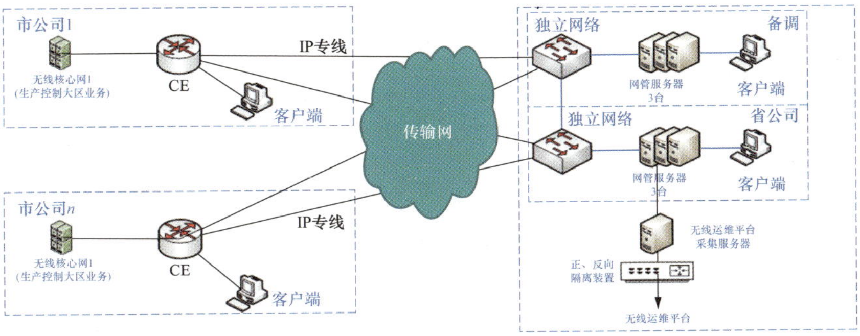

图 6-13　终端网管省集中方案架构

（2）地市分布部署，各地市本地化部署终端网管服务器（1 台），服务器配置双网卡。一块网卡专门提供北向接口服务，通过网管网连接到省公司运维支撑平台。各地市本地网管实现终端监视、配置、升级等功能，省公司网管实现终端网管信息集中展示和数据统计分析，架构如图 6-14 所示。

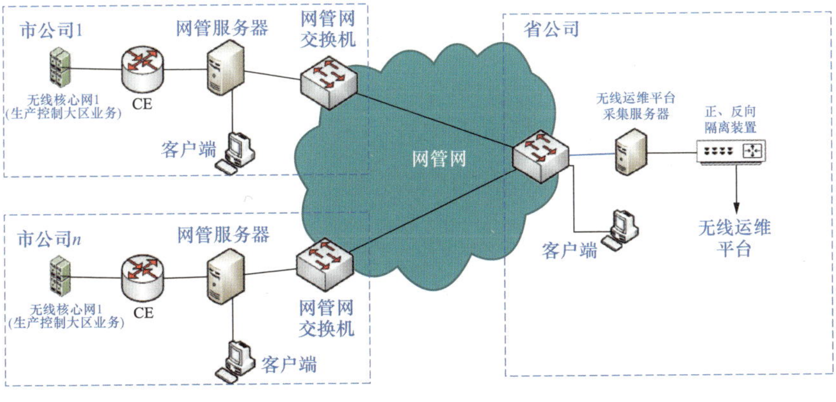

图 6-14　终端网管地市分布部署方案架构

6.4.3.6　移动路测平台方案

1. 方案概述

移动路测平台是通过人工手持终端在无线信号覆盖区域对网络信号情况

进行数据采集并返回后台进行分析展示的系统。该平台主要对网络覆盖整体情况进行分析，相比 MR 兼容性较好，同时通过手持终端靠近业务通信终端，也能近似反映业务通信终端的信息，但是需通过人工方式。

2. 方案架构

平台包括无线终端侧信号采集模块、后台智能分析平台和核心数据库服务器三个功能模块。各个地市配置无线测试终端，对现有无线专网进行测试数据采集，并实时上传到集中部署的服务器上，通过 Web 账号登录后台分析平台查看测试报告，监测无线网络的实际情况。目前盐城、宿迁等各地市正在试用，主要监测各地市无线专网的各项性能指标的实时状况，监测是否存在干扰。平台功能主要包括：

（1）自采数据功能：专网基站性能测试（覆盖、切换、时延、干扰、FTP 上传下载等）、专网站点勘查（经纬度、倾角、方向角、ECI、图片信息采集等）、CQT 测试、DT 测试。

（2）接口数据关联功能：专网工参管理、专网工单管理、专网测试结果。

（3）预处理功能：App 数据解析、站点环境、工参等图片处理、报告分析审核等。

（4）报告数据分析：参数及功能验证、关键点拍照、网络性能验收 -CQT、网络性能验收 -DT、测试标准统计。

（5）扩展功能：测试数据可以留存，可在 GIS 上对测试过的基站周边覆盖情况分析，对基站性能情况进行可视化分析。

6.5 运维实践典型经验

6.5.1 配电终端频繁掉线处理

6.5.1.1 问题描述

配电自动化建设及运维管理系统查询结果显示，近期某市城区部分配电自动化业务终端在线率情况劣化，多个终端设备一周内的离线时长最高可达

60h，终端在线率一度下滑至 95% 左右，严重影响业务正常运行，如图 6-15 所示。

1	镇江	丹徒供服	96.64%	98.24%	0%	0%	97.79%
2	镇江	扬中	89.02%	92.6%	0%	0%	91.61%
3	镇江	句容	89.1%	87.13%	0%	0%	87.73%
4	镇江	丹阳	90.06%	94.57%	0%	0%	94.5%
5	镇江	新区供服	95.56%	97.09%	0%	0%	96.1%
6	镇江	镇江直属	95.85%	96.13%	0%	6.26%	96.01%
7	镇江	合计	93.68%	94.02%	0%	6.26%	93.93%

图 6-15　某市配电自动化掉线情况统计

6.5.1.2　排查分析

业务部门工作人员前往其中一开关站后发现，该开关站内业务终端占用某基站 1 小区信号。配电房室内信号情况良好，RSRP 为 –90dBm，SINR 为 21dB，完全满足业务接入条件。然而主站业务终端数据统计显示，该点位业务在线情况异常，如图 6-16 所示。

告警内容			
2022-07-15 08:59:20	[redacted]站（二遥）终端	[redacted]	关站二遥无线通道 投入(前置机:zjfes5:A报警)
2022-07-15 08:59:51	[redacted]站（二遥）终端	[redacted]	关站二遥无线通道 退出(前置机:zjfes5:A报警)
2022-07-15 09:01:41	[redacted]站（二遥）终端	[redacted]	开关站二遥无线通道 投入(前置机:zjfes5:A报警)
2022-07-15 09:04:49	[redacted]站（二遥）终端	[redacted]	关站二遥无线通道 退出(前置机:zjfes5:A报警)
2022-07-15 09:06:17	[redacted]站（二遥）终端	[redacted]	开关站二遥无线通道 投入(前置机:zjfes5:A报警)
2022-07-15 09:06:49	[redacted]站（二遥）终端	[redacted]	关站二遥无线通道 退出(前置机:zjfes5:A报警)
2022-07-15 09:08:16	[redacted]站（二遥）终端	[redacted]	开关站二遥无线通道 投入(前置机:zjfes5:A报警)
2022-07-15 09:09:19	[redacted]站（二遥）终端	[redacted]	开关站二遥无线通道 退出(前置机:zjfes5:A报警)
2022-07-15 09:10:47	[redacted]站（二遥）终端	[redacted]	开关站二遥无线通道 投入(前置机:zjfes5:A报警)
2022-07-15 09:11:50	[redacted]站（二遥）终端	[redacted]	开关站二遥无线通道 退出(前置机:zjfes5:A报警)

图 6-16　业务投退情况统计

一周内，业务持续性地在 15:16 离线，在 03:16 上线。以 12h 为半周期，出现规律性的投退现象。发现这一情况后，运维人员根据组网情况图逐步进行问题点排查。排查结果显示，所有问题点终端均为同一品牌 CPE 终端，相关终端均出现规律性投退现象。

协同该CPE厂家在问题点终端现场进行现场测试，将电脑接在CPE的LAN口，并配置与终端同网段的IP地址，进行tracert主站路由。测试发现，tracert路径到达CPE设备后无法正常转发出去。登录CPE设备，查看CPE设备拨号连接状态正常，专网信号强度在–95dBm左右，属于良好范围值。CPE设备ping专网网关地址无法ping通，故将问题定位在CPE设备和无线专网基站之间。

排查发现CPE端口保护机制进程错误启动。此机制原本用于保护端口，在端口异常时启动。端口保护机制启动时端口不会转发任何数据。现场关闭端口保护机制后，电力终端设备恢复正常上线。

6.5.1.3 解决方案

此次电力终端掉线原因是该品牌CPE系统端口保护机制误判断引起。更改版本，修正端口保护机制，并经测试验证后，对现场所有CPE进行版本升级。升级工作完成后，A市城区配电自动化在线率恢复正常。

6.5.1.4 经验总结

在排查业务终端在线率低问题时，应分段排查。首先明确现场信号是否满足要求，如果不满足则需要排查基站侧的问题，满足则排查终端侧问题。在确定为终端侧问题后，应判断是硬件故障还是软件故障，硬件故障可以考虑更换模块，软件故障则应该考虑升级程序或者更改配置。

6.5.2 配变监测业务终端GPRS在线指示灯闪烁处置

6.5.2.1 问题描述

GPRS在线指示灯闪烁的故障现象在现场最为常见，故障原因也最为复杂，故障现象如图6-17所示。可能的原因有天线接收信号能力降低、SIM卡损坏、配电变压器监测终端（distribution Transformer supervisory Terminal Unit，TTU）拨号进程未释放、通信模组无响应、APN设置不正确等，需逐一排查分析。

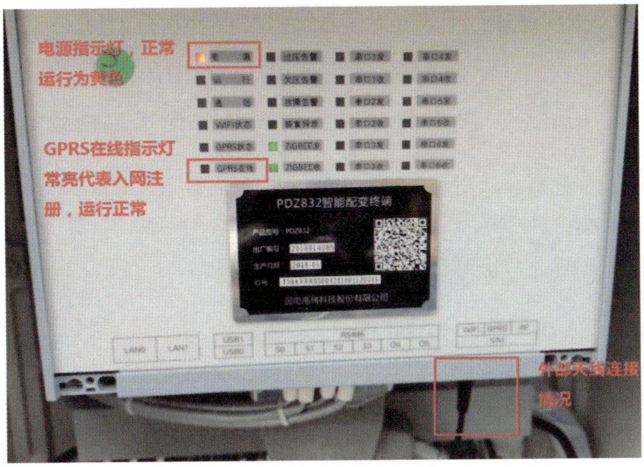

图 6-17　GPRS 在线指示灯

6.5.2.2　案例 1：天线接收信号能力降低

1. 故障原因验证

手台测试信号是重要参考依据，某案例中用专网手台测试现场信号强度 RSRP 为 –107dBm、SINR 为 1dB，满足接入条件，如图 6-18 所示。但配变监测实际接收信号可能弱于该测试值，需要通过查询 GPRS 运行日志进一步判断。

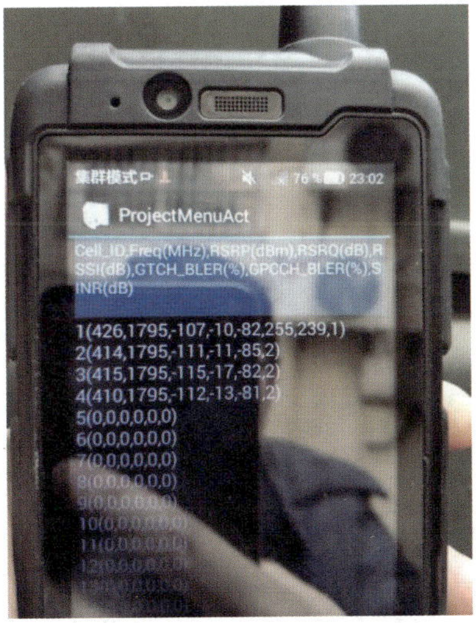

图 6-18　手台测试信号环境

经查询，GPRS 运行日志 CSQ 值为 7，CSQ 范围 0~31，如图 6-19 所示，值越大代表接收信号强度越强。代入公式 RSRP=–140+3×CSQ，计算出终端 RSRP=–119dBm，已经到达了入网的临界值，导致终端在线不稳定。

```
[GPRS]check net registration!
[GPRS]check net registration!
[GPRS]check net registration!
[GPRS]check net registration!
CHECK CREG FAILED
+ GPRS MODEM POWER DOWN...
+ Stopping pppd...
+ Stopping gsmMux...
[INFO]wait 10s for restart...
+ GPRS MODEM POWER ON...
CHECK ATCMD OK
CHECK MODULEINFO OK
SET APN OK
SET USRPWD OK
CHECK IMEI OK
CHECK CCID OK
CHECK CPIN OK
CHECK CSQ OK, Val=7
[GPRS]check net registration!
[GPRS]check net registration!
[GPRS]check net registration!
[GPRS]check net registration!
[GPRS]check net registration!
[GPRS]check net registration!
[GPRS]check net registration!
```

图 6-19　TTU 接收信号强度

2. 解决措施

尝试更换新的 TTU 天线，CSQ 值提升为 13，终端接收信号质量提升至 –101dBm，如图 6-20 所示，终端成功注册入网。

```
|GPRS_CMD_CHECK_CCID...OK
|GPRS_CMD_CHECK_CPIN...OK
|GPRS_CMD_CHECK_CSQ...(13,99)
|GPRS_CMD_CHECK_CSQ...OK
|Start Check Net Registration......
|GPRS_CMD_CHECK_CREG...(0,1)
|GPRS_CMD_CHECK_CREG...OK
|GPPS_CMD_SET_SYSINFO...OK
|GPRS_CMD_DELAY_FOR_SETSYSIF...OK
|Start Check Net Registration......
|GPRS_CMD_RECHECK_CREG...(0,1)
|GPRS_CMD_RECHECK_CREG...OK
|GPRS_CMD_CHECK_SYSINFO...(4,954)
|(sysMode=4) match (netlock=1)
|GPRS_CMD_CHECK_SYSINFO...OK
|GPRS_CMD_QUERY_CGATT...(1)
|GPRS_CMD_QUERY_CGATT...OK
|GPRS_CMD_SET_MYSOCKETLED...OK
|Try pppd(0, rc=0) On: /etc/pdz.script.
|Set pppd timeout= 120
|--------------------------------------
```

图 6-20　TTU 接收信号强度

6.5.2.3 案例 2：SIM 卡损坏

1. 故障原因验证

手台测试信号是重要参考依据，该案例中用专网手台测试现场信号强度 RSRP 为 −103dBm、SINR 为 13dB，满足接入条件。通过重启 GPRSAPP 拨号进程后，CREG 回复（0，2），如图 6-21 所示，这表示终端未注册到网络，一直在尝试附着或搜网，需要通过查询 GPRS 运行日志进一步判断。

```
[INFO]GPRS_CMD_CHECK_CREG...(0,2)
[CMD ]GPRS_CMD_CHECK_CREG...ERROR
[INFO]GPRS_CMD_CHKCSQ_WHEN_CREGFAIL...(19,99)
[CMD ]GPRS_CMD_CHKCSQ_WHEN_CREGFAIL...OK
[INFO]Start Check Net Registration......
[INFO]GPRS_CMD_CHECK_CREG...(0,2)
[CMD ]GPRS_CMD_CHECK_CREG...ERROR
[INFO]GPRS_CMD_CHKCSQ_WHEN_CREGFAIL...(20,99)
[CMD ]GPRS_CMD_CHKCSQ_WHEN_CREGFAIL...OK
[INFO]Start Check Net Registration......
```

图 6-21　终端未注册到网络

经查询 GPRS 运行日志，TTU 未获取到 SIM 卡的 IC 卡卡号（IC Card Identity，ICCID），导致 TTU 拨号不成功未能注册入网，如图 6-22 所示。

```
[GPRS]read atret = +CME
[GPRS]read atret =  ERR
[GPRS]read atret = OR:
[GPRS]read atret = 10
[GPRS]send atcmd = AT$MYCCID (try=3)
[GPRS]read atret = AT$M
[GPRS]read atret = YCCI
[GPRS]read atret = D
[GPRS]read atret = +CME
[GPRS]read atret =  ERR
[GPRS]read atret = OR:
[GPRS]read atret = 10
```

图 6-22　ICCID 获取错误

2. 解决措施

联系网管人员确认核心网侧近期未有相关操作，检查 SIM 卡存在损坏。更换备用 SIM 卡后重启 GPRS 的 App 拨号进程，TTU 成功获取 SIM 卡识别标识 ICCID，CREG 回复（0，1）表示终端成功注册入网，如图 6-23 所示。

```
[INFO]GPRS_CMD_CHECK_IMEI...(863081034114849)
[CMD ]GPRS_CMD_CHECK_IMEI...OK
[INFO]GPRS_CMD_CHECK_CCID...(89860109300101932010)
[CMD ]GPRS_CMD_CHECK_CCID...OK
[CMD ]GPRS_CMD_CHECK_CPIN...OK
[INFO]GPRS_CMD_CHECK_CSQ...(24,99)
[CMD ]GPRS_CMD_CHECK_CSQ...OK
[INFO]Start Check Net Registration......
[INFO]GPRS_CMD_CHECK_CREG...(0,1)
[CMD ]GPRS_CMD_CHECK_CREG...OK
[CMD ]GPPS_CMD_SET_SYSINFO...OK
[CMD ]GPRS_CMD_DELAY_FOR_SETSYSIF...OK
```

图 6-23 终端成功注册入网

6.5.2.4 案例 3：TTU 拨号进程未释放

1. 故障原因验证

手台测试信号是重要参考依据，该案例中用专网手台测试现场信号强度 RSRP 为 –105dBm、SINR 为 10dB，满足接入条件。通过查询 TTU 运行进程，发现前期终端离线后 TTU 没有释放原先的 pppd 进程，导致 TTU 重新拨号不成功，终端未能注册入网，如图 6-24 所示。

```
 1850 root      2032 S    gsmMuxd -m generic -p /dev/ttyO2 -b 115200 -w -r -s
 1870 root      2388 S    pppd debug kdebug 0 lock modem nocrtscts /dev/mux0 1
 2289 root         0 SW   [kworker/u2:0]
 2485 root      1740 S    sleep 5
 2657 root      2188 S    sh -c ps | grep -w 'pppd' | awk '{print $1}'
 2658 root      2160 R    ps
 2659 root      2160 R    ps
 2660 root      1876 S    grep -w pppd
 2661 root      1872 S    awk {print $1}
17463 root      1312 S    chat -v TIMEOUT 5 ECHO ON ABORT \nBUSY\r ABORT \nERR
25568 root      2600 S    /usr/sbin/dropbear -r /etc/dropbear/dropbear_rsa_hos
25724 root         0 SW   [kworker/u2:2]
26185 root      2560 S    -sh
29627 root      1740 S    sleep 300
32302 root      2388 S    pppd debug kdebug 0 lock modem nocrtscts /dev/mux0 1
NARI:~/gprsapp#
NARI:~/gprsapp#
NARI:~/gprsapp#
NARI:~/gprsapp# reboot

Broadcast message from root@NARI (pts/82) (Thu Jun 27 17:26:45 2019):

The system is going down for reboot NOW!
NARI:~/gprsapp#
NARI:~/gprsapp# NARI:~# cd
NARI:~# cd gprsapp
NARI:~/gprsapp# ./startgprs.sh stop
NARI:~/gprsapp# ./startgprs.sh start
NARI:~/gprsapp# PID file '/var/run/gprsapp.pid' is locked; probably '/home/root/gprsapp/gprsapp
NARI:~/gprsapp# ./startgprs.sh start
NARI:~/gprsapp# PID file '/var/run/gprsapp.pid' is locked; probably '/home/root/gprsapp/gprsapp
NARI:~/gprsapp#
NARI:~/gprsapp#
NARI:~/gprsapp# ./startgprs.sh start
NARI:~/gprsapp# + [GPRSAPP Info]
+ VERSION  : 01.002
+ BUILDTIME: 2018-11-13 19:1:54
```

图 6-24 TTU 运行进程查看

2. 解决措施

协调终端所属业务部门对 TTU 进行版本升级，解决此类问题。

6.5.2.5 案例 4：通信模组无响应

1. 故障原因验证

手台测试信号是重要参考依据，该案例中用专网手台测试现场信号强度 RSRP 为 –102dBm、SINR 为 6dB，满足接入条件。通过查询 GPRS 运行日志分析，TTU 在向通信模组发送 AT 指令达 20 次均无响应后会自动触发重启，导致 TTU 重复性复位重启无法注册入网，如图 6-25 所示。

```
[INFO]wait 10s for restart...

[ OK ]Open : /dev/tty02 Success, Baudrate:115200, fd=5

+ GPRS MODEM POWER ON...
ERROR: PPP link is not active on ppp0
Stopping gsmMux
[GPRS]send atcmd = AT (try=0)
[GPRS]send atcmd = AT (try=1)
[GPRS]send atcmd = AT (try=2)
[GPRS]send atcmd = AT (try=3)
[GPRS]send atcmd = AT (try=4)
[GPRS]send atcmd = AT (try=5)
[GPRS]send atcmd = AT (try=6)
[GPRS]send atcmd = AT (try=7)
[GPRS]send atcmd = AT (try=8)
[GPRS]send atcmd = AT (try=9)
[GPRS]send atcmd = AT (try=10)
[GPRS]send atcmd = AT (try=11)
[GPRS]send atcmd = AT (try=12)
[GPRS]send atcmd = AT (try=13)
[GPRS]send atcmd = AT (try=14)
[GPRS]send atcmd = AT (try=15)
[GPRS]send atcmd = AT (try=16)
[GPRS]send atcmd = AT (try=17)
[GPRS]send atcmd = AT (try=18)
[GPRS]send atcmd = AT (try=19)
[INFO]Close SerialPort fd=5
```

尝试20次无结果输出

不断重启循环

图 6-25　TTU 向模组发送 at 指令

2. 解决措施

尝试更换或升级新版本模组（V1.1.0 版本），终端成功注册入网，如图 6-26 所示。

```
GPRS_CMD_SET_APN_FOR_REG...OK
GPRS_CMD_SET_USRPW_FOR_REG...(, )
GPRS_CMD_SET_USRPW_FOR_REG...OK
GPRS_CMD_CHECK_IMEI...(863081034133345)
GPRS_CMD_CHECK_IMEI...OK
GPRS_CMD_CHECK_CCID...(89860109300131932333)
GPRS_CMD_CHECK_CCID...OK
GPRS_CMD_CHECK_CPIN...OK
GPRS_CMD_CHECK_CSQ...(24,99)
GPRS_CMD_CHECK_CSQ...OK
Start Check Net Registration......
GPRS_CMD_CHECK_CREG...(0,1)
GPRS_CMD_CHECK_CREG...OK
GPPS_CMD_SET_SYSINFO...OK
GPRS_CMD_DELAY_FOR_SETSYSIF...OK
Start Check Net Registration......
GPRS_CMD_RECHECK_CREG...(0,1)
GPRS_CMD_RECHECK_CREG...OK
GPRS_CMD_CHECK_SYSINFO...(4,954)
GPRS_CMD_CHECK_SYSINFO...OK
GPRS_CMD_QUERY_CGATT...(1)
GPRS_CMD_QUERY_CGATT...OK
GPRS_CMD_SET_MYSOCKETLED...OK
Try pppd(0, rc=0) On: /etc/pdz.scripts/gprs/ppp-on jsnjjt01.
Set pppd timeout= 120
--------------------------------------
ppp0:inet        90.7.64.155
ppp0:netmask     255.255.255.255
ppp0:destination 90.7.64.154
--------------------------------------
Start pppd(0) Success!
```

图 6-26　TTU 拨号成功

6.5.2.6 案例 5：APN 配置不正确

1. 故障原因验证

手台测试信号是重要参考依据，该案例中用专网手台测试现场信号强度 RSRP 为 –106dBm、SINR 为 2dB，满足接入条件。

登录 TTU 在 gprsapp/config 目录下查询 APN 配置为公网 APN，如图 6-27 所示。核查该终端的开户数据，实际使用的是专网 APN，APN 不一致导致终端无法注册入网。

```
NARI:/# cd
NARI:~# cd gprsapp/config
NARI:~/gprsapp/config# cat netdef.conf
## NET information configuration

## config gprs running("yes" or "no")
enable_gprs_running = "yes"

## Network NetAuto config("yes" or "no") (Support AT$MYNETAUTO)
module_support_netauto = "no"

## Network NetLock config("yes" or "no") (Support AT$SYSINFO)
module_support_sysinfo = "yes"

## Net Lock config(1~7 default=1) 1:AUTO, 2:2G, 3:3G, 4:4G, 5:2G+3G, 6:2G+4G, 7:3G+4
gprs_netlock = 1

## NetKeep config("yes" or "no")(Typical useful for Unicom 3G)
gprs_netkeep = "no"

## Telephone number for pppd
gprs_pppd_telephone = "*99#"

## apn string config
gprs_apn_str = "[illegible]"
gprs_username_str = ""
```

此处配置为无线公网APN

图 6-27　APN 不一致

2. 解决措施

将 TTU 的 APN 删除置空或者修改为专网 APN，如图 6-28 所示。

```
NARI:~/gprsapp# cd
NARI:~# cd gprsapp/config
NARI:~/gprsapp/config# vi netdef.conf
## NET information configuration

## config gprs running("yes" or "no")
enable_gprs_running = "yes"

## Network NetAuto config("yes" or "no") (Support AT$MYNETAUTO)
module_support_netauto = "no"

## Network NetLock config("yes" or "no") (Support AT$SYSINFO)
module_support_sysinfo = "yes"

## Net Lock config(1~7 default=1) 1:AUTO, 2:2G, 3:3G, 4:4G, 5:2G+3G, 6:2G+4G, 7:
gprs_netlock = 1

## NetKeep config("yes" or "no")(Typical useful for Unicom 3G)
gprs_netkeep = "no"

## Telephone number for pppd
gprs_pppd_telephone = "*99#"

## apn string config
gprs_apn_str = "[illegible]"
gprs_username_str = ""
gprs_password_str = ""
```

此处修改为无线专网APN

图 6-28　修改 TTU 侧 APN 配置

6.5.3 信号放大器间的自激干扰处理

6.5.3.1 问题描述

某市运维人员发现某两变电站下挂的 8 个 TTU 终端均离线。两变电站均位于地下二层，前期安装了放大器进行延伸覆盖。查询主服基站状态正常，无告警，地下室专网信号良好，如图 6-29 所示。

IP 地址	状态	RSRP	SINR
[illegible]	离线	-72	20
[illegible]	离线	-72	20
[illegible]	离线	-72	20
[illegible]	离线	-79	16
[illegible]	离线	-83	18
[illegible]	离线	-80	16
[illegible]	离线	-83	18
[illegible]	离线	-83	18

图 6-29　8 个 TTU 的 RSRP 和 SINR 值良好

6.5.3.2 问题分析

1. 信号质量排查

现场手台测试室外占用主服基站 1 小区，RSRP 为 –91dBm，SINR 为 15dB，专网信号正常，但两处变电站内专网均无信号。

2. 设备问题排查

查看放大器设备，两台主设备同步指示灯（SY）均为绿色常亮，下行输出功率指示灯（PM）和隔离度指示灯（ISO）不亮，如图 6-30 所示。

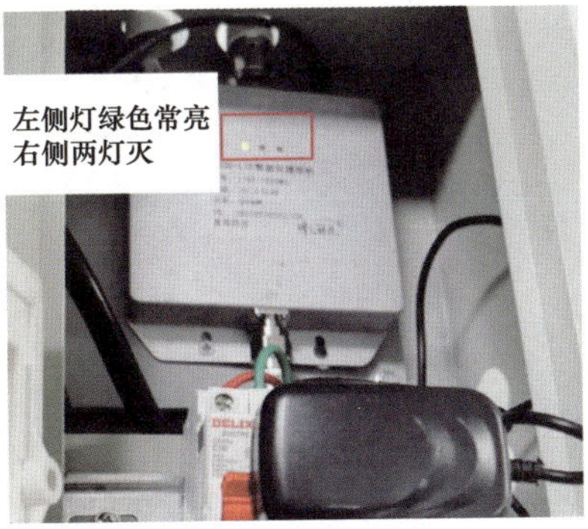

图 6-30　主设备状态指示灯情况

通过查询放大器产品使用说明（表 6-9），该情况表示触发了设备保护功能，原因是上下行链路输入过大的信号或天线隔离度过小。

表 6-9　放大器产品使用说明

指示灯标识	指示灯状态	说明
同步指示灯（SY）	绿灯常亮	设备同步
	绿灯闪烁	设备不同步
红绿双色灯	灭	设备起源故障
下行输出功率指示灯（PM）红绿双色灯 P_{max} 为标称输出功率	绿灯常亮	设备满功率输出 $P_{max}\pm2$dBm
	绿灯闪烁	输出功率在（$P_{max}-2$~$P_{max}-5$）±2dBm
	红绿交替闪烁	输出功率在（$P_{max}-6$~$P_{max}-9$）±2dBm
	红灯闪烁	输出功率在（$P_{max}-10$~$P_{max}-13$）±2dBm
	红灯常亮	输出功率在≤（$P_{max}-14$dBm）±2dBm
	灭	下行输入信号过大
隔离度指示灯（ISO）红绿双色灯	绿灯常亮	隔离度好
	绿灯闪烁	隔离度差
	红绿交替闪烁	隔离度很差
	红灯闪烁	隔离度非常差
	红灯常亮	隔离度极差
	灭	隔离度过小，进入设备保护功能
上述三个指示灯	三个灯同时闪烁	此状态为设备刚加电后的自动检测、调整状态，在 10s 左右完成
设备保护功能	设备上行、下行链路关断	当设备的上下行链路输入过大的信号或天线隔离度过小，超出设备的控制范围时，链路关断，在此后的 15s 左右内设备自动进行三次自检，如果输入信号或隔离度状态仍没有改变，则链路关断，关断 24h 后能够自动重启，连续三次不能正常启动，设备将永久地关断上下行链路（需关断电源后再次上电才能重新开启设备）

注意事项：为保证正常通信，需保证“SY”指示灯“绿灯常亮”。

由于放大器安装在地下室二层，同一放大器的室内、外天线不存在隔离度不够的问题。现场两个变电站紧邻，两个放大器室外天线安装在同一根抱杆上，判定两放大器之间造成自激干扰触发了设备保护功能。两个放大器室外天线安装位置如图 6-31 所示。

图 6-31　室外天线安装位置

6.5.3.3　解决方案

增加两台放大器室外天线的隔离度，水平隔离度满足 5m 以上或垂直隔离度 1m 以上。现场调整天线垂直隔离度后，业务重新上线，调整后如图 6-32 所示。

图 6-32　业务上线状态图

6.5.3.4 经验总结

放大器天线的安装需规范天线隔离度的标准，在设计安装时需考虑增加隔离度，如选用前后比和旁瓣抑制比大的天线、增大两天线间的安装距离、两天线尽量采用背对背安装、利用建筑物隔离、微调天线的方位角和倾角、在两天线间安装隔离网等措施。

6.5.4 室外箱内信号延伸覆盖

6.5.4.1 问题描述

某市供电公司用采集中器 95% 以上部署在站房外墙的三防箱内，如图 6-33 所示。一般的无线专网信号延伸方案是基于放置在室内的信号放大器来实现延伸覆盖，此种方式无法让安装在室外箱内的用电采集集中器也同步稳定专网上线。

图 6-33 安装在站房外墙三防箱内的用电采集集中器

6.5.4.2 问题分析

目前专网信号延伸放大器可以将室外信号延伸放大至室内，有效地改善室内专网信号的质量，延伸覆盖安装方案如图 6-34 所示。信号延伸后，室内的终端可以稳定保持专网在线，但是室外箱内的用采集中器依然无法上线专网。如果将室内的信号功率增强，直接覆盖至室外，则会造成信号放大器自激，无法正常工作。

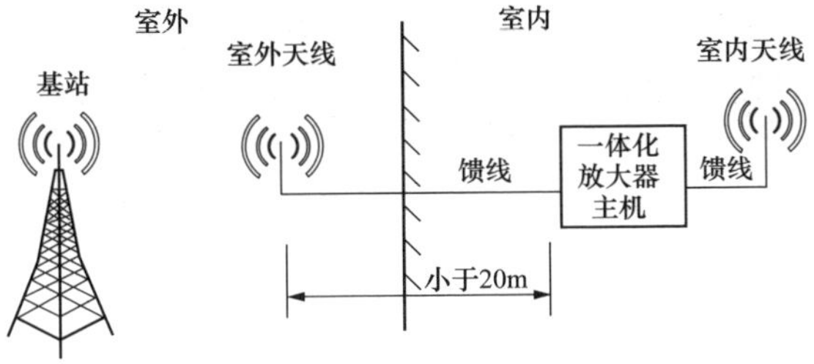

图 6-34　室内信号延伸覆盖安装方案

6.5.4.3 解决方案

经过研究讨论，拟在现有信号延伸方案的基础上进行兼容拓展，具体方案为：将室内经过放大器放大的信号分出一路，使用馈线的方式连接至室外的用电采集终端。考虑到用电采集终端同时需要公网信号作为上线备份，且三防箱内不止一台终端，还需设置一个信号分配装置，信号延伸拓展方案如图 6-35 所示。

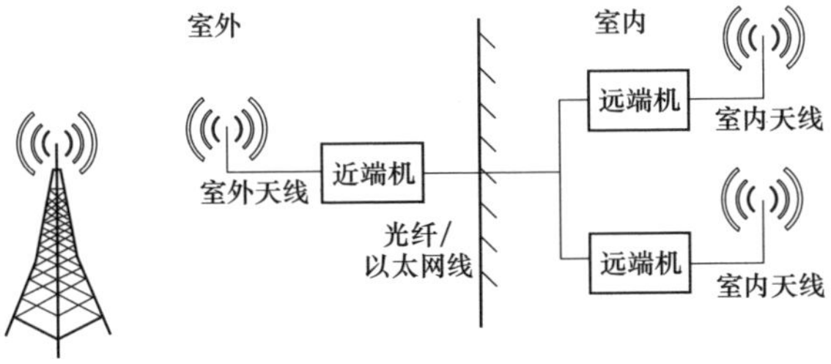

图 6-35　信号延伸拓展方案

实际完成后的现场效果如图 6-36 所示。

图 6-36　现场效果图

经改造，两台原本未工作在无线专网的箱内用电采集集中器已经可以稳定工作在专网环境下。且即使基站检修、故障导致专网信号异常，也能保障用电采集业务及时切换至公网采集发送数据。

7

设备网管运维

无线专网设备网管系统是电力无线专网系统重要组成部分，是由无线专网设备生产商配套提供的专业网管系统，实现对无线核心网、基站、终端、数通等设备的状态监视、参数查询、配置维护和安全管理等功能，网管系统硬件一般由服务器、交换机、防火墙等设备组成，软件一般由操作系统、数据库、应用软件等组成。

为确保电力无线专网设备网管系统安全稳定运行，需要对电力无线专网设备网管系统开展运维工作，对无线专网设备网管系统进行日常巡检、专业巡检、主备倒换测试以及优化消缺等。

7.1 网管功能架构

电力无线专网设备网管系统应具备配置管理、告警及故障管理、性能管理、拓扑管理、安全管理、信令跟踪、巡检管理、统计分析等功能，并提供北向接口，与综合网络管理系统进行数据交互。网管系统逻辑示意图如图7-1所示。

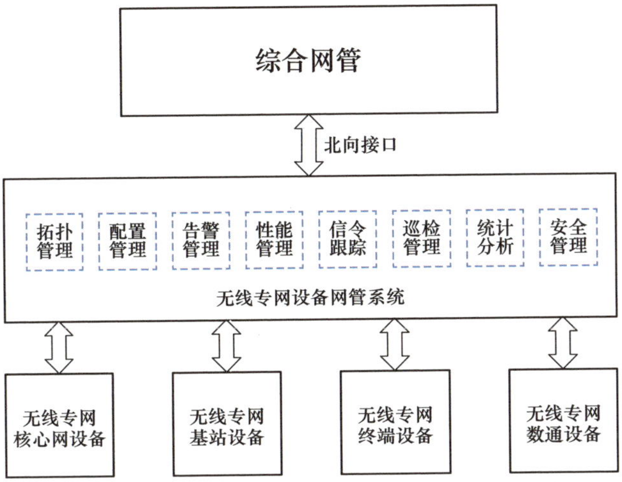

图 7-1　网管系统逻辑示意图

7.2 网管系统部署

电力无线专网设备网管系统应考虑基站规模、核心网规模、终端品牌、分布和规模等，并结合网管网络承载情况综合部署。一般网管系统部署有省级集中部署和地市分布部署两种方式，现在针对两种部署方式进行介绍。

7.2.1 省级集中部署

电力无线专网设备网管系统的服务器在全省集中部署，为便于统一运维，一般部署在省级电力公司中心站，同时可根据需要在异地容灾部署。全省核心网、基站、终端、直放站、电源等设备的网管数据流将集中接入网管系统，省公司和地市公司部署网管访问客户端，省公司客户端拥有网管系统的管理员权限，地市公司以分权分域的方式访问网管系统。省级集中部署组网典型方案如图 7-2 所示。

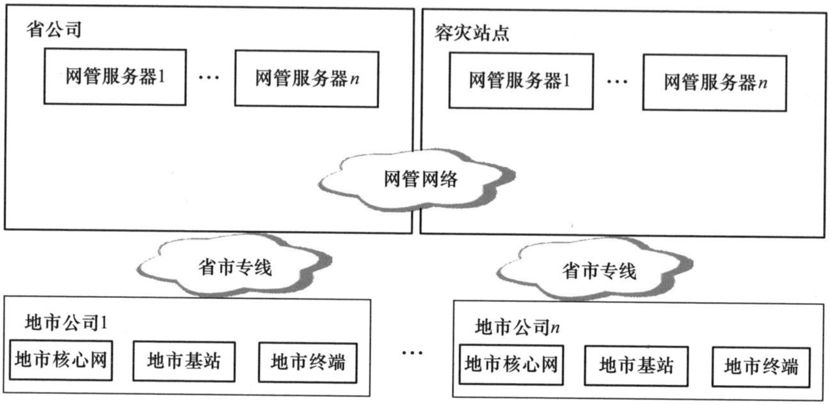

图 7-2　省级集中部署组网典型方案

该方案具有如下特点：

（1）节省部署成本，便于统一运维。

（2）网管系统接口在省公司，易于和综合网管对接，易于安全策略配置。

（3）后期基站、核心网、终端等设备规模增长时方便对网管系统进行扩容。

（4）管理信息集中汇总到省公司集中网管，信息数据流对省到市传输的带宽和时延有一定的要求。

（5）集中网管发生故障会影响全网操作维护工作。

（6）对网管服务器硬件和软件配置要求较高。

7.2.2　地市公司集中部署

各地市根据需要自行部署电力无线专网设备网管系统，网管服务器部署在各地市公司，各地市公司核心网、基站、终端、直放站、电源等设备接入各自网管系统，网管运维在地市公司完成，网管系统通过北向接口接入上级综合网管，省公司通过综合网管系统监视各地市网管系统。地市公司集中部署组网典型方案如图 7-3 所示。

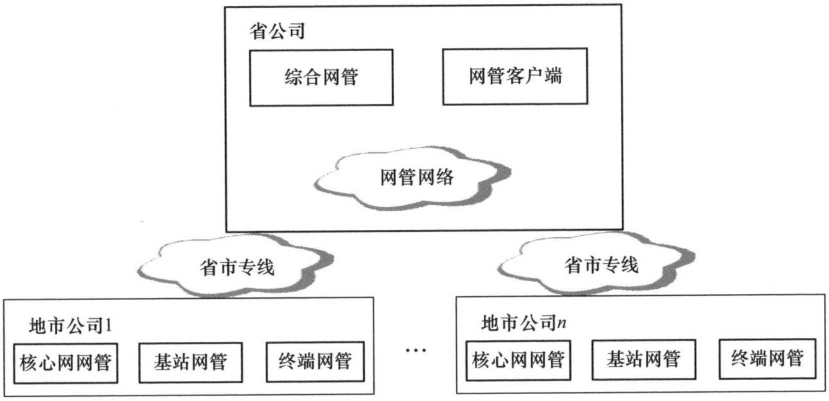

图 7-3　地市公司集中部署组网典型方案

该方案具有如下特点：

（1）设备分布式管理，部署灵活且易于后期扩展。

（2）网管信息数据流仅汇聚到地市本地服务器，对传输带宽和时延要求不高。

（3）发生故障的影响范围有限，某地市网管系统发生故障不会影响其他地市网管操作维护工作。

（4）由于综合网管一般部署在省公司，各地市设备网管系统与综合网管对接较为繁琐，且对传输带宽和时延有一定要求。

（5）部署成本和维护成本都比较高，由于不同厂家的设备网管与设备一般不能兼容，所以各地市还需根据设备品牌部署不止一套设备网管，成本将成倍上升。

7.2.3　部署方案比较

以省级公司为中心部署网管系统有利于网管集中管控，全省的网管运维可以集中在省公司侧，但是对于设备容量要求较高，部署周期较长。在各市公司分布部署网管系统时，市公司与省公司综合网管需要对接，维护工作量相对较大，但是部署灵活且对服务器的要求不高，便于建设。

因此网管系统部署方式的选择应根据具体设备规模和网络情况综合评估后确定。

7.3 运维人员组织

7.3.1 运维人员组织结构

网管系统维护工作主要包括网管系统及相关设备的日常巡检、专业巡检、主备网管业务倒换、故障处理等。

针对不同的维护工作，相应的人员配置也会不同。网管系统维护要求运维人员做到全年 7×24 小时值守，可配置 3~5 人的运维团队，包括 1 名运维项目经理、1 名运维技术总监以及 1~3 名一般运维技术员。

7.3.2 人员职责与要求

运维项目经理主要职责为：建立网管系统维护管理制度并贯彻执行、管理维护团队，协调安排团队成员工作、安排维护团队人员的培训工作、与其他部门沟通。运维项目经理要求有项目管理方面经验，善于团队协作并对网管系统涉及的硬件和软件有系统的认识。

运维技术总监主要负责专业巡检、主备网管倒换操作、网管系统重大疑难故障的处理，要求具有过硬的技术实力，精通各厂家网管系统，精通核心网、基站告警处理方法、网管操作维护方法，精通网络技术，具备较强的无线专网运行情况分析能力，根据专业巡检内容完成专业巡检报告。

一般运维技术员主要负责日常巡检，要求熟悉各个厂家网管系统并对路由交换、网络安全、服务器、存储有一定的认识，掌握一般网管系统故障的判定和处理方法、掌握一般仪器仪表的使用方法，根据日常巡检的内容完成日常巡检和监控工作。

7.4 巡视巡检

7.4.1 日常巡检

日常巡检是指定期通过现场目测、温湿度仪及网管等对机房环境、设备状态、网络及业务运行情况进行巡检。

无线专网设备网管系统日常巡视主要内容包括：

（1）检查网管服务器、磁盘阵列、交换机电源与风扇状态是否正常。

（2）检查网管服务器、磁盘阵列、交换机各种指示灯和运行状态是否正常。

（3）检查网管服务器、磁盘阵列、交换机运行环境（温湿度、防火防水措施等）是否正常。

（4）检查本地网管客户端是否能正常登录服务器，数据显示是否正常、合理。

（5）检查网管系统中的进程执行情况，是否无停顿、延时。

（6）通过网管系统查看运维职责范围内的设备告警性能监控信息是否实时获取、推送；是否有影响业务的告警：若出现告警或性能越限时，应立刻查询、确认告警信息，并及时进行告警处理。

日常巡检应填写相关日常巡检记录表并妥善保存，具体见表 7-1。

表 7-1　日常巡检记录表

设备厂家	设备位置	设备型号	面板状态检查	电源状态检查	板卡状态检查	风扇状态检查	网管告警检查	备注
厂家 1	主用站点	服务器 1	正常□ 异常□	正常□ 异常□	正常□ 异常□	正常□ 异常□	正常□ 异常□	
		服务器 2	正常□ 异常□	正常□ 异常□	正常□ 异常□	正常□ 异常□	正常□ 异常□	
		…	…	…	…	…	…	
	备用站点	服务器 1	正常□ 异常□	正常□ 异常□	正常□ 异常□	正常□ 异常□	正常□ 异常□	
		服务器 2	正常□ 异常□	正常□ 异常□	正常□ 异常□	正常□ 异常□	正常□ 异常□	
		…	…	…	…	…	…	

续表

设备厂家	设备位置	设备型号	面板状态检查	电源状态检查	板卡状态检查	风扇状态检查	网管告警检查	备注
厂家 2	主用站点	服务器 1	正常□ 异常□	正常□ 异常□	正常□ 异常□	正常□ 异常□	正常□ 异常□	
		服务器 2	正常□ 异常□	正常□ 异常□	正常□ 异常□	正常□ 异常□	正常□ 异常□	
		…	…	…	…	…	…	
	备用站点	服务器 1	正常□ 异常□	正常□ 异常□	正常□ 异常□	正常□ 异常□	正常□ 异常□	
		服务器 2	正常□ 异常□	正常□ 异常□	正常□ 异常□	正常□ 异常□	正常□ 异常□	
		…	…	…	…	…	…	

7.4.2 专业巡检

专业巡检是指在日常巡检基础上，定期对设备系统通过专业巡检工具、仪表和网管进行深度检查，并例行维护操作的工作。

无线专网设备网管系统专业巡检除日常巡检的内容以外，还应包括以下内容：

（1）检查网线、电源线、接地线等线缆连接是否可靠、绑扎是否牢固，是否有松动、锈蚀，设备插头插座插接是否牢固、无松动。

（2）检查设备内部灰尘情况，并清洁机内灰尘。

（3）监测各网管服务器、采集设备的状态，有无缺陷异常等告警事件。

（4）检查本地维护界面登录、访问的安全连接策略配置是否符合安全要求。

（5）检查网管服务器 CPU、内存、磁盘利用率以及网络流量是否正常，确保系统正常使用。

（6）检查网管服务器端和客户端版本的更新、缺陷情况，如有异常应及时消缺处理。

（7）通过网管检查核心网、基站及网管系统时间同步状态，是否与对时系统保持一致。

（8）检查设备和网管配置数据定期备份情况。

（9）通过核心网网管检查系统容灾功能、设备承载能力是否正常；检查基站集中网管主备之间是否通信正常、倒换机制设置是否正确，每年开展一次主、备网管倒换测试。

（10）统计分析核心网和基站设备运行率、资源使用情隐患，预防网络突发故障，形成网管月度分析报告。

（11）检查运维支撑系统中统计分析、资源管理和系统管理等数据是否准确、正常；结合业务接入工作验证开卡开户流程是否完善、无缺陷。

专业巡检应将深度检查的内容总结归纳并形成专业巡检报告，具体见表7-2。

表 7-2　无线专网设备网管系统专业巡视巡检记录表

站点名称				
巡视时间		巡视人员		
巡视项目			检查结果	检查方式
无线专网设备网管设备巡视				
①检查设备及各类线缆标签标识和标牌是否清晰准确，是否有脱落现象			□正常 □异常	目测
②检查线缆的物理连接是否可靠、松动、锈蚀，弯曲度是否符合要求			□正常 □异常	目测
③检查设备板卡和端口指示灯状态是否正常			□正常 □异常	目测
④检查设备风扇是否有异响锈蚀积小和异味，是否有异常状态灯指示			□正常 □异常	目测
⑤检查设备所在机柜顶部、底部封堵是否完好			□正常 □异常	目测
⑥检查设备与机柜防雷接地、防静电措施是否满足要求			□正常 □异常	仪器仪表
⑦检查设备和机柜内外、防尘滤网的灰尘情况			□正常 □异常	目测
无线专网设备网管系统巡视				
①检查网管客户端是否能正常登录，安全连接策略配置是否符合要求			□正常 □异常	网管
②检测网管服务器、采集设备的状态是否异常			□正常 □异常	网管
③检查网管服务器设备资源利用、版本更新和缺陷情况			□正常 □异常	网管

续表

站点名称			
巡视时间		巡视人员	
巡视项目		检查结果	检查方式
④通过网管检查系统时间同步状态是否正常		□正常 □异常	网管
⑤检查设备和网管配置数据定期备份情况		□正常 □异常	网管
⑥检查设备告警、性能监控信息是否实时获取推送，性能数据是否符合相关规范要求		□正常 □异常	网管
⑦统计分析核心网和基站设备网络运行、资源使用情况；核查、分析设备历史告警和性能日志，预防故障发生		□正常 □异常	网管
⑧检查核心网系统容灾、设备承载能力等是否正常；检查基站集中网管主备系统倒换机制设置是否正确，开展主备网管倒换测试		□正常 □异常	网管
⑨检查确认运维支撑系统统计分析、资源管理、系统管理、开卡开户功能是否正常、数据是否准确		□正常 □异常	网管

存在问题及处理结果

问题描述	处理方法	处理结果

7.4.3 主备网管业务倒换

根据专业巡检要求，每年应进行一次网管系统主备业务倒换，下面以某厂家的双机倒换为例简要说明双机倒换过程。

（1）双机倒换前准备工作：双机 IP 获取，倒换软件准备；双机倒换前应进行检查工作：登录主用或备用节点，进入图形化或者命令行界面，查看双机当前运行状态。

（2）使用倒换双机命令手动将主用节点切换至备用节点，备用节点变为主用节点，同时注意观察客户端状态，切换期间客户端会出现断链提示。

（3）倒换过程中使用双机状态检查命令实时查看双机状态，当主用节点服务状态变为停止，备用节点服务正在启动时表示正倒换过程中。

（4）等待双机切换完成，检查备用节点服务正常后，检查客户端登录正常，告警上报和性能统计等功能正常，查看网管应有切换双机历史告警。

（5）当需要再次双机主备倒换时，可重复以上步骤。

7.5 典型缺陷处置

7.5.1 CPU 占用率过高

1. 缺陷概况

网管对服务器的 CPU 占用率进行持续监控，在设定的监控周期内 CPU 占用率超过设定值且连续达到设定的次数时，网管上报 CPU 占用率高。

2. 业务影响情况

网管响应变慢，操作出现延时。

3. 缺陷处置方法

（1）登录网管查看系统是否有多个任务正在执行，如果有则等待当前所有任务结束后查看缺陷是否消除，未消除则进行下一步排查。

（2）检查 CPU 使用率阈值是否设置合理，如不合理则进行重新设置，如合理则进行下一步排查。

（3）检查是否存在应用程序 CPU 占用率超过阈值，如应用程序导致 CPU 资源耗尽，待进程对应的业务处理完毕后查看缺陷是否消除，未消除则进行下一步排查。

（4）检查服务器硬件性能是否较低，不支持系统的正常运行。服务器硬件性能较低的表现为系统管理规模对应的硬件要求超过服务器硬件实际能力，经常连续或频繁收到此告警。

7.5.2 内存占用率过高

1. 缺陷概况

网管对服务器的内存占用率进行持续监控，当检测到物理内存占用率大于系统设定阈值时，网管上报内存占用率高。

2. 业务影响情况

网管响应变慢。

3. 缺陷处置办法

（1）登录网管查看系统检查内存占用率阈值是否设置合理，如不合理则进行重新设置，如合理则进行下一步排查。

（2）检查是否存在应用程序内存占用率超过阈值，如应用程序导致物理内存资源耗尽，待进程对应的业务处理完毕后查看缺陷是否消除，未消除则进行下一步排查。

（3）当前服务器物理内存配置较低，不支持系统的正常运行，需要增扩服务器物理内存。

7.5.3 磁盘占用率过高

1. 缺陷概况

网管对服务器的磁盘占用率进行持续监控，当网管检测到磁盘或者某一分区的占用率大于等于设定阈值时，网管上报磁盘占用率高。

2. 业务影响情况

磁盘占用率过高可能导致网管服务进行磁盘写操作失败，并可能引发数据库异常。

3. 缺陷处置办法

（1）登录网管查看系统检查磁盘分区占用率阈值是否设置合理，如不合理则进行重新设置，如合理则进行下一步排查。

（2）清理磁盘分区中的无用文件，建议优先清理历史备份的安装包、补丁包、安装过程中的备份文件。执行文件清理后查看缺陷是否消除，未消除则进行下一步排查。

（3）当前磁盘分区的容量较低，需要进行分区容量扩容，如整个磁盘容量较低则需要更换物理磁盘。

7.5.4 网元连接中断

1. 缺陷概况

网管每隔一段时间会向被管网元发送握手请求，当被管网元多次无应答时判定通信状态为断连。

2. 业务影响情况

如果网元断连，网管与该网元交互的业务将无法正常运行。

3. 缺陷处置办法

（1）检查网元的传输是否正常，如不正常则修复网元的传输系统。网管系统会周期性不断尝试重连已断开的连接，如果传输恢复成功，系统将自动恢复此连接上的业务，未恢复则进行下一步排查。

（2）检查网元的电源系统是否正常，如不正常则修复网元的电源系统，等待系统重连网元自动恢复业务，未恢复则进行下一步排查。

（3）检查网元 SNMP 相关参数，登录网管系统查看 SNMP 相关参数是否与网元侧配置相同，如不一致则修改 SNMP 相关参数，与网元侧保持一致。

7.5.5 容灾链路中断

1. 缺陷概况

主备服务器之间的链路无法检测到对方，网管系统上报容灾链路中断。

2. 业务影响情况

主备服务器之间的链路中断，对容灾备份产生影响。

3. 缺陷处置办法

（1）检查连接主备节点的网线是否松动或被拔出。如是则重新连接主备节点之间的网线并检查缺陷是否消除，未消除则进行下一步排查。

（2）查看主节点服务器或备节点服务器是否处于复位或下电状态。若服务器处于复位状态，则等待复位启动完成；若服务器处于下电状态，则给服务器上电。待主节点或备节点启动完成后，查看缺陷是否清除，未消除则进行下一步排查。

（3）查看是否存在容灾网络配置变更，如有则及时进行配置恢复。

7.6 运维实践典型经验

7.6.1 网管服务器磁盘占用率高

7.6.1.1 问题描述

某厂家基站网管服务器出现磁盘占用率过高告警，具体分区为 var/log，磁盘使用率为 80%，暂不影响基站业务运行与网管操作，如图 7-4 所示。

级别	告警ID	名称	网元类型	告警源	MO对象	定位信息	
重要	36	磁盘占用率过高告警	OSS	OSS	OSS	主机=OSMUM02, 操作系统=Linux, 磁盘=ext4(/var/log), 站点名称=[illegible]	网管

图 7-4　网管告警

7.6.1.2 问题分析

查看 Syslog 转储配置文件，发现有部分参数配置异常，导致日志转储后日志写入程序始终存在已转储文件的 FD，原日志文件占用的磁盘空间一直未释放。日志占用空间会持续增大，进而导致日志分区占用持续增高，存在占满风险。

7.6.1.3 解决方案

需要在网管 OSMU 各节点以及网管产品节点执行以下命令，修改 rsyslog 配置文件以及日志转储配置文件：

（1）以 ossadm 用户登录 OSMU 节点，执行命令需要切换到 root 用户。

（2）执行命令修改 rsyslog 配置文件以及日志转储配置文件。

（3）重启 rsyslog 服务。

```
# systemctl restart rsyslog
# logrotate -f /etc/logrotate.conf 2>/dev/null
```

此命令正常执行大约需要 5min，需等待命令执行完成。

（4）执行以下命令确认执行结果。

```
# cat /etc/logrotate.d/seklog |egrep "copytruncate|rsyslogd.pid"
```

（5）以 ossuser 用户登录网管产品节点，执行命令切换到 root 用户。

（6）获取各产品节点 IP 信息。

（7）修改产品节点 rsyslog 配置文件以及转储配置文件。

（8）重启产品节点 rsyslog 服务。

（9）执行以上命令确认执行结果，如图 7-5 所示。

```
172.28.132.123
        copytruncate
              /bin/kill -HUP 'cat /var/run/rsyslogd.pid 2> /dev/null' 2> /dev/null || true
172.28.132.124
        copytruncate
              /bin/kill -HUP 'cat /var/run/rsyslogd.pid 2> /dev/null' 2> /dev/null || true
172.28.132.125
        copytruncate
              /bin/kill -HUP 'cat /var/run/rsyslogd.pid 2> /dev/null' 2> /dev/null || true
```

图 7-5　命令执行结果

登录网管主页面，查看磁盘告警是否消失，是否有其他衍生告警；登录 OSMU 节点，进入监控页面，查看磁盘分区是否正常。

7.6.1.4　经验总结

网管服务器磁盘空间使用率过高会导致服务器操作系统崩溃，系统日志丢失，进而导致服务器操作系统无法自启动，需要释放对应分区磁盘空间，重启服务器，严重影响网管系统的运行。

7.6.2　网管服务器磁盘分区使用率超限

7.6.2.1　案例描述

网管服务器磁盘空间使用率过高会导致服务器操作系统崩溃，系统日志丢失，进而导致服务器操作系统无法自启动，需要释放对应分区磁盘空间，重启服务器，严重影响网管系统的运行。本案例着重说明磁盘使用率超限类问题的处理步骤。

7.6.2.2　问题描述

某厂家网管系统上报“磁盘分区容量不足”告警，如图 7-6 所示。

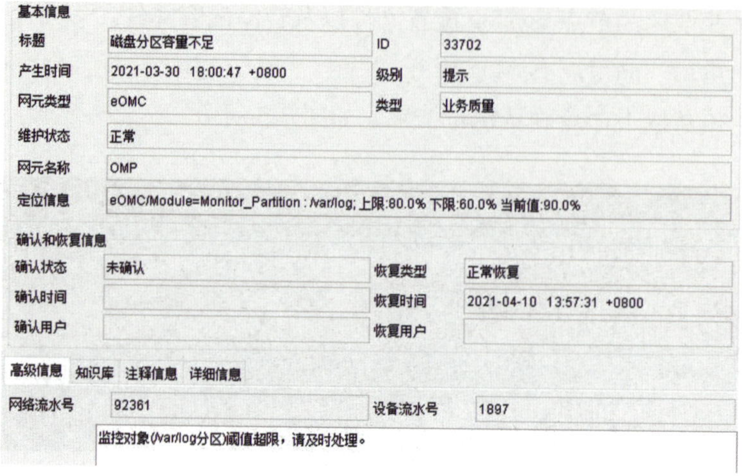

图 7-6　告警信息

操作系统 /var/log 磁盘分区使用率超限会导致服务器异常，影响网管服务运行。

7.6.2.3　问题分析

首先需要对磁盘空间进行检查，其步骤如下：

（1）使用管理员账户登录网管后台服务器。

（2）执行 df -h 命令检查服务器磁盘空间，其中 /var/log 分区磁盘使用率超限达到 80% 以上，检查结果如图 7-7 所示。

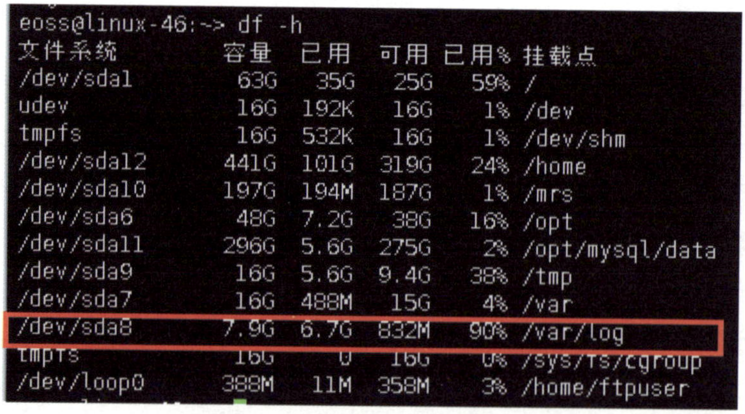

图 7-7　检查结果

网管服务器操作系统均使用 /var/log 独立分区，操作系统长期运行，由于文件缺失导致系统相关 log 日志不能及时压缩转储，致使系统磁盘被占满。磁盘空间使用率超限会导致服务器系统异常，若 /var/log 下的磁盘使用率超过 80%，需及时处理。

7.6.2.4 解决方案

（1）清理 /var/log 目录下的大文件释放空间。

1）若分区路径下日志占用的磁盘占比小于 80%，可进行日志文件的打包和压缩，利用 putty 工具或者其他支持 SSH 功能工具，并使用管理员用户远程登录到服务器，执行以下命令：

```
bzip2 /var/log/syslog
bzip2 /var/log/authlog
bzip2 /var/log/auth.log
bzip2 /var/log/kernel.log
bzip2 /var/log/secure.log
bzip2 /var/log/cron
/etc/init.d/syslog reload
```

2）若分区路径下日志占用的磁盘占比大于 80%，可进行日志文件的初始化，利用 putty 工具或者其他支持 SSH 功能工具，并使用管理员用户远程登录到服务器，执行以下命令：

```
>/var/log/authlog && echo success
>/var/log/auth.log && echo success
>/var/log/cron && echo success
>/var/log/kernel.log && echo success
>/var/log/secure.log && echo success
>/var/log/syslog && echo success
```

（2）开启系统日志自动转储功能，具体操作方法：

1）将转储文件通过 FTP 工具上传到服务器 /srv/ftpd 目录下。

2）利用 putty 工具或者其他支持 SSH 功能工具，并使用管理员用户远程登录到服务器，执行以下命令：

```
mv /srv/ftpd/syslogext /etc/logrotate.d/
chown root:root /etc/logrotate.d/syslogext
chmod 644 /etc/logrotate.d/syslogext
```

3）检查 syslogext 文件是否存在，如有屏显信息则表示实施成功。

4）执行 /etc/init.d/syslog reload。

通过以上操作后，磁盘分区 var/log 占用率恢复到正常水平，告警消除，如图 7-8 所示。

```
eoss@eltesvr-1:~> df -h
ɛ T              % /dev/sda1        63G  5.0G   55G    9% /
udev               32G  212K   32G    1% /dev
tmpfs              32G   68K   32G    1% /dev/shm
/dev/sdb1         1.4T  247G  1.1T   19% /home
/dev/sda11        197G  188M  187G    1% /mrs
/dev/sda6          48G  1.8G   44G    4% /opt
/dev/sda10        788G  163G  585G   22% /opt/mysql/data
/dev/sda9          16G  195M   15G    2% /tmp
/dev/sda7          16G  1.3G   14G    9% /var
/dev/sda8         7.9G  346M  7.2G    5% /var/log
eoss@eltesvr-1:~>
```

图 7-8　磁盘占用率

7.6.2.5　经验总结

在网管系统日常维护中，应密切关注各系统分区的磁盘占用情况，当磁盘占用率过高时，需定期清理磁盘空间，在删除文件前一定要确认该文件是否能被删除。如果误删除文件，可能导致系统无法正常运行。

7.6.3　网管客户端吊死

7.6.3.1　问题描述

在维护某厂家基站网管过程中，发现网管客户端输入用户名和密码后进入管理页面后卡死，无法进行操作。该基站网管基站数量大约 1 千多个。

7.6.3.2　问题分析

从网管服务端日志分析来看，23 日 5:40 左右时看门狗没有收到对应进程的握手消息，主动杀掉 oamserver 和 ifmservice 进程，导致进程异常重启，查看 swd 的日志，发现每个隔几天就会发生进程重启，而且时间点相对固定，如图 7-9 所示。

```
[2021-08-05 05:44:11 - INFO] (ProcUtil): >>>>> start the process[(/home/ngomm/inms_249/server/ifmservice,1),PID:115774].
[2021-08-07 05:43:59 - INFO] (ProcUtil): >>>>> start the process[(/home/ngomm/inms_249/server/oamserver,1),PID:444404].
[2021-08-10 05:46:53 - INFO] (ProcUtil): >>>>> start the process[(/home/ngomm/inms_249/server/ipmservice,1),PID:251741].
[2021-08-13 05:46:19 - INFO] (ProcUtil): >>>>> start the process[(/home/ngomm/inms_249/server/ipmservice,1),PID:54666].
[2021-08-16 05:45:05 - INFO] (ProcUtil): >>>>> start the process[(/home/ngomm/inms_249/server/ifmservice,1),PID:315579].
[2021-08-18 05:46:01 - INFO] (ProcUtil): >>>>> start the process[(/home/ngomm/inms_249/server/oamserver,1),PID:186213].
[2021-08-18 05:46:09 - INFO] (ProcUtil): >>>>> start the process[(/home/ngomm/inms_249/server/oamserver,1),PID:186526].
[2021-08-18 05:46:39 - INFO] (ProcUtil): >>>>> start the process[(/home/ngomm/inms_249/server/oamserver,1),PID:187142].
: [2021-08-23 05:43:51 - INFO] (ProcUtil): >>>>> start the process[(/home/ngomm/inms_249/server/oamserver,1),PID:342665].
: [2021-08-23 05:44:06 - INFO] (ProcUtil): >>>>> start the process[(/home/ngomm/inms_249/server/oamserver,1),PID:342873].
: [2021-08-23 05:44:21 - INFO] (ProcUtil): >>>>> start the process[(/home/ngomm/inms_249/server/oamserver,1),PID:343279].
: [2021-08-23 05:44:36 - INFO] (ProcUtil): >>>>> start the process[(/home/ngomm/inms_249/server/oamserver,1),PID:343475].
: [2021-08-23 05:45:56 - INFO] (ProcUtil): >>>>> start the process[(/home/ngomm/inms_249/server/ifmservice,1),PID:345195].
: [2021-08-23 05:45:57 - INFO] (ProcUtil): >>>>> start the process[(/home/ngomm/inms_249/server/oamserver,1),PID:345210].
: [2021-08-23 05:46:05 - INFO] (ProcUtil): >>>>> start the process[(/home/ngomm/inms_249/server/oamserver,1),PID:345335].
: [2021-08-23 05:46:20 - INFO] (ProcUtil): >>>>> start the process[(/home/ngomm/inms_249/server/oamserver,1),PID:345744].
: [2021-08-23 05:46:35 - INFO] (ProcUtil): >>>>> start the process[(/home/ngomm/inms_249/server/oamserver,1),PID:345953].
: [2021-08-23 05:46:50 - INFO] (ProcUtil): >>>>> start the process[(/home/ngomm/inms_249/server/oamserver,1),PID:346380].
```

图 7-9　进程重启

查看 oam 日志后发现大量命令超时信息，且都是在每天 5:33 以后，如图 7-10 所示。

```
[2021-08-21 05:34:01 - ERROR] (zteomm4clis11DispatchFsm): [transResponseTimeOut]
[2021-08-21 05:34:11 - ERROR] (zteomm4clis11DispatchFsm): [transResponseTimeOut]
[2021-08-21 05:34:21 - ERROR] (zteomm4clis11DispatchFsm): [transResponseTimeOut]
[2021-08-21 05:34:31 - ERROR] (zteomm4clis11DispatchFsm): [transResponseTimeOut]
[2021-08-21 05:34:42 - ERROR] (zteomm4clis11DispatchFsm): [transResponseTimeOut]
[2021-08-21 05:35:24 - ERROR] (zteomm4clis11DispatchFsm): [transResponseTimeOut]
[2021-08-21 05:35:54 - ERROR] (zteomm4clis11DispatchFsm): [transResponseTimeOut]
[2021-08-21 05:36:36 - ERROR] (zteomm4clis11DispatchFsm): [transResponseTimeOut]
[2021-08-21 05:37:22 - ERROR] (zteomm4clis11DispatchFsm): [transResponseTimeOut]
[2021-08-21 05:38:04 - ERROR] (zteomm4clis11DispatchFsm): [transResponseTimeOut]
[2021-08-22 05:33:17 - ERROR] (zteomm4clis11DispatchFsm): [transResponseTimeOut]
[2021-08-22 05:33:27 - ERROR] (zteomm4clis11DispatchFsm): [transResponseTimeOut]
[2021-08-22 05:33:37 - ERROR] (zteomm4clis11DispatchFsm): [transResponseTimeOut]
[2021-08-22 05:33:47 - ERROR] (zteomm4clis11DispatchFsm): [transResponseTimeOut]
[2021-08-22 05:33:57 - ERROR] (zteomm4clis11DispatchFsm): [transResponseTimeOut]
[2021-08-22 05:33:59 - ERROR] (zteomm4clis11DispatchFsm): [transResponseTimeOut]
[2021-08-22 05:34:09 - ERROR] (zteomm4clis11DispatchFsm): [transResponseTimeOut]
[2021-08-22 05:34:19 - ERROR] (zteomm4clis11DispatchFsm): [transResponseTimeOut]
[2021-08-22 05:34:29 - ERROR] (zteomm4clis11DispatchFsm): [transResponseTimeOut]
[2021-08-22 05:34:39 - ERROR] (zteomm4clis11DispatchFsm): [transResponseTimeOut]
[2021-08-22 05:34:50 - ERROR] (zteomm4clis11DispatchFsm): [transResponseTimeOut]
[2021-08-22 05:35:32 - ERROR] (zteomm4clis11DispatchFsm): [transResponseTimeOut]
[2021-08-23 05:33:29 - ERROR] (zteomm4clis11DispatchFsm): [transResponseTimeOut]
[2021-08-23 05:33:39 - ERROR] (zteomm4clis11DispatchFsm): [transResponseTimeOut]
[2021-08-23 05:33:49 - ERROR] (zteomm4clis11DispatchFsm): [transResponseTimeOut]
[2021-08-23 05:33:59 - ERROR] (zteomm4clis11DispatchFsm): [transResponseTimeOut]
[2021-08-23 05:34:11 - ERROR] (zteomm4clis11DispatchFsm): [transResponseTimeOut]
[2021-08-23 05:34:18 - ERROR] (zteomm4clis11DispatchFsm): [transResponseTimeOut]
[2021-08-23 05:34:21 - ERROR] (zteomm4clis11DispatchFsm): [transResponseTimeOut]
[2021-08-23 05:34:31 - ERROR] (zteomm4clis11DispatchFsm): [transResponseTimeOut]
[2021-08-23 05:34:41 - ERROR] (zteomm4clis11DispatchFsm): [transResponseTimeOut]
[2021-08-23 05:35:00 - ERROR] (zteomm4clis11DispatchFsm): [transResponseTimeOut]
```

图 7-10　超时日志

结合上述分析，问题出现时间点是在网管备份性能数据库后发生的，且系统此时没有其他操作任务。性能数据库备份时间是每天 5:32，数据库大小接近 10G，从日志分析来看，备份十几秒就能完成。该局点是异地双机配置，本机备份完成后，会进行双机同步，因为数据库比较大，在 20Mbps

的网速下，需要接近 9min 才能完成，异地双机同步时，会大量占用系统资源，导致网管服务端运行缓慢，模块间消息处理缓慢或者停滞，如果时间过长，会造成进程处理队列占满，客户端处理也会异常。

7.6.3.3 解决方案

分析告警服务端日志，日志里有很多告警码未定义，在获取告警码上都返回无数据，告警进程异常导致，重启该进程后，系统正常。

7.6.3.4 经验总结

因为备份数据库比较大，双机同步时容易导致系统异常，所以在现场增加配置文件，超过 1G 时就不备份性能数据库。对进程处理队列占满异常保护处理，允许进程在资源占用异常时可反复做重新初始化处理。

7.6.4 网管新增基站网元不能使用英文字符点

7.6.4.1 问题描述

电力无线专网的各厂家网管与上级运维系统采用北向接口对接，运维系统的性能数据需要采用统一的命名方式，某厂家网管新增基站时，站名中不能使用英文字符点，导致运维系统丢弃不符合规范的基站性能数据。

7.6.4.2 问题分析

该问题为网管客户端侧 bug 导致，需要替换为新的 JAVA 数据包来修正。

7.6.4.3 解决方案

为解决电力无线专网基站名必须使用英文字符点的需求，通过替换网管客户端 PC 上规则包的形式提供新添加基站时使用应为字符点的能力。

（1）进入网管客户端在 PC 上的安装目录，默认安装情况下为 C:\eOMC。

（2）进入需要配置更改的 JAVA 包目录，默认安装情况下为 C:\eOMC\biz-release\lib。

（3）将新提供的 JAVA 数据包复制到 PC 上面目录下，替换掉原有的同名 JAVA 数据包。

（4）登录网管客户端，新建基站测试。

7.6.4.4 经验总结

在网管客户端拓扑视图上新增一个基站，在站名中添加使用英文字符点，验证是否可以添加成功。

7.6.5 网管服务端软件版本升级

7.6.5.1 问题描述

为解决电力无线专网某厂家网管服务器每天定时上报脑裂告警，而后自动恢复的问题。需要对其网管服务器版本进行升级，该版本同时增加新需求，实现在上报的性能数据中增加基站名称字段。

7.6.5.2 问题分析

为满足以上的需求和问题解决，需要对该厂家网管服务端进行升级，本次升级对现有基站现有功能没有影响，对网管现有正常使用功能不存在变动，对北向接口的对接没有影响。

7.6.5.3 解决方案

本次升级过程主要涉及网管页面的功能使用，不会影响业务。

（1）预先准备一台 Windows7+IE11 环境的调试 PC 和一根备用串口线，并在该升级调试 PC 上预装 VNC、FTP 工具、SSH 工具等，提前下载好升级目标版本并确认网管配置信息。

（2）升级前配置备份：登录网管页面，点击界面左侧导航树，切换到专家模式，执行命令备份网管配置数据，其中备份路径和备份文件名可根据需要替换。

（3）以 SFTP 方式（默认端口号 22）连接服务器，下载配置备份文件到本地调试机保存。

（4）安装调试 PC 通过 IE 登录安装代理 URL，登录界面如图 7-11 所示。

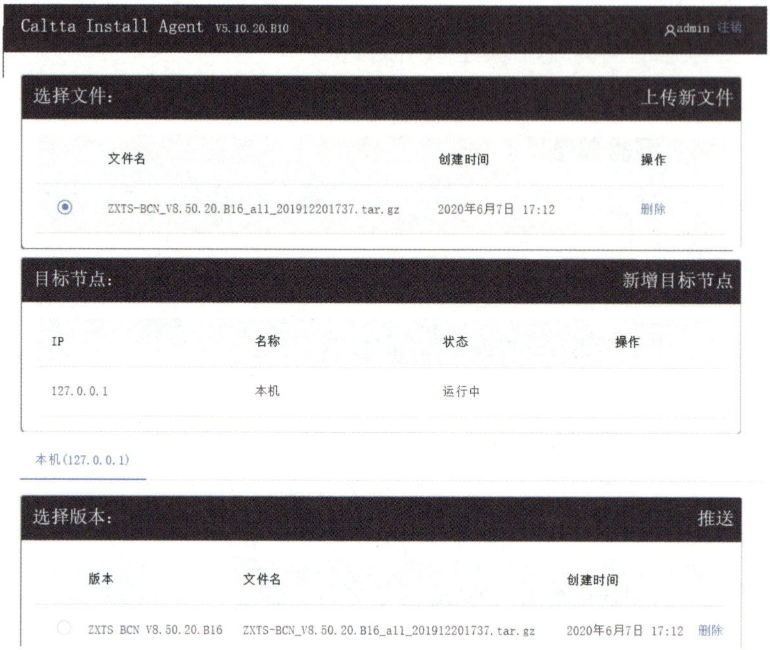

图 7-11　登录界面

（5）选择“上传新文件”，选择本地版本包，文件上传成功后如图 7-12 所示。

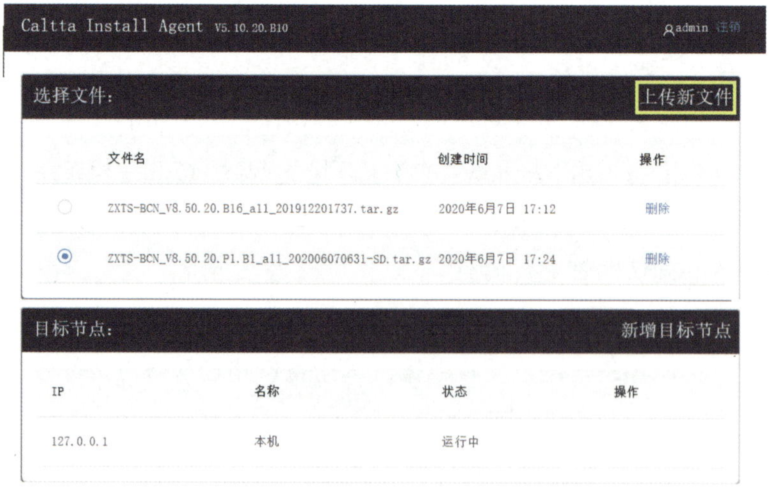

图 7-12　文件上传成功后界面

（6）选择“推送”，上传的版本包会被推送到选择版本目录下，选择目标版本，如图 7-13 所示。

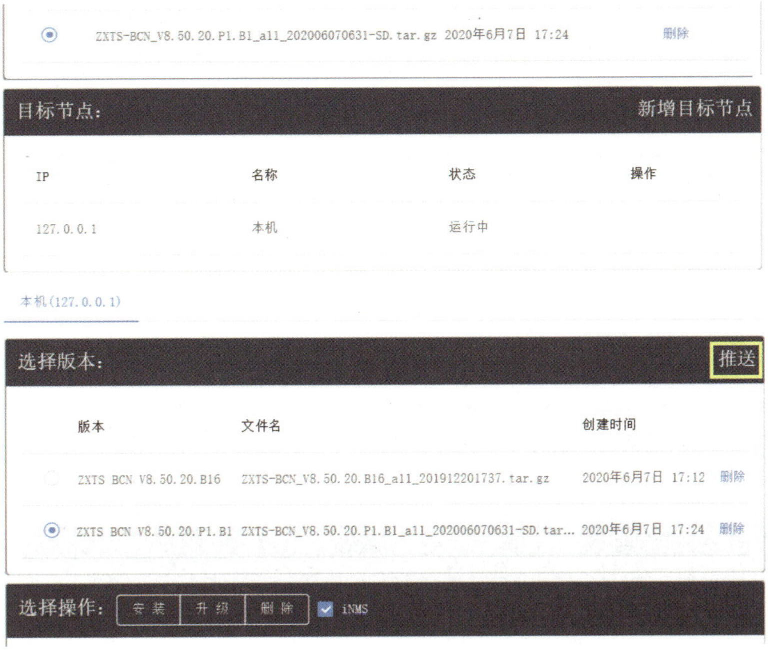

图 7-13　文件推送界面

（7）勾选需要升级的网元，选择升级，如图 7-14 所示。

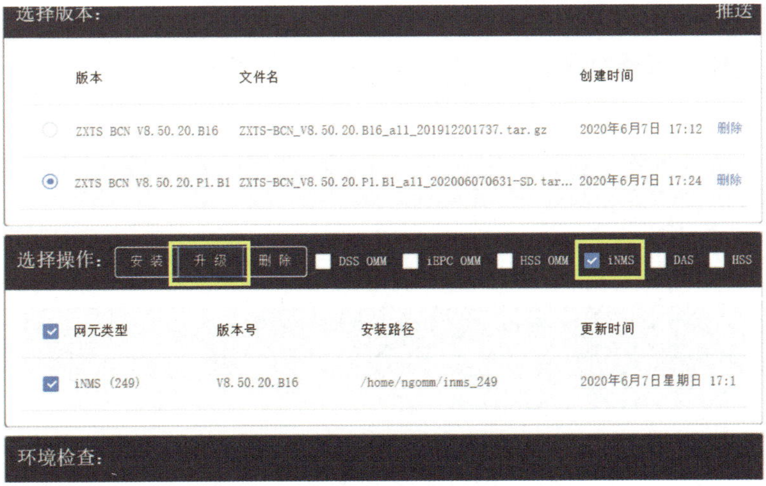

图 7-14　升级界面

（8）升级过程中无需干预，由于数据库较大，升级时间可能会延长，如图 7-15 所示。

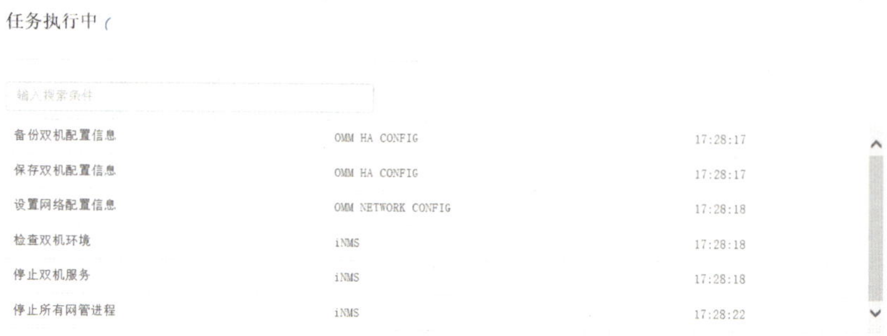

图 7-15　升级过程界面

（9）升级完成后，如图 7-16 所示。

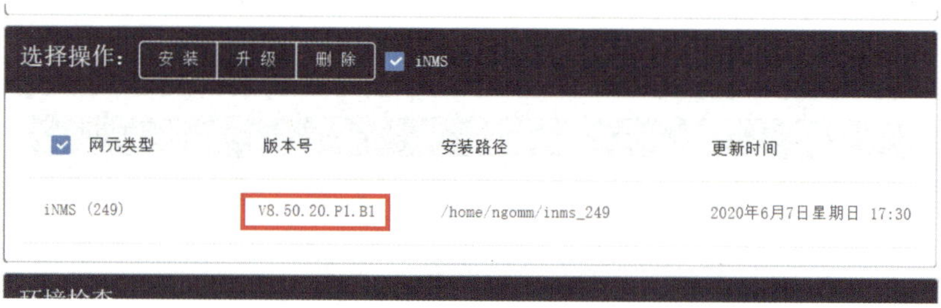

图 7-16　升级完成界面

7.6.5.4　经验总结

网管升级完成，检查所有网元告警，确定是否存在影响功能的告警，如果有需要逐一排查、定位、解决。同时要对其新增功能以及解决的问题进行测试，主要测试项目见表 7-3。

表 7-3　升级测试项目表

	测试点	详细描述	是否实现	测试人
脑裂告警	次日凌晨可观察无脑裂告警			
基站性能数据管理	运行时间 >15min 之后可看到性能数据包正常生成			

7.6.6 基站 KPI 数据统计异常处理

7.6.6.1 问题描述

某市公司利用综合网管对小区性能指标进行日常监控。发现自 5 月 21 日起，D 站点的小区 1 和小区 2 的 RRC 连接用户数为 0，小区 3 的 RRC 连接数正常。小区 1、小区 2 的其他指标，如无线连接成功率、E/RAB 掉线率、PRB 资源利用率等性能统计数据都正常。平均 RRC 连接用户数如图 7-17 所示：

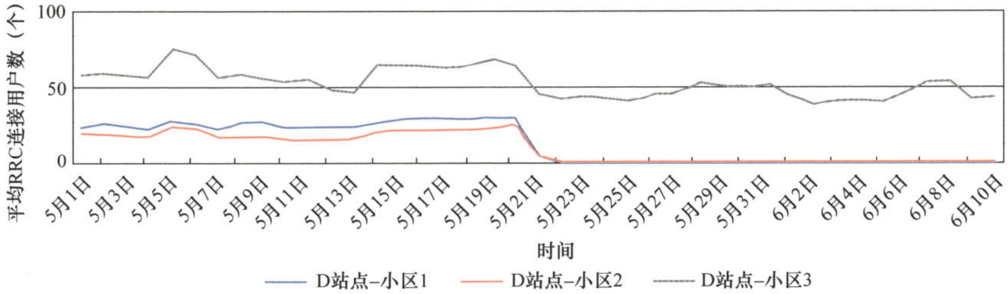

图 7-17　D 站点 1、2、3 小区 RRC 连接用户数

7.6.6.2 问题分析

一般来说用户数突然降为 0 可能的原因有：①硬件故障和突发干扰问题；②人为操作闭塞小区；③网管数据异常。

此次 KPI 统计异常只影响小区 1 和小区 2，可以排除 BBU 或时钟板等全局性故障。需排查硬件告警和突发性干扰，检查实际占用用户，检查问题起始时段对网络的操作，从而大致定位出问题的来源，再做进一步的排查和操作。

1. 硬件和干扰排查

通过 Z 厂家网管查询，该基站无告警、S1AP 状态正常、SCTP 链路运行正常。排除站点本身硬件故障导致的 KPI 统计异常。查看频谱测量及干扰性能指标统计，问题发生前后时段，干扰噪声平稳保持在 –117dBm 左右，排除突发干扰原因。

2. 邻区调整影响分析

5 月 20 日下午 2 点曾对该站及周围小区进行过邻区添删，并无其他操作，怀疑是邻区调整产生的影响。①检查同批次操作的小区指标，发现并无异常；②分析小时数据，发现异常起始发生于 5 月 21 日的凌晨 4 时，与邻区操作时间间隔 14h，排除邻区调整原因导致异常。小时统计的 RRC 连接用户数如图 7-18 所示。

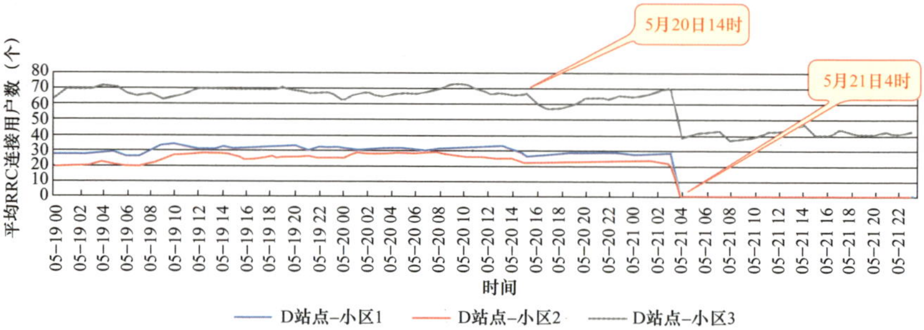

图 7-18　D 站点 1、2、3 小区 RRC 连接用户数

3. 终端实际占用

Z 厂家网管上查询 D 站点 1、2 小区的实时终端占用分别为 10 个和 8 个。同一时间无线运维平台上查询的实时终端占用是 0 个，说明无线运维平台统计的数据与实际不符，需进一步判断是无线运维支撑平台自身的原因还是网管原因。站点终端实际占用如图 7-19 所示。

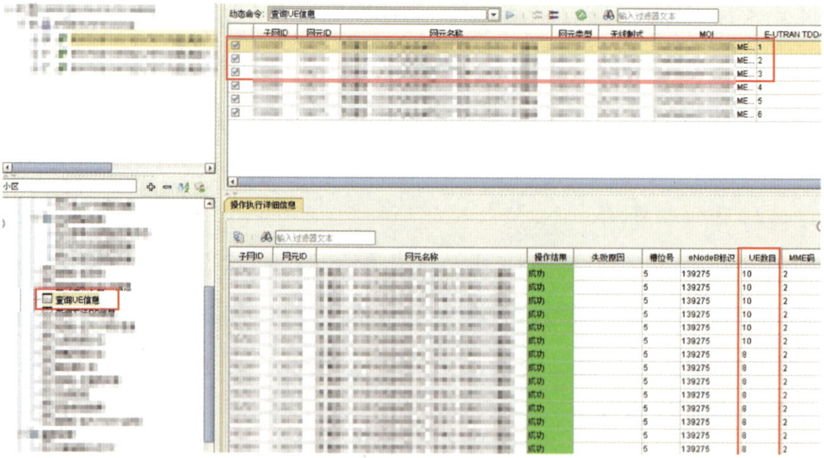

图 7-19　D 站点终端占用

4. 网管数据比对

无线专网运维支撑平台的统计数据源于 Z 厂家 N 平台的上报。从 N 平台上取详细的 RRC 测量数据，发现 D 站点的 1、2 小区统计的 RRC 连接建立最大用户数和 RRC 连接建立平均用户数为 0，导致无线专网运维平台统计的平均 RRC 连接用户数也为 0。N 平台 RRC 测量统计结果如图 7-20 所示。

对象名称	mt-Access类型RRC连接建立成功次数(次)	RRC连接建立最大用户数(个)	RRC连接建立平均用户数(个)	RRC连接建立当前用户数(个)
Cell_[illegible]_1	160	0	0	13
Cell_[illegible]_2	475	0	0	34
Cell_[illegible]_3	871	57	45.7572	48
Cell_[illegible]_1	126	0	0	18
Cell_[illegible]_2	502	0	0	27
Cell_[illegible]_3	836	56	45.75	44
Cell_[illegible]_1	160	0	0	17
Cell_[illegible]_2	456	0	0	29
Cell_[illegible]_3	867	60	47.16	53
Cell_[illegible]_1	172	0	0	17
Cell_[illegible]_2	406	0	0	30
Cell_[illegible]_3	769	59	48.3672	51
Cell_[illegible]_1	166	0	0	19
Cell_[illegible]_2	420	0	0	30
Cell_[illegible]_3	835	57	45.5289	42

图 7-20　N 平台上 RRC 测量统计结果

至此，问题原因基本定位为 N 平台上报统计数据不全。为进一步求证和找到问题的根源及应处理措施，运维人员联合 Z 厂家对问题进行进一步的排查。

5. 信令跟踪和分析

现场抓取基站信令和跟踪信令分析，该站下所有小区的终端接入及其他业务都正常，且逻辑小区级别的性能计数统计正常（逻辑小区是按 PLMN 来统计，颗粒度更细）。

进一步分析基站内部调试信息得知，1 槽位主控板在上报性能统计模块中保存的配置信息有误，其他小区配置信息都正常，所以 UE 接入及业务都正常不受影响，上报值异常是这两个小区获取配置信息出错所致。

经 Z 厂家实验室复现分析验证，出现获取配置数据错误的场景非常特殊，在非常极端场景下会出现。彻底解决该问题需要出补丁版本，实验室升级补丁版本经验证通过，能够解决该问题。

7.6.6.3 解决方案

恢复 KPI 上报数据方法：操作网管闭塞、解闭塞问题小区可以重新同步配置信息解决配置数据错误。如不能解决，需 Z 厂家升级补丁版本，以彻底解决该问题。

6 月 22 日下午 2 点对 D 站点 1、2 小区进行关断和解关断之后，无线专网运维支撑平台上指标统计已恢复正常，如图 7-21 所示。

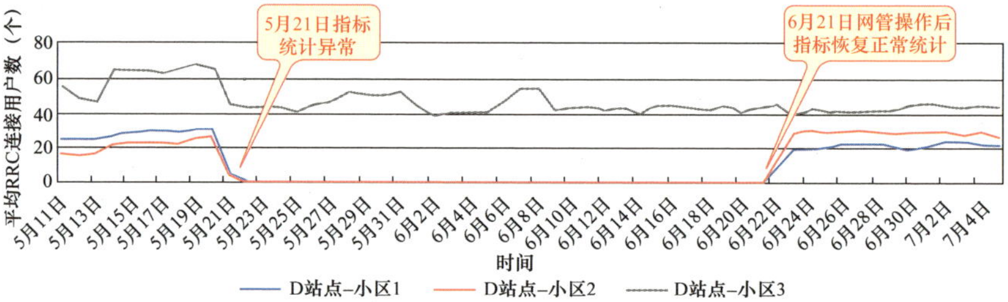

图 7-21 D 站点 1、2、3 小区平均 RRC 连接用户数

7.6.6.4 经验总结

在日常指标监控中，若发现某些小区用户数之前正常突然降为 0 或明显异常，可能是假性零业务小区，假性零业务小区会导致性能指标问题不能及时被发现。实际处理此类异常指标统计问题，不建议一开始就采取解关断小区和复位基站等短平快的方法。应从硬件、干扰、厂家网管平台等层层分析可能的原因，逐一排除，直到定位出问题的主要原因，然后再采取相应的优化动作。

8

运维支撑平台

无线网络运维阶段涉及无线设备管理、无线网络运行性能监视、开卡开户、检修管理等一系列工作。通常使用专业设备网管支撑以上工作，但是无线网络设备类型和品牌较多，对应网管众多，包括核心网、基站、通信终端等设备网管。网管功能各异，管理深度参差不齐，难以进行统一、有效和可靠的管理，严重制约相关工作科学有序开展，不能满足业务需求，急需一个综合化运维平台对无线网络运维提供有力支撑。此外，随着 5G 技术在电力行业的规模化应用，电力专网与运营商公网深度耦合，需要综合化运维平台与运营商 5G 能力开放平台对接，解决 5G 切片专网的网络管理问题。在此背景之下运维支撑平台应运而生。

8.1 运维支撑平台概述

运维支撑平台作为一个集中化的综合管理平台，可以对各个网管的数据进行集中标准化处理，同时支持与运营商 5G 能力开放平台对接。通过该平台的应用，运维人员全面掌控无线专网的整体性能和整体覆盖情况，有效提升了生产和管理服务的能力。

运维支撑平台为运维人员提供一套智能化运行维护平台，使运维人员能够及时发现网络性能短板、准确定位性能短板，降低处理时延，并可减少运维人员判断网络问题的时间和工作时间，减少无效或者低效劳作频度，实现成本降低的经济效益。

运维支撑平台促进全方位的专业协同，优化工作流程，实现了无线通信运维工作的系统化、智能化、移动化管理，有效保障无线通信业务的正常运行，提升无线通信网络的质量，减少无线通信运维经济成本、人力成本，提升了运维效率。

运维支撑平台实现了检修自动审批和缺陷自动派单、开卡开户管理、性能监测、专题场景保障、根告警标准化和关联展示、GIS 地图图形化、移动运维、5G 切片专网管理等一系列功能，全方位提高通信网络运行保障水平，促进网络安全、可靠、持续的运行。

8.2 检修管理和缺陷管理

在无线网络运维过程中，经常发生设备故障等一些突发问题，影响网络运行，因此需要有计划地对设备进行检修或者对突发故障进行紧急抢修，排除隐患，保障无线网络稳定运行。

随着无线网络规模越来越大，检修、抢修、缺陷处理等任务越来越多，检修工单和缺陷工单的数量逐步递增，工单也缺乏管控，相关人员的工作压力进一步增大。为了提高工作效率，缓解相关人员的压力，同时对工单系统进行科学管理，运维支撑平台实现了检修自动审批和缺陷自动派单功能。

8.2.1 检修管理

为了保障无线网络的稳定运行，对设备的检修是一项必不可少的工作。检修对象包括核心网、基站、通信终端、回传网、无线信号放大器、网管系统、光缆及基础辅助设施等设备。无线网络检修包括计划检修、临时检修和紧急抢修。

8.2.1.1 检修计划管理

在运维支撑平台中起草检修计划时，检修工单可根据检修工作所需时长设定检修时间段，而且在检修开始时间前 2 天，系统会自动派发短信提醒工作人员处理。检修管理界面如图 8-1 所示。

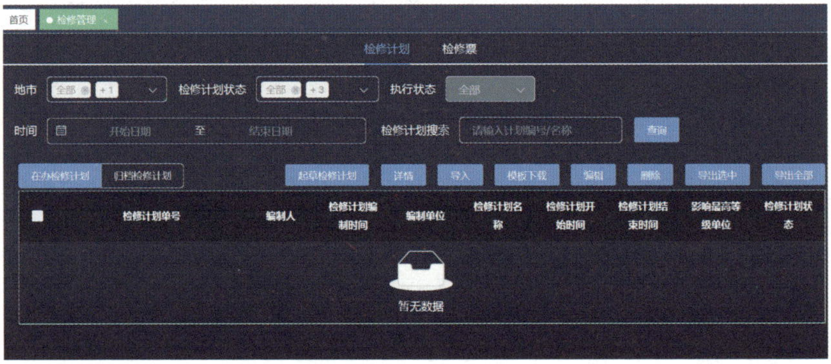

图 8-1 检修管理界面

当计划检修工单较多时，平台还支持批量导出、导入检修计划，可将模板导出，根据检修工作情况填写相应工单信息，再导入系统，即可完成多个工单的起草，检修计划详情如图 8-2 所示。

检修计划工单还支持自动填单功能，例如检修影响范围将根据影响业务状况自动填入。用户提交检修计划后，系统将自动对工单进行规范性审查，并对突出显示错误位置，提交工单后，系统会根据“最高影响等级单位”自动提交至对应审批人。

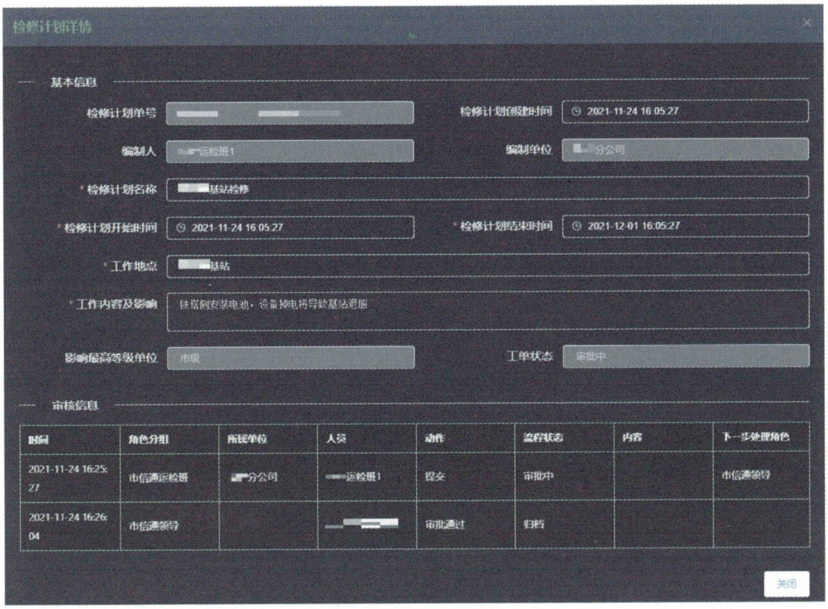

图 8-2　检修计划详情

8.2.1.2　检修票管理

检修票跟检修计划相关联，检修票可直接在相应的检修计划工单中起草，系统将检修计划中的相关字段自动填入检修票中，使检修票的起草更加便捷，检修票界面如图 8-3 所示。

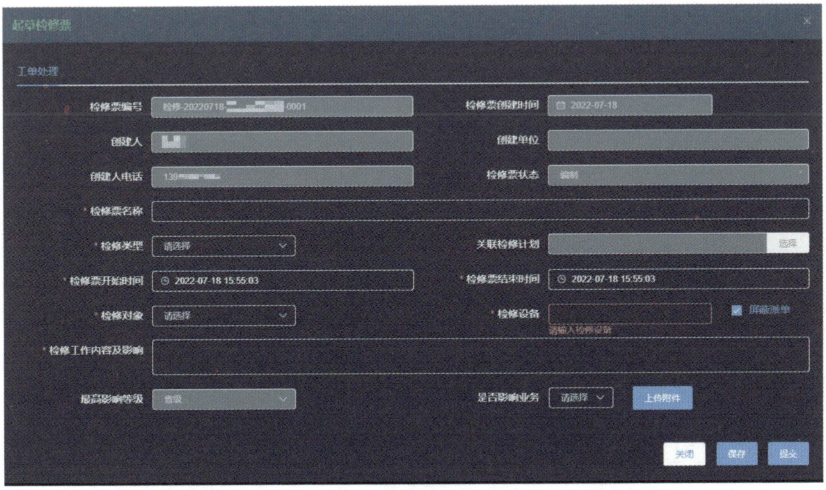

图 8-3　检修票界面

在进行检修工作时系统会根据检修票的“影响最高等级单位”判断审批角色。检修票根据影响范围及设备重要性分为系统自动审批和人工审批。当检修对象影响范围较小，例如检修电源、BBU、RRU、直放站、光缆和接入交换机等，由系统自动审批通过；当检修对象影响范围较大，例如检修汇聚交换机、核心交换机、精控交换机、核心网等，则由人工审批。

审批过程中系统将根据检修类型、检修对象判断是否由系统审批，若是系统审批则直接审批通过，并自动发送邮件通知“影响最高等级单位”；若人工审批，检修票将流转到用户进行审批。

检修票审批通过后，系统自动发送邮件通知“影响最高等级单位”。检修票人工审批通过则进入待开工状态，并由系统自动发送邮件通知相应用户。

开工批复时，为减轻用户审批工作量，系统将自动对检修类型进行判定，检修工作对业务影响范围较小时，例如检修类型为临时检修、紧急抢修，检修对象为电源、BBU、RRU、直放站、光缆、接入交换机等影响范围较小的设备，则由系统批复开工。

检修工作会对业务产生较大影响，例如同一簇内的两座及两座以上的基站同时在进行检修工作或当前簇内有其他检修票状态为执行中时，系统将自动把开工审批转至用户，由人工批复开工。

完工后系统将判断检修设备根告警是否全部消除，若全部消除则自动批复通过完成归档；若根告警未消除，系统将检修票流转到用户进行人工批复，具体流转过程如图 8-4 所示。

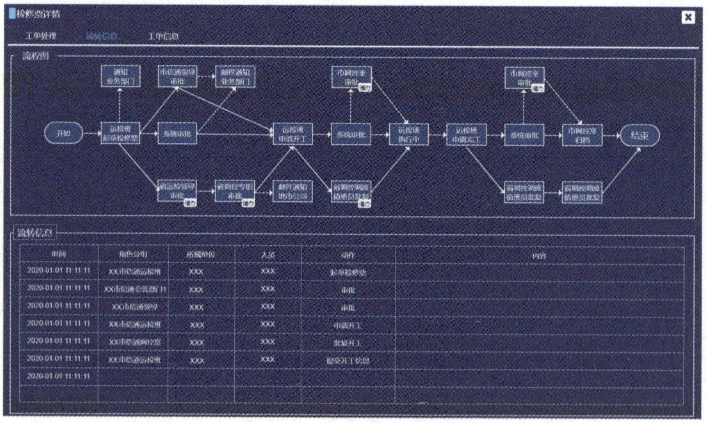

图 8-4　检修票流转过程

8.2.2 缺陷管理

随着无线网络的发展，设备及业务通道的维护量越来越大，缺陷处理成为日常维护的重要工作之一。为了及时掌握缺陷情况、提高缺陷管理水平，运维支撑平台缺陷管理功能实现了对缺陷的有效管理。无线网络缺陷按照紧急程度分为一级缺陷、二级缺陷和三级缺陷。

当系统产生缺陷时需要对缺陷进行派单处理，缺陷单派单分为手工派单和自动派单。手工派单就是手动填写缺陷等级、缺陷对象、缺陷描述、缺陷类型、缺陷单名称等字段后进行人工单派发。自动派单就是系统根据设备产生的缺陷自动填写缺陷信息派发缺陷工单。考虑到由恶劣天气、设备软件升级等原因引起的缺陷大部分会在几分钟内自动恢复，既没有消缺的必要，又会频繁产生，因此系统将对缺陷进行判定，如果缺陷在 15min 内自动恢复，系统便不会派单。

工单接单后，对于短时间不能完成消缺的缺陷单，为了防止缺陷单超时，用户可以向下一级用户申请缺陷单挂起，完成消缺后再申请缺陷单解挂。

缺陷单验收时，产生缺陷的设备所有告警消除则自动通过验收，若告警未消除则缺陷单流转到人工验收。

自动派单功能拥有灵活的配置选项，系统缺陷派单配置可以按缺陷类型、缺陷对象、缺陷单级别等自主配置。缺陷单派单条件也可以依据设备厂家分类、不同类型网元设备、派单条件生效时间等条件进行配置。自动派单配置界面如图 8-5 所示。

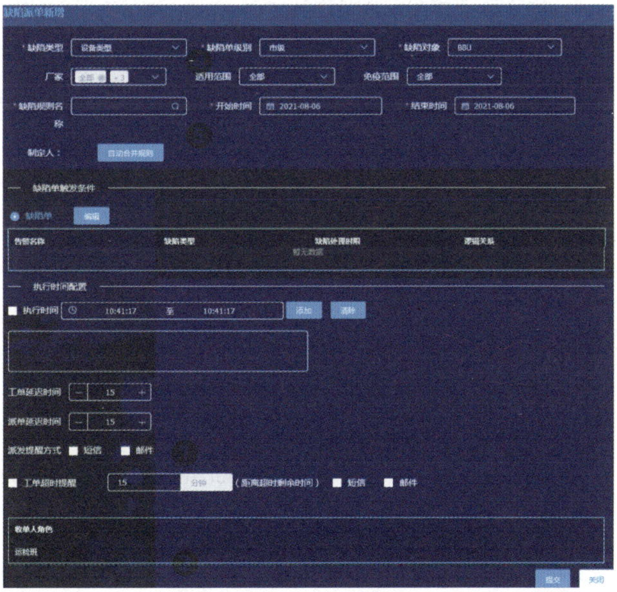

图 8-5 自动派单配置界面

8.3 开卡、开户管理

随着无线网络规模的扩大，业务接入量越来越大，所需要的 SIM 卡也逐步递增。通常 SIM 卡开卡需要数据规划、脚本制作、在核心网侧进行命令执行、硬卡烧制等多个流程，复杂而繁琐，效率低下，因此急需一个简单高效的开卡、开户流程。

运维支撑平台结合开卡、开户业务流程，实现了软硬件相结合的开卡、开户功能。该功能包括与制卡工具和核心网的集成，完成 SIM 卡的写卡、开卡及核心网注册操作，同时支持对分发的 SIM 卡基础信息进行批量的导入导出，支持自动开卡流程与业务申请工单及审批流程，可自动化批量导入数据开卡和手工维护数据，支持业务部门未维护卡的查询统计，同时实现全流程自动同步至专用手持终端。开卡、开户功能界面如图 8-6 所示。

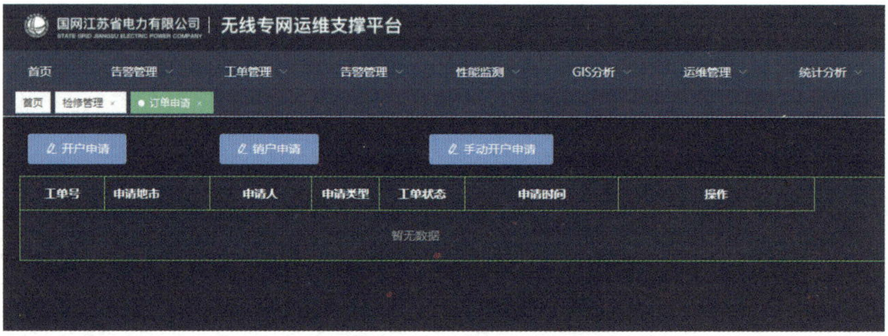

图 8-6　开卡、开户功能界面

8.3.1　业务总体情况

运维支撑平台的自动化开卡、开户功能简化了工作流程，支持批量开卡、开户功能，自动开卡、开户工作流实现与业务系统的对接，可批量自动化导入数据开卡和手工维护数据，同时支持业务部门未维护卡的查询统计，极大地提高了工作效率。

8.3.2 开卡流程

运维支撑平台实现业务的申请、开卡、开户执行以及最终工单完全结单整个业务流程。业务部门根据业务新增需求，在本平台发起业务申请流程，并填写通信业务接入申请单，提出业务 SIM 卡开卡、开户申请，说明申请原因、业务用途、终端类型、终端位置、业务数量、完成时间等必要内容，填写后提交审核。通过审批后规划人员对数据进行规划，导入本平台，执行人员依据需求进行批量开卡、开户，最后流转至业务申请人员进行闭环。

8.3.3 规划数据管理功能

运维支撑平台规划人员根据业务申请进行开卡、开户数据的规划。规划后批量导入平台，可以实现对基于业务属性或者 SIM 卡属性进行数据的图表搜索、展示、导出、编辑等功能。

8.3.4 批量开卡、开户功能

系统支持批量开卡、开户功能，自动开卡、开户工作流实现与业务系统的对接，可自动化批量导入数据开卡和手工维护数据，同时支持业务部门未维护卡的查询统计。

开卡、开户前需要对 SIM 卡进行统一收集核验，核验无误后可进行开卡、开户操作。

批量开户通过与核心网网管的集成并与读卡器的交互，将完成开户操作的数据写入核心网网管中，实现自动化批量写卡。选择需要写卡的数据，系统自动将 IMSI、KI、OP 等关键信息写入卡，实现自动化批量写入功能，如图 8-7 所示。

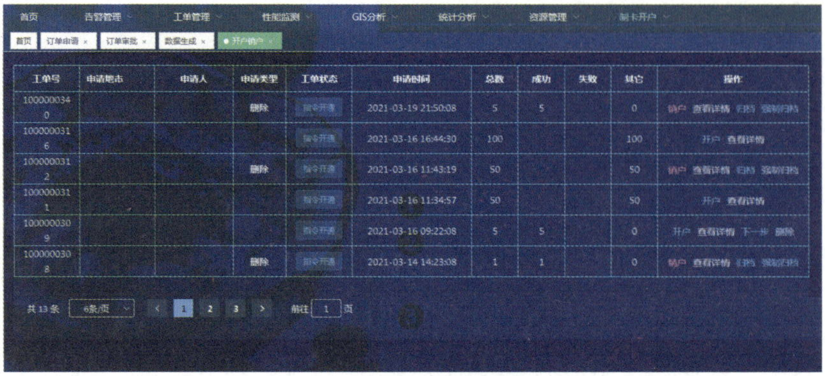

图 8-7 批量开卡开户功能

8.3.5 历史开卡、开户信息管理

开卡、开户执行结束后，将开卡、开户信息储存至平台，信息在开卡、开户管理界面呈时间倒序排列。系统支持对历史信息通过业务名称、业务类型、设备厂家、所属基站等属性信息进行检索，并支持检索信息导出。

8.4 告警标准化和关联展示

告警是了解网元、网络运行情况以及故障定位的主要信息来源，故需要对告警进行有效获取和管理。为了保障网络的正常运行，运维人员需要定期对告警进行监控和处理。

通常各个网管显示的告警种类繁多、复杂而凌乱，无法将告警信息进行灵活分类，通知给不同的人。这就加大了运维人员对告警信息的判断难度，导致无法快速地定位到根因，也就无法快速解决问题。

运维支撑平台以运行监控和故障报警这两个方面为重点，将所有无线网络系统中所涉及的网络资源、硬件资源、软件资源、数据库资源等纳入平台统一监控。通过消除专业设备网管的差别、数据采集手段的差别，对各种不同的数据来源实现统一管理、统一规范、统一处理、统一展现，最终实现运维规范化、自动化、智能化管理，告警界面如图 8-8 所示。

图 8-8　告警界面

8.4.1　告警标准化

现实网络存在多个品牌的设备，不同品牌厂家对告警名称、告警级别等的定义各不相同。此外，同一个故障告警还会产生多条关联告警，增加了运维人员的工作量。为了减少运维难度，提升工作效率，运维支撑平台对根告警进行了标准化处理和关联展示。

告警标准化将不同厂家设备的告警根据相同性质和功能进行判断、归类。明确设备告警名称、告警正文、告警解释等，为后期设备告警的定位提供支撑。告警标准化界面如图 8-9 所示。

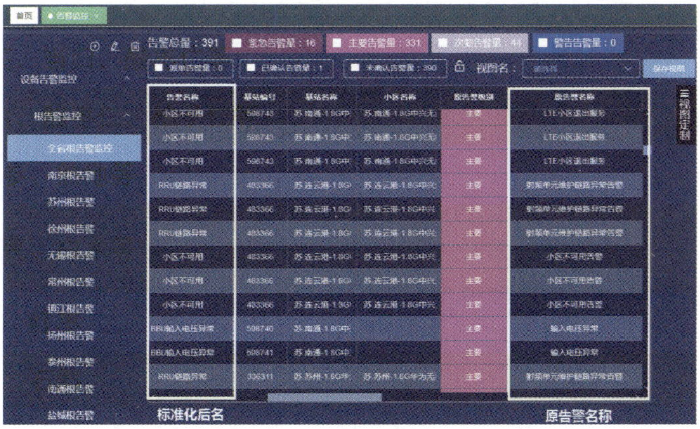

图 8-9　告警标准化界面

因不同设备厂家对告警级别有不同的定义，为了方便管理，运维支撑平台将告警级别由高到低分为紧急告警、主要告警、次要告警、警告告警四类，详细如下：

（1）紧急告警：使业务中断并需要立即进行故障检修的告警。

（2）主要告警：影响业务并需要立即进行故障检修的告警。

（3）次要告警：不影响现有业务，但需进行检修以阻止恶化的告警。

（4）警告告警：不影响现有业务，但发展下去有可能影响业务，可视需要采取措施的告警。

告警级别界面如图 8-10 所示。

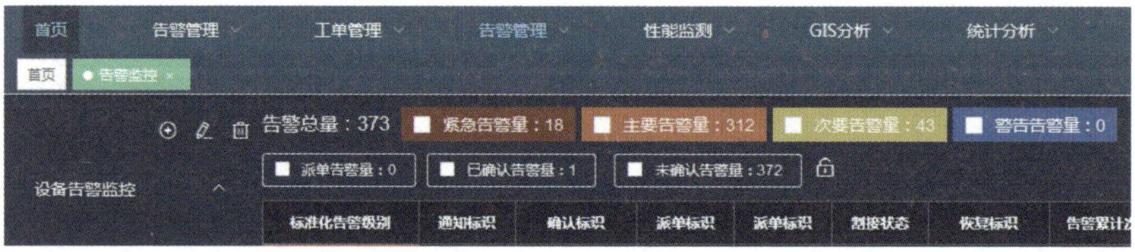

图 8-10　告警级别界面

8.4.2　告警关联展示

设备运行过程中一个故障可能会导致多条告警，当出现一个高级别告警时，同时会出现很多低级别告警，但是这些告警是分开显示的，在告警较多的情况下不能直接判断故障影响范围，增加了运维的难度。

传统告警信息的组织及展示方式会导致运维人员无法及时获取重要告警信息，进而无法迅速排除故障的问题，运维支撑平台将采集上来的告警进行关联。

告警关联以告警名称标准作为关联基础，找到同一站点的告警，形成关联组集中展示，减少告警量，突出重要告警信息，并通过已有的资源管理系统进行业务关联，实现告警的关联显示，如图 8-11 所示。

运维人员通过告警视图中影响范围判断告警的影响范围以及受影响的业务，为运维人员快速查找故障原因提供有力支撑。

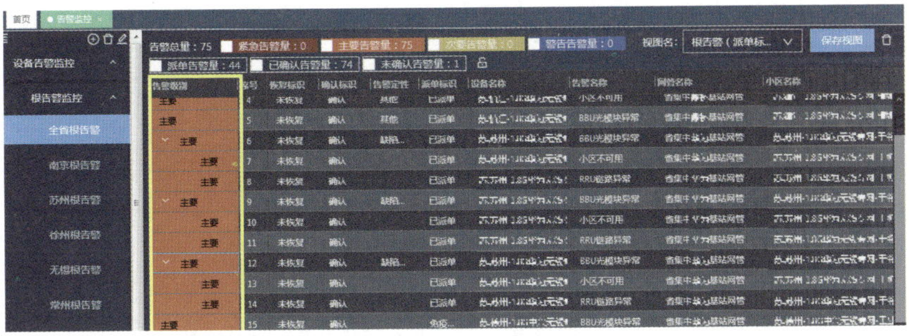

图 8-11　告警关联界面

8.5 无线网络图形化

无线网络建设已形成一定规模，业务使用量逐步增加，基站覆盖范围及终端设备信号强度直接影响到承载业务的质量。

运维支撑平台以仿真计算为基础，结合路测数据、终端自测数据进行修订完善后展现覆盖指标，并与 GIS 系统集成，实现了网络覆盖情况图形化展示。

GIS 分析功能实现了小区级告警、性能渲染，小区与终端拉线，小区与测试数据拉线，测试数据采样点渲染等功能，并且支持终端性能数据及路测数据的导入、导出，能够展示基站覆盖范围、覆盖强度及终端设备分布情况。运维人员通过运维支撑平台覆盖展现的基站和终端两类覆盖指标数据可直观判断出网络状态。

8.5.1 网络基站图层信息展示

随着网元数量越来越多，网络结构也越来越复杂。为了直观展示覆盖区域及覆盖目标，运维支撑平台在 GIS 地图上集中展示基站的位置分布，如图 8-12 所示。该功能在 GIS 地图上显示基站位置及小区扇区图层，并且可以显示小区属性信息，供运维人员详细了解网络建设情况、地理分布等各种信息。此外，基站小区图层可以提供覆盖范围内无线传播环境、地形地貌分布情况等信息，为网络优化提供支撑。

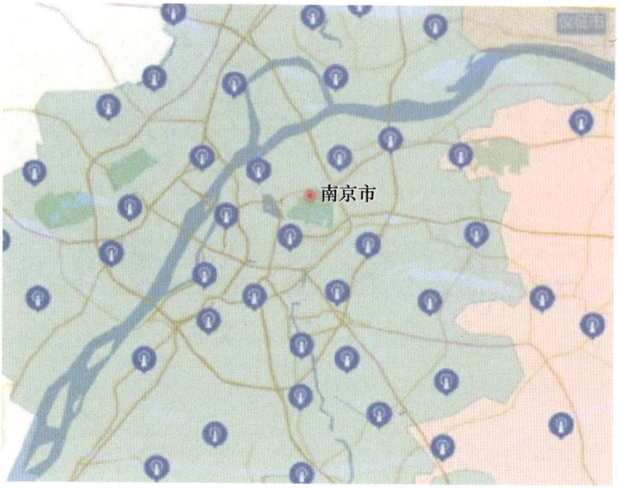

图 8-12　基站位置分布图

8.5.2　终端图层展示

接入网络的终端数量逐步增加加大接入终端的管理难度。运维支撑平台通过 GIS 地图功能，在地图上展现终端位置，并用不同颜色区分终端所在区域，如图 8-13 所示。此外，GIS 地图功能还可以显示终端设备名称、业务类型、信号强度、信噪比、IP 地址、所属基站、小区号等信息。

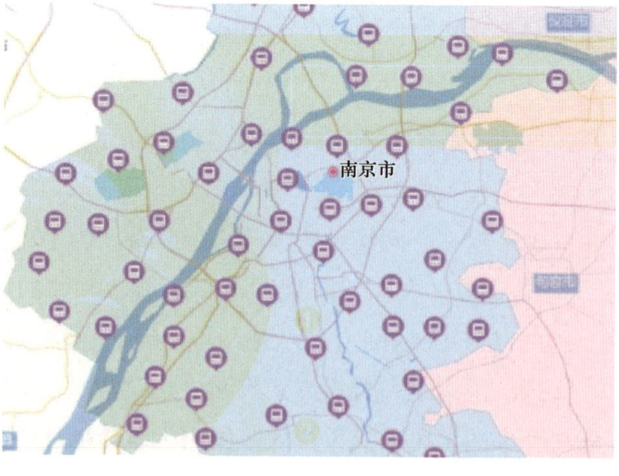

图 8-13　终端图层

利用 GIS 地图可以直观得出各个区域终端分布情况以及各区域终端接入量，从而有针对性地对接入业务较少的地方进行分析、处理。进一步地，将终端图层与基站图层相结合，可以判断基站的覆盖是否合理。站点出现故障后，还可以判断故障的影响范围，为网络优化提供了依据。

8.5.3 覆盖热力图图层展示

热力图是以颜色来表现数据趋势的可视化图层。运维支撑平台以路测数据以及终端自测数据为基础，创建线性的渐变对象，规定不同的颜色，得到了网络覆盖热力图，可以直观地展现网络覆盖情况，如图 8-14 所示。

图 8-14　覆盖热力图

8.5.4 拉线呈现

基站图层和终端图层相结合的方式无法精确反映终端与基站的覆盖关系，为了更好地展示终端与基站的关系，运维支撑平台通过拉线功能，根据终端占用的小区号和站点的小区号自动建立拉线关系，直观展示各个终端与基站之间的关系，如图 8-15 所示。

图 8-15　终端与基站拉线

8.6 专题场景保障

无线资源是一个共享资源，在同一个小区内，因某些突发因素，当用户或者业务终端数量超过系统容量时，可能导致部分用户或者终端无法接入网络，已接入网络的用户或者终端感知极差，甚至可能导致基站设备负荷过高而停止服务。这种重大活动引起的高业务场景在网络运维中大量存在，比如大型会议或者大型活动等，面对此类情况，为了保障无线网络正常运行从而确保电力保供，需对此类场景指导专项保障方案。

为了保障网络稳定运行，运维支撑平台开发了专题场景保障功能模块，对特殊场景设备进行特别监控，实时掌握无线网络运行状态，具体界面如图 8-16 所示。

图 8-16　专题保障页面

8.6.1 专题场景保障流程

通过制定合理可行的重大活动高业务场景保障方案，确保高业务时段网络正常运行，同时实现保障期间网络无故障、无网络安全事件。保障活动从收集信息开始，对现场业务量评估、保障前网络评估、优化方案实施、现场应急保障等，到保障结束恢复正常设置。

8.6.2 专题场景保障功能

为了对重要活动、重点场景提供有力支撑，运维支撑平台专题场景保障功能支持自定义绘制保障区域。

保障开始前，运维支撑平台的 GIS 地图功能能够为保障区域提供详细的无线环境信息、地理环境信息、周边站点信息以及站点历史性能数据，为保障前的网络评估提供了有力支撑。GIS 地图的热力图功能还可以显示保障区域站点的覆盖情况、各个站点的覆盖范围以及无网络覆盖的信号盲区，对网络信号覆盖盲区做出提前预警，对保障区域内覆盖范围不合理的站点优化提供了数据支撑。

保障期间运维支撑平台对保障区域设备进行特别监控，定制保障界面如图 8-17 所示；对于出现缺陷的设备立即派单并通知维护人员处理；对保障区域的告警、性能、业务数据进行特别展示，并且支持对监控数据在 GIS 图层展示。专题场景保障功能还可以对保障期间的站点性能设置安全阈值，站点性能临近阈值时提前预警，为应急通信设备的开启提供指导，使运维人员实时掌握网络运行状态。

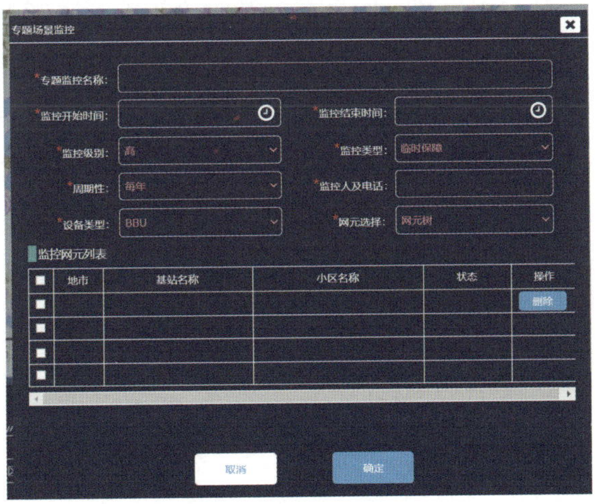

图 8-17　定制保障界面

专题场景保障功能支持对历史专题场景监控的数据进行查询、回放，为后续类似场景保障提供评估依据，历史数据回放界面，如图 8-18 所示。

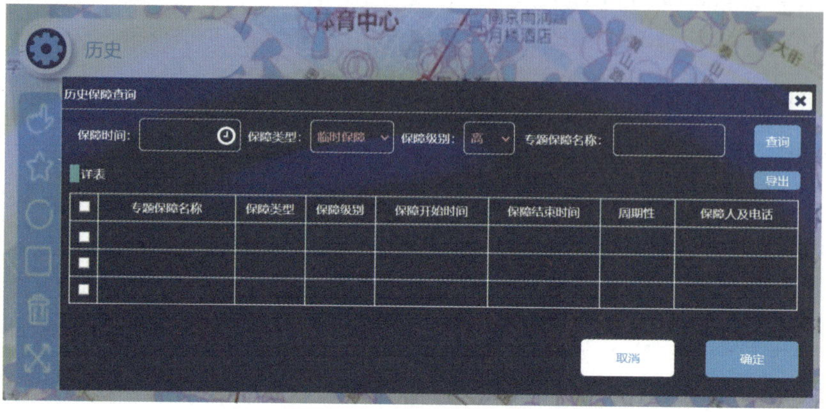

图 8-18 历史数据回放界面

8.7 移动运维

无线专网运维中，若信息的集成、获取、维护均依赖于电脑端平台，会加大现场运维人员信息检索的难度。由于现场运维工作通常需要在户外开展，现场缺乏专业工具支撑，运维人员只能通过电话与电脑端操作人员配合开展工作，或者反复来往于工作现场与办公地点，也不能根据现场采集到的信息对无线网络信息进行及时维护，严重影响工作效率，且运维成本高。

为了解决这一问题，提出移动运维这一解决方案。针对网络及业务的维护工作，运维支撑平台采用后台 + 专网手台的方式，实现无线专网移动运维。平台自动化生成基站勘察、巡检和测试报告并归档，测试数据 GIS 化呈现，测试结果简洁清晰。针对网络及业务的维护工作，运维支撑平台通过无线网络实现移动端与电脑端平台业务流的交互，使得工作人员能对现场维护工作进行实时反馈处理，提高工作效率。

8.7.1 移动运维架构

移动运维业务主要由移动终端和平台两部分组成。运维人员通过平台派发巡检工单或者其他日常工单，运维实施人员通过移动终端接单，并按需去现场进行处理；处理完成后，再通过移动终端将处理结果反馈给平台。

平台服务器和客户端接入省市业务承载网，通过无线专网与移动终端互联，实现了信息随地可得、流程自动贯穿，满足了一线户外工作人员的日常需求，极大地提升了工作效率。移动运维拓扑示意图如图 8-19 所示。

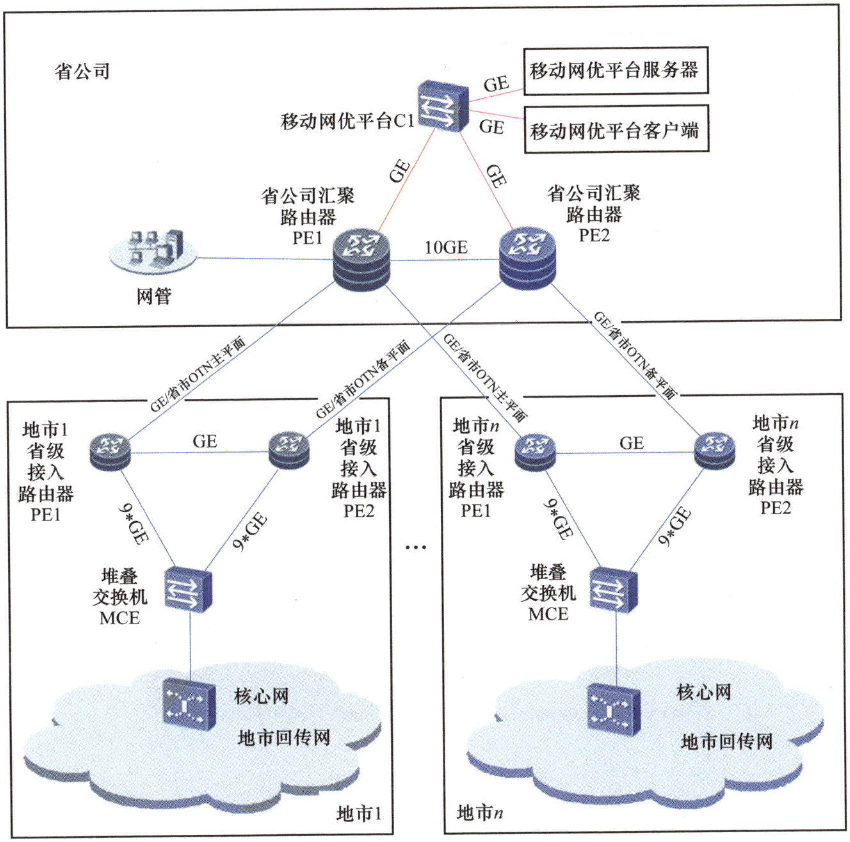

图 8-19　移动运维拓扑示意图

8.7.2　移动运维终端

移动运维终端围绕工单管理、信息采集、网优测试等不同运维工作进行场景化功能设计。在工单管理场景中，移动运维终端可接收运维支撑平台的巡检工单和其他工单，具备检修单的查看和申请、缺陷单的消缺、巡检计划制定和执行等多种功能。

基础信息采集场景中，移动运维终端可以采集经纬度、ECI、建筑照片、天线整体照片、方位角、下倾角、放大器信息，利用手机摄像及内置陀螺仪，还可实现天线方位、下倾角的便捷化工参采集。

网络优化测试场景中，移动运维终端可以现场进行 CQT、DT 测试，测试采集 RSRP、SINR、ping 时延、HTTP 速率、FTP 上传、下载速率等性能指标，如图 8-20 所示；通过实时数据结合小区性能参数可以分析基站是否存在干扰、弱覆盖、接入、低速率异常等问题。

此外，移动运维终端还支持典型案例推送，便于运维人员通过学习更快地提升运维水平。

（a）　　　　（b）

图 8-20　DT 测试及 GIS 化展示界面

（a）DT 测试界面；（b）GIS 化展示界面

8.7.3　平台侧移动运维功能

为了更好地配合移动端运维，运维支撑平台提供专用的数据接口与移动运维终端进行数据传递。对移动端传回的数据进行平台化转换，保持移动运维终端与平台的数据同步。为移动运维终端的流程定制专属回单步骤，完成告警工单全程自动化管理。

运维支撑平台还对信息、文件、数据等进行分类显示，方便移动运维终端下载和使用。运维人员可以获取小区、终端的台账信息，查询基站告警数据、小区下业务设备状态、小区的性能参数，分析基站小区存在的性能问题；也可以根据 IMSI 查询号码在现网中的状态、最近一次接入时间以及接入的站点等信息。

8.8 性能管理

在现行无线网络运维管理中，一般的网络管理系统往往不能及时发现和解决网络性能质量问题，需要有经验的运维人员通过手动指令进行网络、设备的性能查询。这导致网络性能管理的工作量大、人员需求量大，并且要求运维人员足够细心、具备较高的专业水平和丰富的经验。随着网络网元设备的不断投入，人工运维的压力日趋增大。

运维支撑平台作为自动化性能监测工具，对核心网、基站、终端、回传网、业务承载网运行情况进行周期性的性能监测，并对运行的过程和结果自动生成报表和日志文件供分析、检索，对存在性能下降的问题自动触发工单派发等，性能管理界面如图 8-21 所示。

运维支撑平台具备对运行数据统计分析功能，包括核心网、基站、小区、终端基于时间、空间、业务等不同维度进行性能、区域分布等一系列价值分析，并且集成了脚本化数据分析和报告的嵌入式数据分析功能，实现运维的智能化，提升了工作效率。

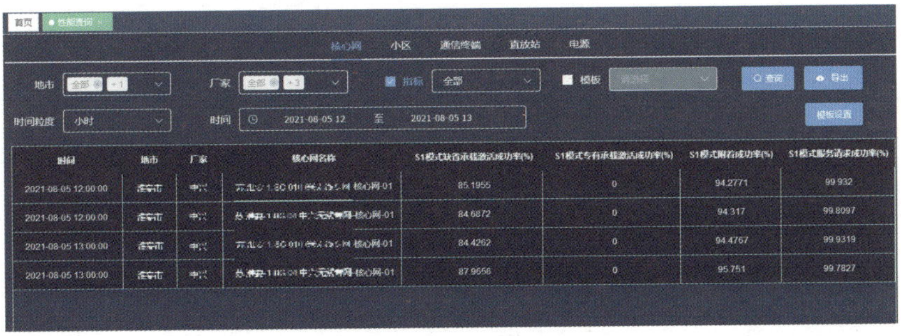

图 8-21　性能管理界面

8.8.1 性能数据自动同步获取

运维支撑平台通过接口自动实时或者周期性地从设备网管获取核心网、基站、终端性能数据，并对其进行格式统一处理，便于分析使用。

8.8.2 性能监测

无线网络的各类设备数量大，设备厂家较多，运维人员进行性能监测时在多个厂家网管上进行操作，且操作界面和性能指标展示方式不一，差异性大，运维难度大，性能问题发现的准确性和及时性较差。运维支撑平台解决了上述问题，并具备以下功能：

（1）全面监视核心网、基站、终端、回传网、业务承载网。

（2）实现自动和周期性地对基站和小区自身运行性能和 LTE 无线网络 KPI 进行监测。

（3）实现自动和周期性地对各业务类型终端自身运行性能和终端接收的无线网络主要性能指标进行监测。

（4）对基站、终端性能监测能够自动生成性能报表和日志文件。

（5）对生成的性能报表和日志文件提供检索、分析功能。

8.8.3 性能越限预警及工单派发

运维支撑平台不仅实现了性能的实时监测，还实现了性能越限预警，弥补人工运维的性能越限发现不及时性问题。性能越限预警界面如图 8-22 所示，该模块具备以下功能：

（1）支持对性能指标进行管理和对应阈值定义。

（2）对超过阈值性能指标自动过滤，推送至前台呈现，提醒运维人员及时处理。

（3）对需要发送工单的性能越限指标进行工单派发。

图 8-22　性能越限预警界面

8.9 5G 切片专网管理

当前，5G 技术在电力行业的应用规模不断扩大，电力专网与运营商公网深度耦合。电力行业通过租用运营商软硬切片，并开通专线或部署专用 UPF，组建电力 5G 切片专网，开展“5G+ 能源互联网”应用，承载电力控制类、采集类、巡检类等业务。

电力 5G 应用的前景广泛，但仍需解决一些客观问题。随着“电力 +5G”深入应用与融合发展，电力 5G 网络场景逐步丰富多样，基站、终端部署规模扩大，承载业务类型从采集类向控制类发展，对网络通道管理、海量终端监控等网络多层多域灵活管控的需求逐步凸显，特别是电力 5G 切片专网中核心网、基站等主要设备由运营商提供，电力企业亟需专业的 5G 切片专网管理手段。

运维支撑平台通过与运营商能力开放平台对接，采集设备、切片、码号、性能、告警数据，实现对电力 5G 切片专网的网络资源、网络通道和通信终端的端到端全生命周期监视和管理。

8.9.1 5G 切片专网管理架构

电力 5G 切片专网管理架构如图 8-23 所示，通过运营商的 5G 统一能力开放平台，对接 5G 核心网的通信服务管理功能（Communication Service Management Function，CSMF）和切片管理功能（Network Slice Management Function，NSMF）等能力网元。运营商能力开放平台提供网络能力的聚合封装，并以 API 方式向电力 5G 切片专网管理模块提供服务，支持电力企业联合运营商进行网络共管共维，实现电力 5G 切片专网资源全生命周期管理和调配。

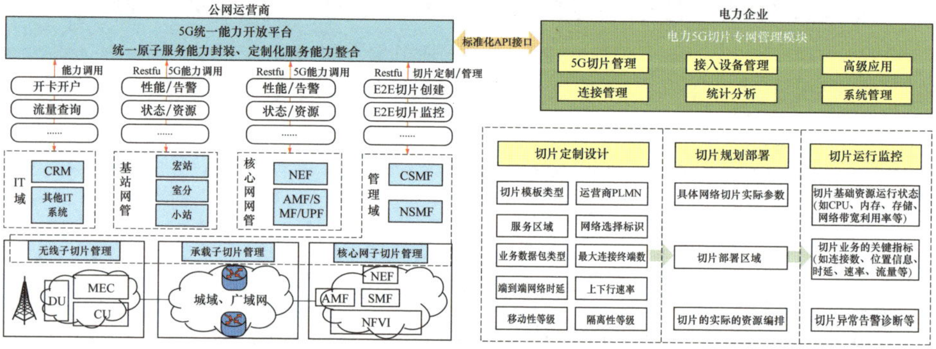

图 8-23　电力 5G 切片管理架构

8.9.2 5G 切片专网管理功能

基于 5G 切片专网管理模块，运维支撑平台可实现对电力行业租用的 5G 网络资源及无线通信终端的管理，包括切片管理、码号管理、设备管理、eSIM 管理、网络监视、安全管理、统计分析等。

（1）切片管理：针对 5G 网络总体运行情况，实现对于网络切片状态、DNN 资源、切片成员等情况的总体监控和统一管理，对切片的时延、抖动、成员数量、流量等质量指标进行监视；同时提供切片和 DNN 的申请、注销等全生命周期过程管理，保障网络运行可靠性以及电力行业应用的安全稳定性。切片管理界面如图 8-24 所示。

图 8-24　切片管理界面

（2）码号管理：针对 5G 码号资源，提供码号、套餐、APN、流量池等码号资源的列表查询，实现各个使用部门开卡、申请、领卡、注销等码号的统一流程管理，并针对码号的流量使用、套餐使用、在线状态、终端位置等进行运营监控。码号管理界面如图 8-25 所示。

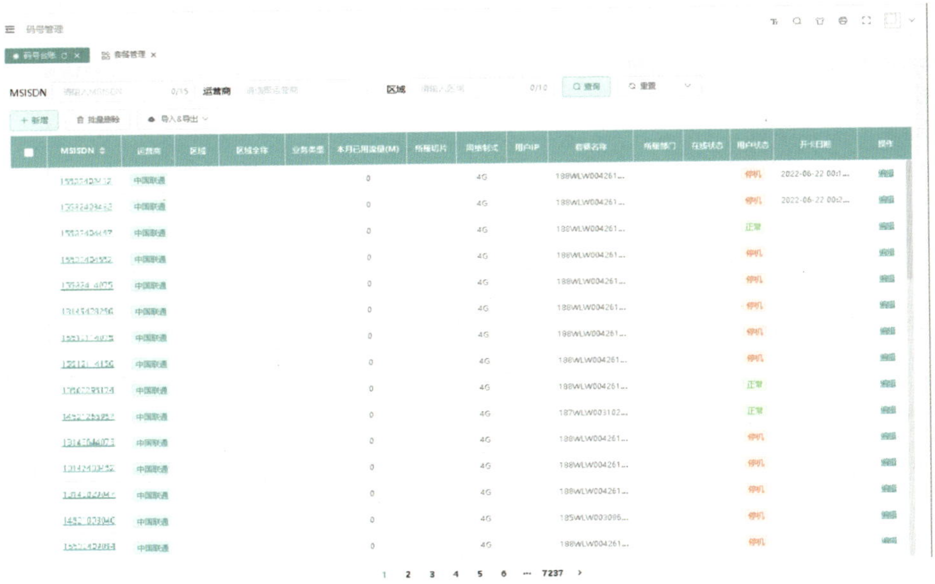

图 8-25　码号管理界面

（3）设备管理：针对 5G 终端、UPF、基站等设备进行统一管理，提供设备下发配置、远程控制手段；通过经纬度定位终端、基站的位置并关联查询，在 GIS 地图上实现对 5G 通信终端及基站的定位和状态监视，同时通过 ping 等手段提供设备故障预警和初步诊断。设备管理界面如图 8-26 所示。

图 8-26　设备管理界面

（4）eSIM 管理：对 5G 终端的 eSIM 进行统一管理，通过与运营商 eSIM 平台的对接，实现在线业务申请、远程写号、码号接入认证等功能。

（5）网络监视：对切片、设备、终端等的告警和性能信息进行实时监控，通过对设备性能数据的监视，实现对网络的无线信号质量、干扰情况等的实时监测，并在性能越限时生成告警；同时通过对设备、码号的流量使用情况进行有效监控，实现对切片、终端等状态的预警。网络监视界面如图 8-27 所示。

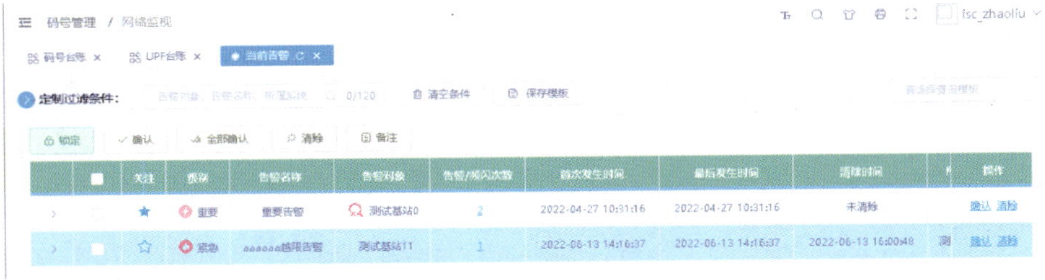

图 8-27　网络监视界面

（6）安全管理：实现 5G 通信终端的安全接入防护，包括终端关键文件完整性验证、告警信息上报、关键文件加密存储、eSIM 身份认证、敏感数据传输加密、终端数字证书升级、远程程序升级、终端访问控制等功能。

（7）统计分析：针对切片、设备、码号等资源从流量、在线状态、业务分布、告警情况等多维度进行统计，并针对网络性能、终端性能进行分析，辅助判断网络及设备的健康状态。

缩略语

3GPP	3rd Generation Partnership Project 第三代合作伙伴计划
AISG	Antenna Interface Standards Group 天线接口标准组织
AMBR	Aggregated Maximum Bit Rate 最大汇聚速率
APN	Access Point Name 接入点名称
ARP	Allocation Retention Priority 分配和保留优先级
BBU	Base Band Unit 基带处理单元
BFD	Bidirectional Forwarding Detection 双向转发检测
BLER	Block Error Rate 误块率
CDR	Call Detail Records 呼叫详细记录
CE	Customer Edge 用户边缘设备
CPE	Customer Premise Equipment 客户终端设备
CPRI	Common Public Radio Interface 共用公共无线电接口

CPU Central Processing Unit
中央处理器

CQT Call Quality Test
呼叫质量测试

CSMF Communication Service Management Function
通信服务管理功能

DDF Digital Distribution Frame
数字配线架

DNS Domain Name System
域名系统

DRA Diameter Routing Agent
路由代理节点

DRB Data Resource Block
数据资源块

DT Drive Test
道路测试

DwPTS Downlink Pilot Time Slot
下行导频时隙

ECI E-UTRAN Cell Identities E-UTRAN
小区标识

eNB Evolved Node B
演进型 NodeB

EPC Evolved Packet Core
演进型分组核心网

EPL Ethernet Private Line
以太网私有专线

E-RAB Evolved Radio Access Bearer
演进的无线接入承载

FDD Frequency Division Duplexing
频分双工

FE	Fast Ethernet 自适应调制编码
FTP	File Transfer Protocol 文件传输协议
GBR	Guaranteed Bit Rate 保证速率
GE	Gigabit Ethernet 千兆以太网
GIS	Geography Information System 地理信息系统
GNSS	Global Navigation Satellite System 全球导航卫星系统
GP	Guard Pierod 保护间隔
GPRS	General Packet Radio Service 通用分组无线业务
GPS	Global Positioning System 全球定位系统
GTPU	GPRS Tunnelling Protocol for the user plane 用户面隧道传输协议
GTP-U	GPRS Tunnel Protocol-User GPRS 隧道传输协议用户
HSS	Home Subscriber Server 归属签约用户服务器
ICCID	IC Card Identity IC 卡卡号
IMS	IP Multimedia Subsystem IP 多媒体子系统
IMSI	International Mobile Subscriber Identification Number 国际移动用户识别码

IP	Internet Protocol 互联网协议
IP-CAN	IP-Connectivity Access Network 网络之间互连的协议
KPI	Key Performance Indicator 关键性能指标
LAN	Local Area Network 局域网
LBBP	LTE Baseband Processing Board LTE 基带处理板
LMPT	LTE Main Processing Transmission Unit LTE 主控传输单板
LMT	Local Maintenance Terminal 本地维护终端
LTE	Long Term Evolution 长期演进
MBR	Maximum Bit Rate 最大速率
MM	Mobility Management 移动性管理
MME	Mobility Management Entity 移动管理实体
MML	Man-Machine Laguage 人机语言
MR	Measurement Report 测量报告
NAS	Non-Access Stratum 非接入层
Ncs	Number of Cycle Shift 循环移位位数

Non-GBR	Non-Guaranteed Bit Rate 不保证速率
NSMF	Network Slice Management Function 切片管理功能
NTP	Network Time Protocol 网络时间协议
OFDMA	Orthogonal Frequency Division Multiple Access 正交频分多址
OSPF	Open Shortest Path First 开放式最短路径优先
OTN	Optical Transport Network 光传送网
OUI	Organizationally Unique Identifier 组织统一标识符
PCI	Physical Cell Identifier 物理小区标识
PCRF	Policy and Charging Rules Function 策略及计费规则功能
PDCP	Packet Data Convergence Protocol 分组数据汇聚协议
PDN	Public Data Network 公用数据网
PDP	Packet Data Protocol 分组数据协议
PE	Provider Edge 运营商边缘路由器
P-GW	Packet Gate Way 数据网关
PLMN	Public Land Mobile Network 公共陆地移动网

PRACH Physical Radom Access Channel
物理随机接入信道

PRB Physical Resource Block
物理资源块

PS Packet Switched
分组交换

PUCCH Physical Uplink Control Channel
物理上行控制信道

PUSCH Physical Uplink Shared Channel
物理上行共享信道

QCI QoS Class Identifier
业务质量等级标识

QoS Quality of Service
服务质量

RB Resource Block
资源块

RLC Radio Link Control
无线链路层控制协议

RRC Radio Resource Control
无线资源控制

RRU Remote Radio Unit
射频拉远单元

RSRP Reference Signal Receiving Power
参考信号接收功率

RSRQ Reference Signal Receiving Quality
参考信号接收质量

RSSI Received Signal Strength Indicator
接收信号强度指标

RTWP Recive Total Wideband Power
接收总带宽功率

S1AP	S1 Application Protocol S1 应用协议
SAE-GW	System Architecture Evolution Gateway 系统架构演进网关
SCTP	Stream Control Transmission Protocol 流控制传输协议
SDH	Synchronous Digital Hierarchy 同步数字体系
MSTP	Multi-Service Transfer Platform 多业务传送平台
S-GW	Serving Gateway 服务网关
SIM	Subscirber Identity Module 用户识别卡
SINR	Signal to Interference plus Noise Ratio 信干噪比
SNMP	Simple Network Management Protocol 简单网络管理协议
STP	Spanning Tree Protocol 生成树协议
TA	Tracking area 跟踪区
TA	Time Advanced 时间提前量
TDD	Time Division Duplex 时分双工
TS	TraceServer 跟踪服务器
TTU	distribution Transformer supervisory Terminal Unit 配电变压器监测终端

TxPwr	Transmit Power 发送功率
UBBP	Universal Baseband Processing Board 通用基带处理板
UE	User Equipment 用户设备
UMPT	Universal Main Processing & Transmission unit 通用主控传输单板
UPEU	Universal Power and Environment Interface Unit 电源环境接口单元
UpPTS	Uplink Pilot Time Slot 上行导频时隙
UPS	Uninterruptible Power Supply 不间断电源
URL	Uniform Resource Locator 统一资源定位符
VC	Virtual Container 虚容器
VLAN	Virtual Local Area Network 虚拟局域网
VLAN ID	VLAN Identity 虚拟局域网编号
VPN	Virtual Private Network 虚拟专用网
WAN	Wide Area Network 广域网